www.ingramcontent.com/pod-product-compliance
Lightning Source LLC
LaVergne TN
LVHW010201070526
838199LV00062B/4453
9789357179690

رؤف خلش

حکایت نقدِ جاں کی

(مضامین و تبصرے)

© Farha Sadia

Hikayet Naqd-e-Jaan ki (Essays)
by: Raoof Khalish
Edition: September '2022
Publisher: Farha Sadia, Hyderabad, India.
Printer: Taemeer Publications, Hyderabad.

ISBN 978-93-5717-969-0

مصنف یا ناشر کی پیشگی اجازت کے بغیر اس کتاب کا کوئی بھی حصہ کسی بھی شکل میں بشمول ویب سائٹ پر اَپ لوڈنگ کے لیے استعمال نہ کیا جائے۔ نیز اس کتاب پر کسی بھی قسم کے تنازع کو نمٹانے کا اختیار صرف حیدرآباد (تلنگانہ) کی عدلیہ کو ہوگا۔

© فرح سعدیہ

کتاب : **حکایت نقدِ جاں کی**
مصنف : **رؤف خلش**
صنف : تحقیق و تنقید
ناشر : فرح سعدیہ (حیدرآباد، انڈیا)
تزئین : تعمیر ویب ڈیولپمنٹ، حیدرآباد
زیر اہتمام : سید مکرم، سید معظم، سیدہ غزالہ، سیدہ راحیلہ
سالِ اشاعت : ۲۰۲۲ء
تعداد : (پرنٹ آن ڈیمانڈ)
طابع : تعمیر پبلی کیشنز، حیدرآباد – ۲۴
صفحات : ۲۴۰
کمپیوٹر کمپوزنگ : معظم راز mzm544@gmail.com
سرورق ڈیزائن : مکرم نیاز

انتساب

نئی نسل کے نام
جو اردو زبان و تہذیب کو
عصر حاضر کی تکنالوجی سے جوڑنے کی سعئ مسلسل میں مصروف ہے

سوانحی خاکہ

نام	: سید رؤف		
قلمی نام	: رؤف خلش		
والد	: سید داؤد		
تاریخ پیدائش	: ۴؍ جنوری ۱۹۴۱ء		
تاریخ وفات	: ۲؍ جنوری ۲۰۲۰ء		
تعلیمی لیاقت	: ڈپلوما اِن آرکیٹکچر (جواہر لعل نہرو ٹکنالوجیکل یونیورسٹی حیدرآباد)		
ملازمت	: سنہ ۱۹۸۱ سے ۱۹۹۶ تک سعودی عرب کے مختلف شہروں میں بہ سلسلہ ملازمت قیام رہا۔		
ایوارڈ	: "کارنامۂ حیات ایوارڈ" ۲۰۱۵ء اردو اکیڈیمی تلنگانہ۔		
تصانیف	: نئی رتوں کا سفر	(شعری مجموعہ)	(۱۹۷۹ء)
	: صحرا صحرا اجنبی	(شعری مجموعہ)	(۱۹۸۸ء)
	: شاخِ زیتوں	(شعری مجموعہ)	(۱۹۹۸ء)
	: شاخسانہ	(شعری مجموعہ)	(۲۰۰۷ء)
	: حکایت نقدِ جاں کی	(نثری مجموعہ)	(۲۰۱۲ء)
	: (تلخیص) ابنِ الوقت	(نثری مجموعہ)	(۲۰۱۴ء)

رابطہ (ای میل) : taemeernews@gmail.com

فہرست

	ابتدائیہ	رؤف خلش	11
(۱)	میں کیوں لکھتا ہوں		13
(۲)	جدید شاعری کو ایک 'بوطیقا' کی ضرورت		16
(۳)	غالب اور خدا		20
(۴)	راجندر سنگھ بیدی: اردو کا قد آور اور منفرد افسانہ نگار		26
(۵)	مخدوم محی الدین: شخصیت و فن کے آئینے میں		30
(۶)	عزیز احمد کی تین اہم نظموں کا شاعرانہ استدراک		39
(۷)	کچھ 'محمود ایاز اور سوغات' کے بارے میں		47
(۸)	خورشید احمد جامی کا تخلیقی طرز اظہار		50
(۹)	کچھ حفیظ میرٹھی کے بارے میں		52
(۱۰)	احتجاجی رویوں کا شاعر، ماہر فن تسکیک، دیانت دار افسر، مثالی انسان: نور محمد نور		55
(۱۱)	جدید اردو نظم کا اہم معتبر شاعر: قاضی سلیم		59
(۱۲)	ٹوٹتے خوابوں کا نواگر: بشر نواز		64
(۱۳)	رفعت صدیقی کا شعری مجموعہ 'ایک شجر ہواؤں کی زد پر': ایک مطالعہ		69
(۱۴)	اعظم راہی: شخصیت و فن کے آئینے میں		73
(۱۵)	احمد جلیس کی یاد میں: بارہویں برسی پر خراج عقیدت		79
(۱۶)	حسن فرخ کی چار نظمیں: تجزیاتی مطالعہ		82
(۱۷)	'یہ دھواں سا کہاں سے اٹھتا ہے؟': غیاث متین کی یاد میں		90

(۱۸)	جدت آمیز کلاسیکی اسلوب کا شاعر: مسعود عابد	97
(۱۹)	علی الدین نوید: شخصیت و فن کے آئینے میں	101
(۲۰)	اعتماد صدیقی: شخصیت و فن کے آئینے میں	107
(۲۱)	ہمارے بزرگ دوست: صفدر حسین	112
(۲۲)	ہمارے سعدی بھائی اور سعودی عرب کی یادیں	117
(۲۳)	ستار صدیقی کی غزلیں: پسندیدہ بحریں اور شعری مزاج	122
(۲۴)	ملٹی میڈیا کا کامیاب شاعر: احمد وصی	126
(۲۵)	عابد معزؔ: دیدہ و شنیدہ	131
(۲۶)	شعر و ادب کا زوال	135
(۲۷)	'پیکر': ایک رجحان ساز جریدہ	138
(۲۸)	قاضی سلیم کی نظم 'دوسری کربلا' ایک تجزیاتی مطالعہ	142
(۲۹)	مولانا جمیل الدین شرفی کا نعتیہ مجموعہ 'جوئے رحمت': ایک مطالعہ	146
(۳۰)	عزیز حسین عزیز کا نعتیہ مجموعہ 'مطلع حرا': ایک گفتگو	149
(۳۱)	یوسف اعظمی کی تصنیف 'اقبال - جہاں نو کی تلاش میں': ایک مطالعہ	153
(۳۲)	'گوپی کی سو (۱۰۰) نظمیں' اور غیاث متین کا اردو ترجمہ: تجزیاتی جائزہ	157
(۳۳)	محسن جلالوی کا شعری مجموعہ 'آنکھ سچ بولتی ہے': ایک مطالعہ	162
(۳۴)	یوسف روش کا نعتیہ مجموعہ 'کعبۂ عشق': اجمالی جائزہ	166
(۳۵)	'گلدستۂ شخصیات' (خاکے اور تبصرے): نادر المسدوسی	168
(۳۶)	سردار سلیم اور ان کی نظموں کے دو دھارے	171
(۳۷)	سید ریاض رحیم کا شعری مجموعہ 'جب تک منظر نہ بدل جائے': ایک مطالعہ	175
(۳۸)	مدحت آرائی میں ہے 'محوئے نعت'	178
(۳۹)	'ولی اورنگ آبادی' آغا مرزا بیگ کی تحقیقی تصنیف	183
(۴۰)	'عکس محبوب نگر' ایک اجمالی نظر	186

(۴۱)	'اسی (۸۰) دن میں دنیا کا سفر' مصنف: صفدر حسین	189
(۴۲)	سہ ماہی 'شعر و حکمت' حیدرآباد، اشاعت: مارچ ۲۰۰۲ء	191
(۴۳)	مجاہد سید کا 'حرفِ معتبر'	193
(۴۴)	'سکوں پر اشعار': نور محمد نور کی معرکۃ الآرا تصنیف	199
(۴۵)	مسعود عابد کی چار غزلیں: تجزیاتی مطالعہ	202
(۴۶)	'سراجاً منیرا' نعتیہ مجموعہ: صوفی سلطان شطاری	208
(۴۷)	ڈاکٹر مسعود جعفری کا شعری مجموعہ 'میں تجھے سوچتا رہا': ایک مطالعہ	211
(۴۸)	'گینہ سخن' شعری مجموعہ: اسحٰق ملک	215
(۴۹)	حکایت ایک نووارد ادب کی: ن۔ب۔ ساجد	217
(۵۰)	'آبلۂ دل' شعری مجموعہ: محمد مظہر علی صدیقی صبا	221
(۵۱)	آزادی کے بعد پہلا غیر منقوط طرحی نعتیہ مشاعرہ	223
(۵۲)	حکایت نقدِ جاں کی: دوروزہ روداد 'تقریب پیکر' ۱۳ اور ۱۴ اکتوبر ۲۰۰۵ء	228

جو ہم خوابوں کی، غم کی، نقدِ جاں کی بات کرتے ہیں
سجائے اپنے دل میں، کہکشاں کی بات کرتے ہیں
اِدھر ہم ہیں کہ جلتی دھوپ کو بھی اوڑھ رکھا ہے
ادھر وہ چھاؤں میں بھی سائباں کی بات کرتے ہیں

(رؤف خلش)

ابتدائیہ

رؤف خلش

میں بنیادی طور سے شاعر ہوں۔ زیرِ نظر کتاب میرے تحریر کردہ نثری مضامین کا مجموعہ ہے۔ میں اُن تمام ادیبوں اور شاعروں کا شکر گذار ہوں جن کی تخلیقات نے مجھے ان مضامین کو تحریر کرنے پر آمادہ کیا۔

اپنے کسی مضمون میں، میں نے لکھا ہے کہ کل کا قاری آج کا ناظر یا سامع بن گیا ہے۔ وہ ادب کو راست کتاب کے ذریعہ پڑھنے کے بجائے اس کی "ویڈیو فلم" دیکھ لیتا ہے جو کسی افسانے یا ناول پر مبنی ہوتی ہے۔ شاعری کی قرأت مجموعہ کلام سے کرنے کے بجائے "آڈیو کیسیٹ" پر سن لیتا ہے لیکن آج جدید تکنالوجی کے زیرِ اثر قابل تعریف بہتری اس سمت یوں بھی آئی ہے کہ لیپ ٹاپ، ٹیبلیٹ پی۔ سی یا اسمارٹ فون پر MP3 کلام سننے کے ساتھ ساتھ نوجوان نسل ان تکنیکی gadgets کے سہارے ڈیجیٹل کتب کے مطالعے کی جانب بھی برضا و رغبت متوجہ ہوئی ہے اور اسی طرح اردو کی نئی نسل اپنے ادبی ورثہ کو ڈیجیٹائز کرنے کی پیہم کوششوں میں مختلف سطحوں پر مصروف بہ کار ہے۔

میرے دونوں فرزندان سید مکرم نیاز و سید معظم راز، جو عصرِ حاضر کی تکنالوجی سے نہ صرف بخوبی واقف ہیں بلکہ اس پر دسترس بھی رکھتے ہیں، نے مجھے ان مضامین کو گلوبل ولیج کے قارئین تک پہنچانے کے لیے بصد اصرار قائل کیا ہے گو کہ مجھے اپنے ان مضامین کی اعلیٰ ادبی حیثیت پر اصرار نہیں مگر محض اس خیال کے تحت کہ اس طرح ایک دور کی تاریخ مستقبل کے لیے محفوظ ہو سکتی ہے، یہ کتاب پرنٹ اور ڈیجیٹل میڈیا دونوں اشکال میں آپ کے سامنے پیش ہے۔

میرے فرزند ثانی سید معظم راز نے اپنی گوناگوں پیشہ ورانہ مصروفیات کے باوجود کم وقت میں بعد از تلاش بسیار، ان دستیاب مضامین کو اکٹھا کرکے نہ صرف کمپوز کیا ہے بلکہ کتابی شکل میں ترتیب بھی دیا ہے جبکہ فرزند اولیٰ سید مکرم نیاز نے اس کتاب کے سرورق کو ڈیزائن کرنے کے ساتھ ساتھ میری اب تک کی تمام شائع شدہ تخلیقات کو پرنٹ اور ڈیجیٹل شکل میں انٹرنیٹ پر پیش کرنے کی سعی کی ہے۔

رؤف خلش
۱۵ ؍ دسمبر ۲۰۱۲ء
حیدرآباد دکن (انڈیا)

(۱)

میں کیوں لکھتا ہوں

"میں کیوں لکھتا ہوں" کے تین جواب ممکن ہیں۔ ایک یہ کہ میں صرف اپنے لئے لکھتا ہوں۔ دوسرے یہ کہ اوروں کے لئے لکھتا ہوں۔ تیسرے یہ کہ میرے اندر کی تحریک مجھ سے لکھواتی ہے۔ جسے "اندرونی احساس" یا Inner feeling کا نام دیا جا سکتا ہے۔ اگر میں اپنا تخلیقی تجربہ بیان کروں تو یہ کہہ سکتا ہوں کہ تین چیزیں میرے تخلیقی عمل کا حصّہ بنی ہیں۔ وہ ہیں: مشاہدہ، تجربہ اور احساس۔ دراصل تخلیقی عمل ایک شعور ولاشعور کے جھٹ پٹے کا عمل ہے۔ کم از کم میرے اپنے تجربے کے مطابق ایک قوت کارفرما رہتی ہے جسے حالیؔ کی زبان میں "قوت متخیلہ" کہا جا سکتا ہے۔ لیکن یہ سب باتیں اس عنوان کے تحت آتی ہیں کہ میں کیوں کر لکھتا ہوں یا کیسے لکھتا ہوں۔ تخلیقی سطح پر میرا دائرہ شعر گوئی پر محیط ہے۔ جس کی دو شاخیں ہین: ایک فرمائشی، دوسرا تخلیقی۔ فرمائشی سے مراد وہ شاعری ہے جو کسی دیئے گئے موضوع، عنوان یا کسی طرحی مصرعہ پر کی جائے۔ اسے پیداواری یا Productive کہا جا سکتا ہے۔ اگر میں اسے اپنے مزاج یا افتاد طبع کا حصّہ نہ بناؤں تو یہ خدشہ رہتا ہے کہ شاعری کہیں قافیہ پیمائی یا تُک بندی بن کر نہ رہ جائے۔ البتہ اپنے مزاج، اسلوب یا تحریک پر آزادانہ شعر کہا جائے تو اسے تخلیق یا Creative کہیں گے۔ ہر دو کے لئے "جذبۂ تحرک" یا Motivation کا ہونا بہت ضروری ہے۔ میری ترجیحات ہمیشہ فرمائشی کے بجائے تخلیقی کی طرف زیادہ رہی ہیں۔ اس کی وجہ میرا "شعری مزاج" ہے۔ سوال یہ ہے کہ میرا شعری مزاج کیا ہے؟ اگر میں اسے ایک جملے میں بیان کروں تو کہوں گا کہ میرا شعری مزاج تفصیل کے مقابل جامعیت، بیانیہ کے مقابل ایمائیت اور روایت کے مقابل جدیدیت کا حامل ہے۔ اور میرا یہ شعری

مزاج بہت کچھ اپنے انفرادی ذوق یا پسند ناپسند کی بناء پر رہا ہے۔ اس ضمن میں ایک اور اہم نکتہ یہ ہے کہ میرا شعری رویّہ ایک طرح سے "خود احتسابی" کا رویّہ ہے۔ یہی وجہ ہے کہ میں نظرِ ثانی کو بہت اہم مانتا ہوں۔ موزوں طبع ہونے کے باوجود جب تک میری طبیعت شعر کہنے کی طرف خود بخود مائل نہیں ہوتی، میں شعر موزوں نہیں کرتا۔ شعر گوئی میرے لئے ایک انبساط یا کیف و سرور کا عمل ہے۔ "کاتا اور لے دوڑی" کا میں بالکل قائل نہیں۔ میں کرتا یہ ہوں کہ پہلے استعارہ: بصری، لمسی یا سماعی پیکر میں ڈھلتا جائے بعد میں قرطاس و قلم کی مدد سے شعر بنے۔ میں یہ بھی سوچتا ہوں کہ کسی بھی نظریۂ حیات کے پابند ہونے میں کوئی قباحت نہیں لیکن اُس نظریۂ حیات کو ادب میں ڈھالتے ہوئے شاعر کو dogmatic یا ادّعا پسند نہیں ہونا چاہیئے۔ ۶۰ء کی دہائی میں "وابستگی" یا "ناوابستگی" کی اسی بحث نے اختلافات کی خلیج پیدا کر دی۔ غالباً ترقی پسند ادب کی سیاسی نظریئے سے وابستگی نے یہ جنجال کھڑا کر دیا تھا۔ جس کے نتیجے میں بیشتر شاعری نعرہ بازی یا پروپگنڈہ بن کر رہ گئی۔ یہ قول بڑی حد تک درست ہے کہ ادب بہترین پروپگنڈہ ہے لیکن بہترین پروپگنڈہ ادب نہیں ہوتا۔

اب کچھ باتیں اپنے شعری انتخاب کے بارے میں کہتے ہوئے اپنی گفتگو کو ختم کروں گا۔ میں نے جب بھی اپنا کوئی شعری مجموعہ شائع کیا ہے، موجودہ تخلیقات میں سے کڑا انتخاب کر کے شائع کیا ہے۔ بہت سی پرانی چیزیں اسلئے رد کر دیں کہ مجھے امتدادِ زمانہ کے باعث روکھی پھیکی لگیں۔ یہی وجہ ہے کہ میں مقدار Quantity کے مقابل معیار Quality کو اہمیت دیتا ہوں۔ میں نے حتیٰ الامکان پامال الفاظ، بندھے ٹکے اندازِ بیان یا روایتی اظہار سے گریز کیا ہے۔ آخر میں اپنی ایک نظم "بصارت کی حد سے بھی آگے" کو پیش کروں گا جو (۱۴) سطروں پر مشتمل ہے۔ پھر اس نظم کے بارے میں دو ایک باتیں عرض کر کے بات ختم کروں گا۔ نظم یوں ہے۔

بصارت کی حد سے بھی آگے
بصیرت نے اپنی ہی پیمائشوں کو
اُجاگر کیا ہے
خطوط آڑے ترچھے

ہر اک زاویئے سے
ترے ذوق کا امتحاں لیں
کئی رنگ مخلوط ہو کر
کسی نقش کو کینوس پر اُتاریں
ترا ذہن تو آئینہ ہے
مگر آئینے میں چھپی ہیں نگاہیں
نظر کو اگر سارے منظر کی
تحریر دیکھنی ہے
نظر سے یہ کہہ دے
پرندے کی آنکھوں سے منظر کو دیکھے

اس نظم کا موضوع مجھے اس وقت سوجھا، جب میں ڈرائنگ بورڈ پر کسی تین منزلہ عمارت کا Birds Eye View بنا رہا تھا۔ نظم کے کلیدی الفاظ ہیں: بصارت، بصیرت اور نظر یعنی Vision,Sight اور View "پرندے کی آنکھوں سے منظر کو دیکھے" مرکزی خیال یہی ہے کہ کسی بھی Object کے جو Images بنتے ہیں اُسی کو کاغذ پر اُسی وقت اُتارا جاسکتا ہے جب اُس منظر کو آسمان پر اُڑتے ہوئے پرندے کی آنکھوں سے دیکھتے ہوئے اُتارا جائے۔ اگر اس بات کو ذہن میں رکھا جائے کہ تخلیقی زبان میں موضوع کو واضح کرنے والے الفاظ منتخب کئے جائیں تو تخلیق کی ترسیل نسبتاً آسان ہو جائے گی۔

(مئی ۲۰۰۲ء)

☆☆☆

(۲)

جدید شاعری کو ایک 'بوطیقا' کی ضرورت

شاعری جدید ہو یا قدیم، اس سے لطف اندوز ہونے کے لئے دو شرطیں لازمی ہیں۔ ایک تو ادبی ذوق کی موجودگی، دوسرے ذہنی سطح جو شاعر کی ذہنی سطح سے ہم آہنگ ہو۔ زمانۂ قدیم سے عصر حاضر تک فنون لطیفہ کی اس اہم صنف شاعری کے مداحوں کی کبھی کمی نہیں رہی اور اپنی اپنی استعداد و صلاحیت کی بنا پر کم یا زیادہ عوام و خواص شعر کو نہ صرف پسند کرتے رہے ہیں بلکہ لطف و انبساط بھی حاصل کرتے رہے ہیں۔ یہ حقیقت ہے کہ ایک شعر کی مختلف شرحیں کی جاتی رہی ہیں اور اپنے اپنے انداز میں اس سے حظ (ظ پر نقطہ) اُٹھایا جاتا رہا ہے۔ یہ کلیہ تو نہیں لیکن سچ تو یہ ہے کہ بعض اوقات شعر کی تشریح شعر کا خون کر دیتی ہے۔ لیکن اس ایک سچائی کی بنا پر شعر کی تشریح ختم تو نہیں کی جاسکتی۔ ایک صدی قبل مولانا حالی نے "مقدمہ شعر و شاعری" کی تصنیف کی تھی اور واقعہ یہ ہے کہ نقد و نظر اور شاعری کو سمجھنے سمجھانے کی خاطر اس کتاب کا درجہ بہت بلند ہے۔ ممکن ہے یونانی زبان کی قدیم تصنیف POETICS جس کا عربی ترجمہ "بوطیقا" کیا جاتا ہے، مولانا حالی کو کتاب "مقدمۂ شعر و شاعری" تصنیف کرنے پر اکسایا ہو۔ غالباً شمس الرحمٰن فاروقی نے اردو میں "بوطیقا" کا ترجمہ "شعریات" کیا ہے جو مفہوم و معانی کے اعتبار سے قریب ترین ترجمہ ہے۔

اردو شاعری کا احاطہ اگر ہم میر تقی میرؔ سے کرتے ہیں تو ڈھائی سو سال کا عرصہ ہوتا ہے لیکن اگر پہلے صاحب دیوان شاعر قلی قطب شاہ سے کرتے ہیں تو چار سو سال ہوتے ہیں۔ جو بھی ہو قلی قطب شاہ کی شاعری ابتدائی نمونہ ہے اور میرؔ کی شاعری، اردو شعریات کے عروج پر پہنچتی نظر آتی ہے اور اسی لئے شاید میرؔ کو "خدائے سخن" کہا جاتا ہے۔ بعد کے ادوار میں غالبؔ نے اور پھر

اقبالؔ نے اسے مزید بلندیوں سے نوازا۔ اقبالؔ کے بعد سے اردو شعر کا گراف کیا اونچا ہوتا گیا یا زوال پذیر ہوا؟ یہ الگ بحث ہے۔ لیکن عظیم ترین شعرا تو تین ہی قرار دیئے جاتے ہیں۔ میرؔ، غالبؔ اور اقبالؔ۔ البتہ اقبالؔ کے بعد سے اردو شعر تین بڑی تحریکوں یا رجحانات سے گذرا۔

پہلی تحریک حالیؔ کی اصلاحی تحریک تھی جو اُنیسویں صدی میں شعر و شاعری کو "زلف لب و رخسار" سے نکال کر مسائلی اور معاشرتی موضوعات سے متصف کرنے کی کوشش تھی۔ دوسری، ترقی پسند ادب کی تحریک تھی جو ۱۹۳۶ء سے شروع ہوئی۔ سجاد ظہیر جو بلحاظ عقیدہ اشتراکی تھے، اس کے بانی مبانی مانے جاتے ہیں۔ ترقی پسند ادبی تحریک دراصل ادب میں اشتراکی یا مارکسی نظریات کو طور پر شروع کی گئی اور اپنی شدت پسندی یا انتہا پسندی کے سبب جلد ہی اختلافات کا شکار ہوگئی اور دھیرے دھیرے اس کی اثر پذیری میں کمی واقع ہوتی گئی۔ مزدوروں اور کسانوں کے مسائل، سماجی انسلاک اور مذہب بیزاری اس کے اہم محرکات تھے۔ ہر چند کہ اس تحریک کے علمبرداروں میں صف اوّل کے ادیب و شاعر شامل تھے، تاہم جس طرح باڑھ کے ساتھ کچرا بھی چلا آتا ہے، اسی طرح کم تر درجہ کے ادیب و شاعر بھی اس کی ہمنوائی میں اہمیت حاصل کر گئے۔ تنقید، افسانہ اور آزاد نظم کو اسی تحریک کے زیر اثر فروغ حاصل ہوا۔ اس میں کوئی شک نہیں کہ اردو ادب کو ترقی پسند تحریک نے بہت کچھ دیا۔ ربع صدی کے بعد اس کا زور ٹوٹا اور ۱۹۶۰ء کی دہائی کے آس پاس اس تحریک کے ردِ عمل کو طور پر جدیدیت کے رجحان نے زور پکڑا۔ کچھ ناقدین کی رائے میں یہ رجحان، ترقی پسند تحریک کی توسیع کے طور پر ابھرا۔ کچھ بھی ہو، اس رجحان نے یکسانیت کو توڑا، ٹھنڈی ہوا کے شاداب جھونکوں کی طرح ادب کی مختلف اصناف میں تازگی و تبدیلی پیدا کی۔

اس تحریک یا رجحان کی سب سے بڑی خصوصیت "ناوابستگی" تھی یعنی ادیب و شاعر کو کسی نظریئے یا ازم کا "پرچارک" یا "مبلّغ" نہیں ہونا چاہیئے۔ پھر کہا گیا کہ اس کی وابستگی صرف زندگی سے ہونی چاہیئے۔ اس کے علاوہ غمِ ذات، تنہائی، فرد کی پہچان جیسے مسائل اس رجحان کے تحت تخلیق کا سبب بنے۔ سماجی رشتوں پر بھی سوالیہ نشان لگا دیا گیا۔ کم و بیش تین دہائیوں تک (۶۰ء تا ۸۰ء) اس رجحان نے اپنا سکّہ جمائے رکھا۔ پھر پچھلے دس بارہ برسوں سے اب "مابعد جدیدیت" کا

چرچا ہے۔ اس "مابعد جدیدیت" ایک طرف مقامیت (LOCALISATION) پر بھی زور دیتی ہے تو دوسری طرف عالمی ثقافت (گلوبل کلچر) میں بھی سما جانے کی دعوت دیتی ہے۔ نسائیت (feminism) بھی اس کا ایک خاص پہلو رہا ہے۔

ان دنوں اردو میں جو شعر و ادب تخلیق ہو رہا ہے، اس پر گفتگو سنجیدگی سے نہیں ہو رہی ہے۔ چاہے جائزے کی صورت میں ہو یا تجزیے و تنقید کی شکل میں۔ ناقدین کے اپنے پیمانے ہیں، اپنے معیارات ہیں بلکہ اپنی پسند بھی ہے جو غیر جانبداری کے تئیں اُن کے آڑے آرہی ہے ایسے میں کیا یہ بہتر نہیں کہ اس تمام صورتحال کی پروا کئے بغیر تخلیق کار اپنے تخلیقی عمل کو دیانت داری کے ساتھ جاری وساری رکھے۔ شعر و ادب کو تخلیق تنقید نگاروں کی پسند یا ناپسند کے مطابق پیداوار (PRODUCTION) میں نہ ڈھالے بلکہ اُسے تخلیق (CREATION) کی منزلوں سے ہمکنار کرے۔ تبھی تخلیق کار اپنی شناخت برقرار رکھ سکتا ہے اور اپنا وجود منوا سکتا ہے۔ اب سوال یہ ہے کہ جدید شاعری کو (جس میں "مابعد جدید شاعری" بھی شامل ہے) ایک "بوطیقا" کی ضرورت کیوں ہے۔۔۔؟

اس سوال کا جواب ڈھونڈنے سے پہلے ہمیں اُن لفظیات پر غور کرنا ہوگا جو روایتی شاعری، ترقی پسند شاعری اور جدید شاعری میں استعمال ہوتے رہے ہیں۔ ان تینوں ادوار میں سب سے طویل دور روایتی شاعری کا رہا ہے (ویسے غالب بھی اپنے عہد کا جدید شاعر مانا گیا ہے لیکن بہر حال لفظیات کی حد تک اُس نے انہی لفظیات کو برتا جو روایتی شاعری کا حصّہ تھے) البتہ ان لفظوں کو معانی و مفہوم اُس نے نئے پہنائے۔ اختصار سے بھی کام لیا جائے تو یہ فہرست نہایت طویل ہے۔ پھر بھی میخانہ اور اس کے لوازمات: ساقی، رند، جام و سبو۔ مقتل اور اس کے لوازمات: مقتول، قاتل، تلوار و تیغ۔ محفل اور اس کے لوازمات: شمع، اہلِ محفل، رقیب وغیرہ، اس کے علاوہ معاملات عشق میں: دل، زخم، نگاہ، ابرو، غمزہ، ناز و ادا وغیرہ وغیرہ بیسیوں لفظیات اس ضمن میں آتی ہیں۔

ترقی پسند تحریک کے زمانے میں لفظیات کا ذخیرہ کچھ اور تھا جس میں دار و رسن، سحر و شام، فرازِ دار، کاروانِ سحر، اندھیرا اُجالا، سرخ سویرا و زنجیر وغیرہ شامل ہیں۔

جدیدیت کے رجحان میں جن لفظیات کا استعمال زیادہ رہا ان میں سورج، ریت، سمندر، دھوپ، آئینہ، سفر، ہوا، شجر وغیرہ شامل ہیں۔

واضح رہے کہ ان تمام لفظیات کو کبھی تشبیہ، کبھی استعارہ اور کبھی علامت کے طور پر مجازاً شعر میں جگہ دی گئی۔ بعض تصورات کو مسلّمات کا درجہ حاصل ہوا اور بعض مسلّمات رد کر دیئے گئے۔ ضرورت اس بات کی ہے کہ ہم بالتفصیل ہر دور کی "شعریات" پر گفتگو کریں۔ جس کے لئے نئے پیمانے دریافت کرنے ہوں گے۔ تشریح اور تفسیر کا باب بند نہیں ہوا ہے اور نہ کبھی بند ہو گا۔ ہمیں یہ ملحوظ رکھنا ہو گا کہ امتدادِ زمانہ کے باعث رشتوں اور محسوسات کی شکست و ریخت ہوئی ہے۔ کل جو امور عیب سمجھے جاتے تھے وہ آج ہُنر بن گئے ہیں۔ قدریں بدل گئی ہیں۔ لہذا ہمیں پرانے پیمانے بدلنے ہوں گے۔ سائینسی، مادّی اور الکٹرانک ترقیوں کے باعث "شعریات" کا از سرِ نو جائزہ لیتے ہوئے تجرباتی طور پر سہی، جدید شاعری کی ایک "بوطیقا" لکھنی ہو گی۔ دیکھنا ہے اس سمت کون آگے قدم بڑھائے گا؟

☆☆☆

(۳)

غالب اور خدا

غالب اردو شاعری کے قطب مینار ہیں۔ غالب سے پہلے اور غالب کے بعد اگر کسی کو یہ درجۂ استناد حاصل ہے تو وہ ہیں میر تقی میر اور اقبال۔ غالب زندگی بھر اپنے فارسی کلام پر ناز کیا کرتے تھے لیکن انھیں قبول عام کی سند ملی تو صرف اپنے اردو کلام سے۔ ان کی شاعری کو دو خانوں میں بانٹا جا سکتا ہے۔ آسان شاعری اور مشکل شاعری۔ لیکن اس وقت جو بات، موضوع گفتگو ہے، وہ ہے ان کا خدا سے "شکوۂ جور"۔ بلحاظ عقیدہ، وہ اثنائے عشری تھے اور موحد۔

ہم موّحد ہیں ہمارا کیش ہے ترکِ رسوم
مِلتیں جب مٹ گئیں، اجزائے ایماں ہو گئیں

جدت طرازی، عصری آگہی اور انکشافِ ذات کی آج بات کی جاتی ہے لیکن غالب اردو کا غالباً پہلا باغی شاعر ہے، جس نے اُنیسویں صدی میں یہ ہفت خواں طے کر لئے تھے۔ اُسے اپنے وجود کی اہمیت اور اپنے فن کی عدم پذیرائی کا شدید احساس تھا اور جب یہ احساس کسبِ معاش کی سخت گیری سے متصادم ہو جاتا تو وہ چراغ پا ہو اٹھتا۔ لیکن اُسے عمر بھر گلہ رہا تو چرخِ کج رفتار سے۔

زندگی اپنی جب اس شکل سے گذری غالبؔ
ہم بھی کیا یاد کریں گے کہ خدا رکھتے تھے

غالب کے کلام میں یہ تضاد بڑا عجیب و غریب ہے کہ ایک طرف تو وہ اپنے رویّے اور مزاج کے اعتبار سے ایک سرکش، ضدی، خوددار عاشق نظر آتا ہے تو دوسری طرف دنیاوی منفعت

کی خاطر قصیدہ گو بن کر مصلحت اندیشی کا جامہ بھی اوڑھ لیتا ہے۔ اس کے باوجود خدا سے اس کی شکایت برقرار رہتی ہے۔ غالب کے لب و لہجے اور اندازِ تکلّم میں طنز کی کاٹ اور ظرافت اس کے بو قلمونی مزاج کا خاصہ بن کر ابھرتی ہے۔

سفینہ جب کہ کنارے پہ آلگا غالبؔ
خدا سے کیا ستم و جورِ ناخدا کہئے؟

غالب کے اور آج کے عہد میں بعض مماثلتیں پائی جاتی ہیں۔ دونوں عہد ایک زوال آمادہ تہذیب کا منظر پیش کرتے ہیں۔ لیکن اس منظر نامے کو غالب نے جس زاویئے سے دیکھا اور جس انداز میں جزو شاعری بنایا وہ آج کے شاعر میں کم کم ہی نظر آتا ہے۔

بات ہو رہی تھی غالب کے خدا سے شکوے کی۔ خدا کی خلاّقیت کے مقابل غالب کی اپنی محدود بساط نے جو غالب پر منکشف تھی' غالب سے یہ شعر کہلوایا ہے۔

نہ تھا کچھ تو خدا تھا، کچھ نہ ہوتا تو خدا ہوتا
ڈبویا مجھ کو ہونے نے، نہ ہوتا میں تو کیا ہوتا

شاید اختر الایمان نے کسی موقع پر بڑے پتہ کی بات کہی تھی کہ "غزل، غالب میں اپنا سب کچھ ڈھونڈ چکی تھی یعنی ایسے مضامین جو خیال کی پرواز اور معنی میں سمندر ہوں اور پھر بھی جنھیں دو مصرعوں کے کوزے میں بند کیا جاسکے اور جو زندگی کے ہر پہلو کو محیط کئے ہوئے ہوں، غالب پر ختم ہو گئے تھے!"

روایت سے انحراف کا رجحان اور فرسودہ اقدار سے بغاوت کے باوصف غالب بعض سماجی اور سیاسی پابندیوں میں جکڑے نظر آتے ہیں۔ اسے غالب کے کلام کی تہہ داری کہئے کہ جہاں جہاں اس نے شکوۂ خدا کی بظاہر بات کی، اس کی کئی قرأتیں ممکن ہیں۔ جس کی مثبت اور منفی دونوں پہلوؤں پر قیاس کیا جاسکتا ہے۔

ہم کو معلوم ہے جنّت کی حقیقت لیکن
دل کے بہلانے کو غالبؔ یہ خیال اچھا ہے

عام طور پر اس شعر کا یہ مفہوم لیا جاتا ہے کہ غالب جنّت کے قائل نہیں تھے لیکن اس شعر کی ایک قرأت یوں بھی کی جاسکتی ہے کہ جنّت صرف نیکوکاروں کو عطا کی جائے گی اور ہم ٹھیرے گناہگار' لیکن یہ امید ہمارے دل کو بہلائے رکھتی ہے کہ ذرہ برابر بھی ایمان رکھنے کے باعث ہم بھی جنّت کے حقدار ٹھیرائے جائیں گے۔

خالق اور مخلوق کے درمیان عام رویہّ یہ ہے کہ بندہ تمام تر شکر گذار ہوتا ہے اور خدا تمام تر کرم نواز لیکن یہاں بھی غالب ایک نیا نکتہ لے آتے ہیں۔

مجھ کو پوچھا تو کچھ غضب نہ ہوا
میں غریب اور تُو غریب نواز

بنیادی مسلک کے اعتبار سے غالب خدائی کے قائل ہیں اور یہ سوال بھی کرتے ہیں۔

جب کہ تجھ بن نہیں کوئی موجود
پھر یہ ہنگامہ اے خدا کیا ہے ؟

صوفیوں کی اصطلاح "وحدت الشہود" کے مطابق وہ درجہ جس میں جلوۂ حق ہر شئے میں نظر آئے، غالب کے ہاں دیکھئے، کس ڈھنگ سے آیا ہے۔

دلِ ہر قطرہ ہے سازِ انا البحر
ہم اس کے ہیں ہمارا پوچھنا کیا

اس کے علی الرغم، ایک اور اصطلاح "وحدت الوجود" کے مطابق تمام موجودات کو خدا ہی کا ایک وجود ماننا غالب کے ہاں دیکھئے، کس شکل میں ملتا ہے۔

اسے کون دیکھ سکتا کہ یگانہ ہے وہ یکتا
جو دوئی کی بُو بھی تو کہیں دو چار ہوتا

یا پھر یہ شعر۔

دہر جُز جلوۂ یکتائی معشوق نہیں
ہم کہاں ہوتے اگر حسن نہ ہوتا خود میں

شاعر کوئی مصلح قوم یا پیامبر نہیں ہوتا، اس کے باوجود سچّے اور اچّھے شاعر کا فرض منصبی اس کی فکر کو احساس کی بھٹی میں تپاتا ہے اور اس سے ایسے شعر کہلواتا ہے جو معاشرے کے رِستے ناسور پہ نشتریت کا کام کرتے ہیں۔ جب غالب کہتے ہیں۔

ابن مریم ہوا کرے کوئی
میرے دُکھ کی دوا کرے کوئی

تو وہ ایک ایسے "مسیحا" کی تلاش میں سر گرداں ہیں جو کہ ان کے دکھوں کا علاج کر سکے۔ ابن مریم کے بھی وہ اسی شرط پر قائل ہیں۔ تشکیک کی یہ منزل، وہی منزل ہے جس کو اقبال نے "لا" کے بعد "اِلّا" کی منزل سے تعبیر کیا ہے۔

لبالب شیشۂ تہذیب حاضر ہے مئے لا سے
مگر ساقی کے ہاتھوں میں نہیں پیمانۂ اِلاّ !!!

یعنی اگر کوئی منکرِ خدا ہے تو بھلے ہی مظاہرِ کائنات اُسے خدا کے وجود کا احساس نہ دلائیں، تاہم واقعات نفس الامری کا مشاہدہ اسے وجدان کی اس سطح پر لے آتا ہے جہاں غالب جیسا باغی شاعر کہہ اٹھتا ہے۔

ایماں مجھے روکے ہے تو کھینچے ہے مجھے کفر
کعبہ مِرے پیچھے ہے کلیسا مِرے آگے !

غالب نے شاعری کے پردے میں کچھ ایسے نکتے بیان کئے ہیں کہ یہاں " تشکیلِ الٰہیات" کے ضمن میں ان کی ژرف نگاہی کو تسلیم کئے بغیر رہا نہیں جاتا۔ وہ اندھیرے میں تیر چلانے یا یا اٹکل پر یقین رکھنے کے بجائے قرآنی اصطلاحوں "تدبّرون"" تفکرّون "اور "تشکرّون" سے کام لیتے ہیں۔ یہیں خدا کی مختاری اور بندے کی مجبوری کی حد جاری ہوتی ہے۔ جس کے لئے میر

نے کہا تھا۔

ناحق ہم مجبوروں پر یہ تہمت ہے مختاری کی
چاہتے ہیں سو آپ کرے ہیں ، ہم کو عبث بدنام کیا

دراصل جبر و قدر کا مسئلہ اس قدر متنازعہ فیہ رہا ہے کہ قرونِ وسطیٰ میں جبریئے اور قدریئے دو طبقے وجود میں آئے۔

پہلا طبقہ یہ مانتا تھا کہ انسان مجبور محض ہے جبکہ دوسرا طبقہ اس بات کا قائل تھا کہ انسان کو اپنے اعمال کے کرنے یا نہ کرنے پر قدرت حاصل ہے۔ غالب تقدیر کے قائل ہیں لیکن خدا سے انھیں یہ بھی شکوہ ہے کہ جو غم ان پر لادا گیا ہے، اس کے لئے ایک دل متحمل نہیں ہو سکتا۔

میری قسمت میں غم گر اتنا تھا
دل بھی یارب کئی دیئے ہوتے

اقبال قوم کی بے عملی کو دیکھتے رہنے کے باوجود خدا سے شکوہ کر بیٹھے۔ جس پر انھیں ملحد، کافر اور کرسٹان کے القاب سے نوازا گیا۔ یہ اقبال کی دور اندیشی تھی کہ ان کے قلم سے "جوابِ شکوہ" جیسی نظم نکلی۔ جس نے معترضین کے منھ بند کر دیئے۔ اب اسے وقت کا جبر کہئے کہ غالب نے اپنے اظہار کے لئے شاعری کو منتخب کیا جو ان ہی کے الفاظ میں ذریعۂ عزت نہیں تھی۔

سو پُشت سے ہے پیشہ آباً سپہ گری
کچھ شاعری ذریعۂ عزت نہیں مجھے

غالب آزادہ رو ہوتے ہوئے صلح کُل مسلک رکھتے ہیں۔ بُری قسمت کا احساس رکھتے ہوئے طبیعت بُری نہیں کرتے۔ منصب و ثروت سے محرومی بھی ہے اور بادشاہِ وقت کی غلامی کو اپنے لئے مشرف گردانتے ہیں۔

کیا کم ہے یہ شرف کہ ظفر کا غلام ہوں
مانا کہ جاہ و منصب و ثروت نہیں مجھے

غالب کی شاعری میں خدا کے قادر المطلق ہونے کا منطقی جواز تو مل جاتا ہے، تاہم قدرتِ کاملہ سے اپنی جبریت کا تصادم اُن سے ایسے شعر بھی کہلواتا ہے۔

پکڑے جاتے ہیں فرشتوں کے لکھے پر ناحق
آدمی کوئی ہمارا دمِ تحریر بھی تھا؟

یا پھر یہ شعر۔

ناکردہ گناہوں کی بھی حسرت کی ملے داد
یارب اگر ان کردہ گناہوں کی سزا ہے

اقبال نے اس مرحلہ پر اپنے حوصلے اور اپنی خودی کو ان الفاظ میں ڈھال دیا تھا۔

فارغ تو نہ بیٹھے گا محشر میں جنوں میرا
یا اپنا گریباں چاک، یا دامنِ یزداں چاک

ہر چند کہ غالب کے ہاں عقائد کا کوئی منضبط نظامِ فکر نہیں ملتا، تاہم دیوان میں جگہ جگہ "شکوہ اللہ سے خاکم بدہن ہے مجھکو" کے مصداق قابل لحاظ مواد مل جاتا ہے۔ جس کی بنائ پر یہ کہا جاسکتا ہے کہ غالب بیک وقت صوفیانہ، فلسفیانہ اور شاعرانہ شہ نشین پر متمکن نظر آتے ہیں اور جو فکر غالب نے اختیار کی وہ اپنے عہد کی دانشورانہ فکر سے ہم آہنگ تھی اور جس کی روشنی میں "غالب اور خدا" کے موضوع کو صاف صاف دیکھا اور پرکھا جاسکتا ہے۔

اپنی وفات سے کچھ دن پہلے غالب جو شعر دہراتے رہتے تھے وہ "خود سپردگی" کی ایک اچھّی مثال ہے۔

دمِ واپسیں برسرِ راہ ہے
عزیزو اب اللہ ہی اللہ ہے

(جنوری ۲۰۰۵ء)

☆☆☆

(۴)

راجندر سنگھ بیدی: اردو کا قد آور اور منفرد افسانہ نگار

(۸۷ویں سالگرہ پر فن کو خراج)

پیدائش : یکم ستمبر ۱۹۱۵ء وفات : ۱۱ نومبر ۱۹۸۴ء

فارسی کا مشہور شعر ہے۔

بہر رنگے کہ خواہی جامہ می پوش
من اندازِ قدت رامی شناسم

اگر اس شعر کا اردو ترجمہ، شعر ہی میں کیا جائے تو کچھ یوں ہو گا۔

چُھپتے رہو جس رنگ میں تم بھیس بدل کر
ہم قد سے تمھارے ، تمھیں پہچان گئے ہیں

بالکل یہی صورت بیدی کے اندازِ تحریر کی ہے کہ وہ تحریروں کے انبار میں بہ آسانی پہچانی جاسکتی ہے۔ انھوں نے کم و بیش (۷۰) سال کی عمر پائی اور اپنی ادبی زندگی کے (۵۰) برسوں میں جو تخلیقی سرمایہ اردو ادب کو دیا وہ اپنی جگہ ایک کارنامہ ہے۔ دیکھا جائے تو ان کی تخلیقات "مقدار" کے لحاظ سے کچھ زیادہ نہیں۔ یہی افسانوں کے چھ مجموعے (دانہ و دام، گرہن، کوکھ جلی، اپنے دکھ مجھے دے دو، ہاتھ ہمارے قلم ہوئے اور مہمان) دو ڈراموں کے مجموعے (بے جان چیزیں اور سات کھیل) اور ایک ناولٹ (ایک چادر میلی سی) مطبوعہ شکل میں، یہ سرمایہ کُل دو ہزار صفحات پر مشتمل ہے۔ لیکن "معیار" کے لحاظ سے عالمی ادب کے کسی بھی کڑے سے کڑے انتخاب میں جگہ پانے کے

قابل ہے۔

بقول قمر رئیس "بیدی کے افسانوں کی جڑیں ہندوستانی معاشرے اور زندگی میں بہت دور تک پھیلی ہوئی ہیں۔ اس کے علاوہ پیچیدہ سماجی رشتوں اور ان کی تہہ دار نفسیات کے ادراک کی بدولت "روحِ عصر" ان کے افسانوں میں "موجِ خوں" کی طرح دوڑتی نظر آتی ہے"۔

ان کے افسانوں میں "تہہ داری" کی شرح کرتے ہوئے کسی ہم عصر نے بہت خوب لکھا ہے کہ بیدی کی کہانیوں کو پڑھنے کے لئے پہلا صفحہ پڑھنے کی منزل سے گذرنا بہت ضروری ہے کیونکہ بعد میں ان کی تحریر، قاری کی دلچسپی پوری طرح اپنی طرف کھینچ لیتی ہے اوراس طرح قاری افسانہ ختم کئے بغیر نہیں رہتا۔ اس کا مطلب یہی ہوا کہ کہانی دھیرے دھیرے ذہن و دل پر اپنا رنگ جماتی ہے۔ اسے ایک خوبی ہی کہا جائے گا نہ کہ خامی۔ اس حقیقت سے قطع نظر کہ بیدی کے فن کی قدر شناسی ہر حلقۂ فکر کے اہلِ ذوق نے کی۔ پدم شری اور ساہتیہ اکیڈمی کے قومی اعزاز ملے۔ ہندوستان اور سویٹ یونین میں ان کی تصانیف پر ڈاکٹریٹ کے مقالے لکھے گئے (سویٹ یونین میں اس لئے کہ سماجی حقیقتوں کا مارکسی نظریۂ ان کے فن میں جابجا ملتا ہے اور اسی بناء پر وہ ترقی پسند ادب کے صفِ اوّل کے ادیب کہلاتے ہیں) اور یہ کہ ان کی تصانیف کے ترجمے ہندی، پنجابی، بنگلہ، مراٹھی، گجراتی کے علاوہ روسی، انگریزی، ترکی و جرمن وغیرہ میں ہو چکے ہیں، اس کے باوجود شاید اردو کے جدید افسانوی ادب میں ان کے فن کو جدید کلاسک (New Classic) کی حیثیت سے جیسا تسلیم کیا جانا چاہئیے، ویسا تسلیم نہیں کیا گیا۔

بیدی کے ہم عصر ادیبوں میں کرشن چندر، سعادت حسن منٹو، اُپیندر ناتھ اشک، خواجہ احمد عباس، بلونت سنگھ، قرۃ العین حیدر اور عصمت چغتائی جیسے صف اوّل کے تخلیق کاروں کی ایک کہکشاں ہے اور حیرت ہے کہ کسی ایک کا طرزِ بیان، دوسرے سے نہیں ملتا۔ ان سب میں اپیندر ناتھ اشک جو ان کا حلیف بھی ہے اور حریف بھی، بیدی کے بارے میں تنقیدانہ استدراک بھی رکھتا ہے اوران کے فن کا مداح بھی ہے، کنہیالال کپور کے حوالے سے لکھتا ہے کہ "بیدی تھیم کا بادشاہ ہے۔ بیدی کے بیشتر افسانوں میں کہانی نہیں صرف تھیم ہوتی ہے۔ اخبار یا کوئی کتاب پڑھتے

ہوئے، دوستوں سے باتیں کرتے ہوئے یا بھیڑ بھرے بازار سے گزرتے ہوئے اپنی غیر آسودہ خواہشوں سے پریشان یا اپنے کردہ یا ناکردہ گناہوں سے پشیمان، اس کے دماغ میں کوئی لفظ یا فقرہ یا محاورہ یا کہاوت یا کوئی مبہم سا خیال آتا ہے بالکل اسی طرح جیسے سیپ کے منھ میں بہت ہی مہین ریت کا ننھا سا ذرّہ اور بیدی کا فنکار اس پر اپنے جوہر کی آب چڑھا کر اسے 'نایاب موتی' بنانے پر تُل جاتا ہے۔ وہ زندگی کے کسی کردار یا حادثے پر افسانہ نہیں لکھتا، وہ جزئیات کا 'اندر جال' بنتا چلا جاتا ہے اور ان میں قاری کو الجھائے رکھ کر اسے اس مقام پر لے جاتا ہے جہاں قاری کے دماغ پر وہ خیال پوری طرح نقش ہو جاتا ہے۔"

بیدی کے ناقدین عموماً بیدی کے افسانوں پر دو الزام ضرور لگاتے ہیں۔ ایک یہ کہ اس کے اعصاب پر عورت سوار ہے اور دوسرے یہ کہ وہ گھریلو زندگی کی چھوٹی چھوٹی مسرتوں اور دکھ درد میں کھو کر بڑی حقیقتوں کو نظر انداز کر دیتا ہے۔ دونوں الزام بھی درست نہیں۔ عورت، دراصل بیدی کا حاوی موضوع ضرور ہے لیکن اس سچائی کے ساتھ کہ وہ عورت کی جنسیات نہیں، نفسیات کو بیان کرتا ہے اور یہ کہ ماں کا کردار اسے عورت کے ہر روپ میں نظر آتا ہے۔ اب رہا گھریلو زندگی کی چھوٹی چھوٹی مسرتوں میں کھو جانا تو انہی جزئیات کی مدد سے وہ بڑی حقیقتوں کا تانا بانا بنتا ہے۔ وہ چاہتا ہے کہ اندرونی جبلتوں اور خواہشوں کی موزوں تربیت سے انسان مہذب، شائستہ اور صحت مند بن جائے۔ ڈاکٹر محمد حسن کے الفاظ میں: "دنیا کے سارے فکری، جذباتی اور معاشرتی انقلاب کا مرکز، شخصیت کی یہی پُر اسرار توازن پیدا کرنے کی صلاحیت ہے۔"

خود بیدی نے اپنی تحریروں کے تعلق سے غالب ایوارڈ کی تقریب کے موقع پر ایک تحریر میں اپنے فن کے بارے میں لکھا تھا:

"اپنے ہاتھوں میں قلم اٹھا کر، کاغذ پر نظریں جما کر دیکھتا ہوں اور سوچتا ہوں کہ کسی نے کہا تھا۔

کبھی پیلے سیہ کاغذ پر سیاہ لفظوں میں کچھ لکھنا
کبھی نظروں سے لکھ کر یوں ہی کاغذ کو جلا دینا

یعنی قلم اور کاغذ کا رشتہ قائم ہے اور میں ضرور لکھوں گا، اور اب تک جو لکھا ہے وہ پوری ایمانداری اور جتن سے لکھا ہے۔ شاید اسی لئے اب بھی لکھنے کی خواہش باقی ہے!"

اب کچھ باتیں ان کی فلمی زندگی کے بارے میں۔۔۔ بیدی صاحب ۱۹۴۹ء میں ممبئ آئے اور اُن کی ادبی شہرت اُن کے ساتھ آئی۔ ایک مستند رائٹر کی حیثیت سے اُن کا اونچا مقام محتاجِ تعارف نہیں تھا۔ چنانچہ وہ جس شان سے آئے اُسی انداز سے فلم انڈرسٹری پر چھا گئے۔ پہلی فلم "بڑی بہن" کے کامیاب منظر نامے اور مکالموں سے ان کی شہرت پھیل گئی۔ پھر دلیپ کمار کی کئی فلموں داغ، دیوداس اور مدھومتی کے مکالمے لکھے۔ ان مکالموں نے ان فلموں میں ایک نئی جان ڈال دی۔ رشی کیش مکرجی جیسے باصلاحیت ڈائرکٹر کے لئے انوپما، مسافر، انورادھا، ستیہ کام اور میم دیدی جیسی صاف ستھری فلمیں لکھیں اور سہراب مودی کے لئے 'مرزا غالب' کے مکالمے لکھے۔ ان تمام فلموں میں بیدی نے اپنی ادبیت قائم رکھی اور ان کا معیار نیچا نہ ہونے دیا۔ انہوں نے اپنے مشہور ریڈیو ڈرامہ "نقل مکانی" پر مبنی ایک اسکرپٹ لکھی اور "دستک" کے نام سے فلم بنائی جس کے پروڈیوسر ڈائرکٹر وہ خود تھے اور جو فنّی اعتبار سے ایک چونکا دینے والی تجرباتی فلم ثابت ہوئی۔ اُن کی کہانی "گرم کوٹ" اور ناولٹ "اک چادر میلی سی" پر بھی فلمیں بنیں۔ انہوں نے ایک کمرشیل ٹائپ کی فلم "پھاگن" بھی بنائی جو زیادہ کامیاب نہ ہوئی۔

۱۹۷۹ء میں بیدی صاحب پر فالج کا حملہ ہوا اور ۱۱ر نومبر ۱۹۸۴ء کو وہ ممبئ میں انتقال کر گئے۔ راجندر سنگھ بیدی اپنی ندرتِ فکر و فن اور منفرد اسلوب کے سبب ادب و فلم کی تاریخ میں ہمیشہ یاد رکھے جائیں گے۔

(ستمبر ۲۰۰۲ء)

☆☆☆

(۵)

مخدوم محی الدین: شخصیت و فن کے آئینے میں

مخدوم محی الدین کا نام ایک انقلابی اردو شاعر اور ایک سیاسی رہنما دونوں حیثیتوں سے ممتاز اور نمایاں ہے۔ اگر صف اوّل کے (۵) ایسے اردو شعراء کے نام گنوائے جائیں جنھوں نے نظم کو اکائی کا تصور دینے اور علامات و اشاریت سے مالامال کرنے میں کامیاب اجتہاد کیا ہے تو فہرست اس طرح ہوگی۔ اختر الایمان، میراجی، ن۔م۔ راشد، فیض احمد فیض اور مخدوم محی الدین۔ مخدوم کی شعر گوئی کا آغاز ۱۹۳۳ء سے ہوتا ہے۔ جب ان کی عمر کوئی (۲۵) سال رہی ہوگی۔

اُن کی پیدائش ۴؍ فبروری ۱۹۰۸ء کو حیدرآباد کے ضلع میدک کے تعلقہ اندوال میں ہوئی۔ ۱۹۳۷ء میں عثمانیہ یونیورسٹی سے ایم۔اے۔ پاس کیا۔ یہ وہ زمانہ تھا جب ہندوستان میں انگریز حکمرانوں کے خلاف عوام کا غم و غصہ تحریکوں کی شکل میں ظاہر ہو چکا تھا۔ مارکسی تعلیمات کے زیر اثر نوجوان طبقہ اپنی سماجی و معاشرتی سرگرمیوں میں مصروفِ عمل تھا۔ آزادی کی جدوجہد بڑے پیمانے پر جاری تھی۔ یہ تمام کاوشیں ادب میں بھی نئے رجحانات لے کر داخل ہوئیں۔ مخدوم، حالات کے ان بدلتے تیوروں سے غافل نہیں تھے۔ ۱۹۳۶ء میں جب ترقی پسند تحریک نے اپنی پوری جولانیوں کے ساتھ معاشرے کے ہر شعبہ میں قدم رکھا تو حیدرآباد میں اس کی تشکیل و تشہیر کا سہرا مخدوم کے سر رہا۔ ان کے ساتھی ادیبوں میں سبطِ حسن، اختر حسین رائے پوری، جے۔وی۔ نرسنگ راؤ اور جے۔ سوریانائیڈو تھے۔

انجمن کی نشستیں سروجنی نائیڈو کے بنگلے "گولڈن تھر شولڈ" واقع ناملی اسٹیشن روڈ، حیدرآباد پر ہوا کرتی تھیں جو اس تحریک کی موئید تھیں۔ قدامت پسند، اس تحریک کے سخت مخالف

تھے لیکن مولانا حسرت موہانی اور قاضی عبد الغفار جیسے بزرگوں کی حمایت اسے حاصل تھی۔ اس انجمن کے علاوہ حیدرآباد میں اشتراکی خیالات رکھنے والوں کی ایک اور انجمن "کامریڈ اسوسی ایشن" بھی تھی جس کے اراکین میں ڈاکٹر راج بہادر گوڑ، جواد رضوی، عالم خوندمیری اور اومکار پرشاد وغیرہ شامل تھے۔

۱۹۳۹ء میں مخدوم کا تقرر سٹی کالج میں بہ حیثیت استادِ اردو عمل میں آیا۔ اس وقت تک مخدوم ایک شاعر کی حیثیت سے حیدرآباد میں کافی شہرت حاصل کر چکے تھے۔ ان کی نظم "انقلاب" پر علمائے دکن کی جانب سے کفر کا فتویٰ صادر ہوا تھا۔ کالج کے اربابِ مجاز کو یہ شکایت تھی کہ مخدوم اپنے لکچروں میں اشتراکی خیالات و نظریات کا پرچار کرتے ہیں۔ اس صورتحال اور دوسری مصلحتوں کی بناء پر انہوں نے سٹی کالج میں کوئی دو سال تک کام کرنے کے بعد ۱۹۴۱ء میں اپنا استعفیٰ پیش کر دیا۔ اس دوران ان کے سیاسی رجحانات کا رنگ تیزی کے ساتھ ابھرتا رہا اور وہ ہمہ وقتی طور پر عملی سیاست کے میدان میں داخل ہو گئے۔

حیدرآباد میں پوشیدہ طور پر ۱۹۳۹ء میں کمیونسٹ پارٹی کا قیام عمل میں آ گیا تھا۔ اُس وقت سوائے مجلس اتحاد المسلمین کے، کسی سیاسی پارٹی کا وجود نہیں تھا کیونکہ دوسری سیاسی پارٹیوں پر امتناع عائد تھا۔ آصف سابع کے اس شاہی دور میں کمیونسٹ پارٹی کا اہم مقصد حیدرآباد میں جمہوری حکومت کا قیام اور شاہی حکومت کا خاتمہ تھا۔ ترقی پسند تحریک کا مقصد بھی ادب میں انہی نظریات کی تشہیر کرنا تھا۔ اس تحریک سے مخدوم کی وابستگی اس حقیقت کی مظہر ہے کہ ان کے جذبات، خیالات اور قوتِ ارادی نے اس مسلک کو کُلّی طور پر قبول کر لیا تھا۔ جہاں تک شاعری کا تعلق ہے مخدوم نے اسے اکتسابی فن کے طور پر نہیں اپنایا کیونکہ وہ محض "موزوں طبع" نہیں تھے بلکہ ان کے فہم و ادراک میں آزادئ افکار اور بالغ نظری ہی قوم کی نجات دہندہ تھی۔ مخدوم ۲۵ اگسٹ ۱۹۶۹ کو انتقال کر گئے۔ (۶۱) سال کی عمر پائی۔ ان کی شاعری کا کینوس کوئی (۳۶) سال کے عرصہ تک پھیلا ہوا ہے۔ ان کے تین شعری مجموعے شائع ہوئے:

(۱) سرخ سویرا ۱۹۴۴ء

(۲) گُل تر ۱۹۶۱ء

(۳) بساطِ رقص ۱۹۶۶ء

ان تینوں مجموعوں میں آخری مجموعہ "بساطِ رقص" کے (۴) ایڈیشن شائع ہوئے۔ بعد کے ایڈیشنوں میں مخدوم کا وہ کلام بھی شامل ہے جو ۱۹۶۶ء سے ۱۹۶۹ء تک (یعنی انتقال تک) کہا گیا۔

مخدوم کی شاعری کو اُن کے لب و لہجے اور اسلوب کے لحاظ سے (۳) ادوار میں تقسیم کیا جاسکتا ہے۔ پہلا دور: ۱۹۳۳ء سے ۱۹۴۷ء تک (مدت: ۱۴ سال)۔ مخدوم کی شاعری کا آغاز ۱۹۳۳ء کے لگ بھگ ہوا۔ ان کی پہلی نظم "پیلا دوشالہ" تھی جو کہیں شائع نہیں ہوئی۔ اس نظم کی "شانِ نزول" یہ ہے کہ ایک صاحب نے (جو نئے نئے جامعہ عثمانیہ داخل ہوئے تھے) اپنے سینئر طلباء کو حسبِ روایت پارٹی نہیں دی تھی۔ جوابی کاروائی کے طور پر ان صاحب کا پیلا دوشالہ غائب کر دیا گیا۔ مخدوم کی نظم "پیلا دوشالہ" اسی شال کے کھو جانے کا "مزاحیہ مرثیہ" تھی۔ ان کی مطبوعہ پہلی نظم "طور" ہے جو ۱۹۳۴ء میں شائع ہوئی۔ یہ نظم رومانی ہے اور پابند نظم کی تعریف میں آتی ہے۔ ایک اور نظم "انقلاب" کی یہ سطریں ظاہر کرتی ہیں کہ وہ رجعت پسندی سے کس قدر متنفّر ہیں۔

حرم کے دوش پہ عقبیٰ کا دام ہے اب تک
سروں میں دین کا سودائے خام ہے اب تک
توہمات کا آدم غلام ہے اب تک!

مخدوم کا پہلا مجموعہ کلام "سرخ سویرا" ۱۹۴۴ء میں چھپا تھا۔ اُن کی ابتدائی شاعری میں ہم کو رومان کی جھلکیاں زیادہ ملتی ہیں۔ جیسے ان کی نظمیں "طور"، "آتش کدہ"، "سجدہ"، "جوانی" اور "ساگر کے کنارے" وغیرہ لیکن بعد میں ان کی دور بینی اور سماجی شعور نے حسن و عشق کے محدود کوچے سے نکل کر دوسرے خارجی موضوعات کی وسعتوں کو بھی ناپنا شروع کر دیا۔

"سرخ سویرا" میں جتنی نظمیں ہیں تقریباً سب میں (سوائے دو نظموں "اندھیرا" اور "استالین" کے) ردیف و قافیہ کا اہتمام (کہیں شعوری اور کہیں غیر شعوری طور پر) موجود ہے۔ پابند نظم سے آزاد نظم کا سفر اُن کی نظم "اندھیرا" سے شروع ہوتا ہے۔ جو یہ ظاہر کرتا ہے کہ موضوع

کے بے ساختہ اظہار کے لئے پابندی سدّراہ بن رہی ہے۔ ترقی پسند شعرأ نے آزاد نظم کو اسی بنأ پر فروغ دیا اور مخدوم اور فیض غالباً ترقی پسند شعرأ کے وہ اولین شعرأ ہیں جنھوں نے اپنے کامیاب اظہار کے لئے آزاد نظم کے سانچے کو قبول و اختیار کیا۔ پیکر تراشی کے علاوہ نقطۂ عروج تک پہنچنے کا مرکزی خیال کس طرح ادا ہوا ہے وہ نظم "اندھیرا" میں ملاحظہ ہو۔

شب کے سناٹے میں رونے کی صدا
کبھی بچوں کی، کبھی ماؤں کی
چاند کے تاروں کے ماتم کی صدا
رات کے ماتھے پہ آزردہ ستاروں کا ہجوم
صرف خورشیدِ درخشاں کے نکلنے تک ہے
رات کے پاس اندھیرے کے سوا کچھ بھی نہیں

شاعر کی شخصیت میں اس کا نظریۂ حیات کس طرح سموتا ہے اس کی نمایاں و کامیاب مثال مخدوم کی شاعری ہے۔ مخدوم کبھی زندگی کی کشمکش اور طویل سفر میں تنہا چلنے کے قائل نہیں رہے بلکہ اپنے ہمراہ ساری جمعیت، سارے قافلے کی الجھنوں کا بار اٹھانا انھوں نے پسند کیا۔ اجتماعیت کو انفرادیت پر ترجیح دینا، جس کو تنقید نگاروں نے دو اصطلاحوں "غمِ جاناں" اور "غمِ دوراں" سے تعبیر کیا ہے۔ مخدوم کا اکلوتا شعر اس نظریئے کی اچھی مثال ہے۔

حیات لے کے چلو ، کائنات لے کے چلو
چلو تو سارے زمانے کو ساتھ لے کے چلو

مخدوم محرومی یا ناکامی سے مایوس ہونا نہیں چاہتے، اس خوف سے کہ کہیں وہ تلخی یا جھنجھلاہٹ کا شکار ہو کر نراج کی وادیوں میں آرام نہ لے لیں۔ "قنوطیت" کے مقابل "رجائیت" کو اپنانے کا یہ حوصلہ ان کے پہلے شعری سفر کا خاص وصف ہے۔ مخدوم نے دوسرے دور میں بھی جو ۱۹۴۷ء سے ۱۹۵۹ء (مدت ۱۲ سال) کا احاطہ کرتا ہے نظم کی صنف کو ہی اپنے شعری اظہار کا ذریعہ

بنایا۔ غزل کی صنف کو انھوں نے ۱۹۵۹ء میں اختیار کیا۔ جہاں سے ان کے شعری سفر کا تیسرا اور آخری دور شروع ہوتا ہے۔ ہندوستان کو ۱۹۴۷ء میں انگریزی حکومت سے آزادی نصیب ہوئی اور اِدھر نظام کی شاہی حکومت بھی ستمبر ۱۹۴۸ء کو دم توڑ گئی۔ یہاں سے مخدوم کے شعری موضوعات میں تبدیلی آئی۔ ہئیت اور فارم بھی بدلے۔ اس دوسرے دور میں سوائے دو پابند نظموں "آج کی رات نہ جا" اور "بھاگ متی" کے مخدوم نے آزاد نظم کو ہی برقرار رکھا۔ مخدوم کا دوسرا شعری مجموعہ "گُلِ تر" ۱۹۶۱ء میں شائع ہوا۔ یہ مجموعہ ان کی شاعری کے دوسرے دور اور تیسرے دور کے آغاز کی نمائندگی کرتا ہے۔ تیسرا دور ۱۹۵۹ء سے ۱۹۶۹ء (مدت ۱۰ سال) تک یعنی ان کے انتقال تک جاری رہا۔

ہندوستان کی آزادی اور تقسیم و نیز سقوطِ حیدرآباد کے بعد بھی ان کے اندر کا فنکار اُنہی تعمیری خطوط پر سوچتا رہا جس انداز سے ہر انسان دوست فنکار سوچ سکتا ہے۔ ۱۹۴۷ء کے فرقہ ورانہ فسادات، حیدرآباد کا پولیس ایکشن، نظام کی شاہی حکومت کا خاتمہ، انڈین یونین میں حیدرآباد کا انضمام، جاگیردارانہ نظام کا دم توڑنا، یہ سب ایسے معمولی واقعات تو نہ تھے کہ مخدوم ان سے چشم پوشی کرتے۔ ان کی سیاسی سرگرمیوں نے ایک نیا موڑ اختیار کر لیا جس کے نتیجے میں انھیں قید و بند کی صعوبتیں بھی برداشت کرنی پڑیں۔

اپنے تہذیبی ورثے کو جو سالہا سال کی ذہنی و روحانی کاوشوں کا حاصل تھا، مخدوم نے اپنے جمالیاتی ذوق اور شعری حسن سے خوب نکھارا، سنوارا اور نسبتاً شگفتہ انداز سے شعری قالب میں سمو دیا۔ "گلِ تر" کے مخدوم "سرخ سویرا" کے مخدوم سے ان معنوں میں مختلف ہیں کہ ان کی بعد کی شاعری دھیمی دھیمی آنچ کی نرم روی موضوعات کے تنوع، گھلاوٹ اور نغمگی کی آئینہ دار ہے۔ آزادی کے موضوع پر "چاند تاروں کا بن" ان کی وہ شاہکار نظم ہے جس کی ہم پلہ نظمیں جدید شاعری میں ایک دو ہی نکلیں گی۔

مخدوم کا تیسرا اور آخری شعری مجموعہ "بساطِ رقص" ۱۹۶۶ء میں شائع ہوا۔ جو ایک طرح سے مخدوم کی تمام تر شعری کاوشوں کی کلیات ہے۔ جس کے اب تک چار ایڈیشن شائع ہو چکے

ہیں۔ تازہ ترین ایڈیشن ۱۹۹۸ء میں شائع ہوا۔

مخدوم کی شاعری کے پہلے اور دوسرے دور کو چھوڑ کر جس میں صرف ہمیں نظمیں ہی ملتیں ہیں تیسرے دور کے آغاز سے یعنی ۱۹۵۹ء سے مخدوم نے غزل کہنا شروع کی۔ اس کی وجہ تسمیہ یہ تھی کہ ۱۹۵۹ء میں ممبئی میں ایک ہند و پاک عظیم الشان طرحی مشاعرہ منعقد کیا گیا جس میں پاکستان سے جوش ملیح آبادی اور شوکت تھانوی وغیرہ نے شرکت کی تھی۔ تمام شعراء نے طرحی غزلیں سنائیں اور جوش نے "طرحی نظم" جس کا ٹیپ کا مصرعہ تھا" کیا گل بدنی، گُل بدنی، گُل بدنی ہے!" سنایا۔ مخدوم کی پہلی غزل جو اتفاقاً ان کی پہلی طرحی غزل بھی تھی بہت مقبول ہوئی۔ خصوصاً یہ تین شعر۔

سیماب وشی، تشنہ لبی، باخبری ہے
اس دشت میں گر رختِ سفر ہے تو یہی ہے

اک شہر میں اک آہوئے خوش چشم سے ہم کو
کم کم ہی سہی، نسبتِ پیمانہ رہی ہے

دھڑکا ہے دلِ زار ترے ذکر سے پہلے
جب بھی کسی محفل میں تری بات چلی ہے

بیشتر تنقید نگار فیض و مخدوم کی شاعری کا تقابلی موازنہ بھی کرتے ہیں۔ اس کی وجہ غالباً وہ فنی و ذہنی یگانگت ہے جس کا رنگ دونوں کے پاس جابجا ملتا ہے۔ خارجی و داخلی موضوعات، تہذیبِ نفس، کلاسکیت میں جدیدیت کا چرچا رہتا تھا یہ سب باتیں دونوں کی شخصیت میں مشترک ہیں۔

بزلہ سنجی، حاضر جوابی اور ظرافت مخدوم کی شخصیت کے اہم جزو رہے۔ طالب علمی کے دوران یونیورسٹی میں ان کی لطیفہ گوئی کا چرچا رہتا تھا۔ یہ وصف ان کی حیات تک بر قرار رہا۔ مخدوم ہمیشہ ہر ترقی پسند نظریئے، نئے پن اور زندگی کے ہر مثبت پہلو کو خندہ پیشانی سے قبول کرتے رہے۔ یہی وجہ تھی کہ انھیں انٹلکچول طبقے خصوصاً نوجوانوں کے حلقوں میں سر آنکھوں پر بٹھایا جاتا۔

درمیانہ طبقہ ہو، غریب طبقہ ہو، مزدوروں یا کسانوں کی بیٹھک ہو، طلبا کا اجتماع ہو مخدوم ہر قسم کی فضا اور ماحول میں گھل مل جاتے۔ سیاست داں ہونے کے ناطے انھیں اکثر مشتعل ہجوم اور غیر سماجی عناصر سے بھی واسطہ پڑتا رہتا لیکن وہاں بھی وہ اپنی سوجھ بوجھ اور خوش طبعی کے باعث بڑے سے بڑے مجمع کو قابو میں کر لیتے۔

محفل کے آداب کا پاس رکھنا، ملنساری اور رکھ رکھاؤ میں یقیناً ان کا جواب نہ تھا۔ البتہ ایک شئے ان کے مزاج میں ایسی تھی جسے آپ ان کی "خود شناسی" کہہ لیجئے، وہ کسی کی زبان سے اپنے بارے میں کڑی تنقید یا زیادہ صحیح الفاظ میں اپنی تنقیص برداشت نہیں کر سکتے تھے۔ ہو سکتا ہے یہ عادت ان کے مخصوص مزاج کا حصّہ ہو یا یہ بھی ہو سکتا ہے کہ سماجی حیثیت سے ایک اعلیٰ مقام کا حامل ہر گھڑی غیر ضروری یا نامناسب الزام تراشی برداشت نہ کر سکتا ہو کیونکہ ایسی باتوں کو درگزر کر دینے سے کم ظرف لوگوں کو شہ بھی مل جاتی ہے۔ ہو سکتا ہے مخدوم بھی اسی نظریئے کے تحت اپنی تنقیص گوارا نہ کر پاتے۔ اس سے ہٹ کر مخدوم کو لوگ ہمیشہ انتہائی مخلص، ہنس مکھ، پُر کشش اور سنجیدہ پاتے۔ اپنے عقائد کی بناء پر وہ شروع ہی سے اشتراکی رہے۔ تلنگانہ تحریک جو ایک طرح سے جاگیر داروں اور کسانوں کا تصادم تھی اور جس کے ہیرو مخدوم رہے، اس میں بھی ان کا مزاج، مصلحتوں کی تمام آلائشوں سے قطعاً پاک رہا۔

جہاں انھوں نے شاہی نظام کے خلاف یہ شعر کہا۔

پڑی ہے فرقِ مبارک پہ ضربتِ کاری
حضورِ آصفِ سابع پہ ہے غشی طاری

وہیں امن کے تعلق سے تاشقند میں ہوئی ہندو پاک کانفرنس کی کامیابی پر یہ شعر کہا۔

جہاں میں جنگ نہیں ، امن سر بلند چلے
نسیمِ صلح چلے ، بادِ تاشقند چلے

جس طرح مخدوم دیکھنے، سننے میں حیدر آباد کی گنگا جمنی تہذیب کا نمونہ نظر آتے، ان کی

شاعری بھی اس وصف سے خالی نہیں۔ غالباً مخدوم واحد شاعر ہیں جنھوں نے دکنی الفاظ (جنھیں کوئی بھی شعر میں لانے کو اپنی احساسِ کمتری سمجھتا) نہایت بے باکی اور خود اعتمادی کے ساتھ اپنے شعر میں استعمال کئے ہیں۔ جب لکھنؤ یا دلّی والے اپنی زبان پر فخر کر سکتے ہیں، اس کا روز مرّہ یا محاورہ ادب میں لانے سے نہیں جھجکتے تو دکن والے کیوں اس سے پیچھے رہیں؟ یہ بات اپنے شعرں کے ذریعہ مخدوم نے جتلائی ہے۔ مثال کے طور پر ان کی نظموں کی یہ سطریں ملاحظہ ہوں۔

دور "محبس" کی فصیلوں سے بہت دور کہیں (قید)

کوئی "سنچل" نہ کوئی چاپ نہ کوئی دھڑ کن (سنّاٹا)

زندگانی، تازگی، عقل و فراست کا "مسان" (مشرق)

مخدوم ہمیشہ جس سیاسی پارٹی سے وابستہ رہے اس کے اُصولوں پر کاربند رہنے کو اپنا ایمان سمجھتے رہے۔ اپنے اس عوامی کردار میں انھوں نے وضعداری کی شان بھی بر قرار رکھی اور "وفاداری بشرطِ استواری" کا جیتا جاگتا نمونہ بھی بنے رہے۔ یہ خصوصیات محض ان کی اپنی شخصی خوبیوں کی مرہونِ منّت تھیں۔ مزدوروں اور کسانوں کے لئے اپنی اعلیٰ صلاحیتیں وقف کر دینا۔۔۔ ان کے مطالبات منوانے کے لئے ہر مخالف وار کا بے باکی سے مقابلہ کرنا ثابت کرتا ہے کہ ان میں "جرأت رندانہ کوٹ کوٹ کر بھری تھی۔ حق و باطل اور خیر و شر کی لڑائی تو ازل سے جاری ہے۔ لیکن مخدوم کے مزاج میں جو جبر و استبداد کی طاقتوں کے خلاف کُھلا چیلنج کرنے کا انداز موجود تھا وہ اپنی مثال آپ ہے۔ ان کہ یہ قطعہ اس کا ترجمان ہے۔

اُسی ادا سے اُسی بانکپن کے ساتھ آؤ
پھر ایک بار اُسی انجمن کے ساتھ آؤ
ہم اپنے ایک دلِ بے خطا کے ساتھ آئیں
تم اپنے محشرِ دار و رسن کے ساتھ آؤ

مخدوم کے بارے میں کچھ لوگوں کا خیال تھا کہ وہ شاعر کم اور لیڈر زیادہ تھے۔ یہ خیال

درست نہیں۔ ان کی شخصیت تو ان ہمہ گیر پہلوؤں کا احاطہ کرتی ہے جن کی بنا پر مخدوم نے اپنی سماجی و سیاسی زندگی کا آغاز کیا تھا۔ مخدوم نہ صرف ایک بڑے شاعر تھے بلکہ ایک بلند حوصلہ انسان بھی تھے۔ ان کے کردار میں روایت و ذہنی غلامی کے خلاف وہ بے پناہ جذبہ تھا کہ اس سے ان کی فطرت اور فن میں طبع زادگی، بے ساختگی اور برجستگی آ گئی تھی اور یہی چیز اُن کو ایک بڑا شاعر اور اہم انسان بناتی ہے۔

☆ ☆ ☆

(۶)

عزیز احمد کی تین اہم نظموں کا شاعرانہ استدراک

عزیز احمد، اردو ادب کے ان اہم ادیبوں اور شاعروں مین نہایت اہمیت کے حامل ہیں جو بہ یک وقت مختلف اصناف میں ادبی استدراک رکھتے ہیں۔ فی الوقت ان کی تین اہم نظموں کا جائزہ پیش ہے۔

ا۔ عذر نگاہ (بحر مجتث: مفاعلن فعلاتن مفاعلن فعلن)

یہ ایک پابند نظم ہے اور غزل کی ٹیکنک میں ہے۔ عزیز احمد کی شاعری میں اختر شیرانی کا انداز جھلکتا ہے لیکن اس کے باوجود ان کی اپنی انفرادیت مسلّم ہے۔ ترکیبوں کا استعمال کثرت سے ہے۔ چند ترکیبیں ملاحظہ ہوں (ان میں دو لفظی بھی ہیں اور سہ لفظی بھی): جمالِ عارض گلگوں، فسونِ حسن، کیفِ شباب، روکشِ فردوس، گل شیریں عذار۔

یہ ایک حقیقت ہے کہ اردو شاعری کی بحریں اور تراکیب تقریباً فارسی ہیں۔ عربی زبان کا بھی اثر ہے لیکن بہت کم۔ ویسے فارسی بحریں بھی عربی بحروں سے ماخوذ ہیں۔ خیر یہ ایک جملۂ معترضہ تھا۔

اس نظم کا بنیادی استعارہ "نگہ" یا "نظر" ہے۔ دراصل حسن و عشق کی پوری داستاں اسی ایک نگہ یا نظر پر قائم ہے۔ اگرچیکہ یہ نظم، غزل کی ٹیکنک میں کہی گئی ہے اور غزل میں ہر ایک شعر کا مفہوم جداگانہ ہوتا ہے۔ تاہم یہ نظم پہلی سطر سے لے کر آخری سطر تک ایک لڑی میں پروئی ہوئی ہے۔ یہاں ایک بات کی وضاحت ضروری ہے کہ غزل کے دو مصرعے ہوتے ہیں اور نظم میں انھی مصرعوں کو سطر کا نام دیا گیا ہے۔ یہ تفریق جدید تر تنقید نگاروں نے کی ہے اور بہت موزوں و مناسب

ہے۔

نظم کی ان دو سطروں میں تلمیح ہے۔

مری نظر میں ابھی تک ہے روکشِ فردوس
وہ باغ جس میں تجھے ایک بار دیکھا ہے

آدم و حوا کے اس موضوع کو شاعر نے مرد و عورت کی محبت کا بنیادی تصور بنا دیا ہے۔ ٹیپ کا یہ شعر اسی جانب اشارہ کرتا ہے۔

قصور کیا ہے بتا پھر مری نگاہوں کا
جو بے خودی میں تجھے بار بار دیکھا ہے

اس "بے خودی" کا اقبال کے "فلسفۂ خودی" سے کوئی تعلق نہیں ہے جیسا کہ رؤف خیر نے عزیز احمد کی شاعری پر تبصرہ کرتے ہوئے اپنے ایک مضمون میں ذکر کیا ہے۔ خیر۔ اس نظم کی جملہ (۳۰) سطریں اور ۸۔۸ سطروں کے تین بند ہیں۔ باقی (۶) سطریں ٹیپ کے تین شعر ہیں۔

رومانی موضوعات ابتدا ہی سے اردو شاعری پر غالب رہے ہیں۔ غالباً ۱۹۳۶ء سے جب ترقی پسند ادب کی تحریک سجاد ظہیر کے ذریعہ پوری اردو شاعری پر چھا گئی۔ شعوری طور پر رومان کی جگہ "کار جہاں دراز ہے" کی موضوعات کمیونسٹ ادیبوں اور شاعروں نے ادب میں داخل کئے۔ جس کا انداز فیض نے اپنی نظم میں اس طرح کیا "مجھ سے پہلی سی محبت مری محبوب نہ مانگ"

۲۔ التجا (بحر رمل: فعلاتن فعلاتن فعلن ر فعلات)

(۲۱) سطروں کی یہ نظم، ۴۔۴ سطروں کے (۴) بندوں پر مشتمل ہے اور ٹیپ کا مصرعہ ہے۔

اک ذرا چھیڑ تو دے، تشنۂ مضراب ہے ساز

پہلے بند میں ہستی کے بارے میں اظہار خیال کرتے ہوئے شاعر کو یہ غم ہے کہ اس کی ہستی ایک ایسی کتاب ہے جس کا قصہ غمگینی سے عبارت ہے اور یہ کہ اس کا حبابِ ہستی، دامنِ ساحل

سے آگاہے۔

دوسرا بند مخاطبت کا انداز لئے ہوئے ہے۔ یہ مخاطبت کس سے ہے؟ محبوب سے بھی ہوسکتی ہے، خالق کائنات سے بھی۔ شاعری کا وصف یہ بھی ہے کہ اس میں کئی مطالب و مفاہیم اپنے اپنے انداز میں نکالے جاسکتے ہیں۔ شاعر نے زندگانی کو ایک افسانہ بنتے ہوئے دیکھا ہے۔ یوں دیکھا جائے تو انسانی کائنات میں ہر ایک کی زندگی ایک افسانہ ہی تو ہے۔ افسانہ یہاں کہانی یا قصہ کے معنوں میں بھی لیا جائے تو ہر انسان کی اپنی ایک کہانی ہے۔ اپنا ایک قصہ ہے۔ جس میں حسن بھی ہے، بد صورتی بھی، خوشی بھی ہے اور غمگینی بھی۔

تیسرا بند تمناؤں کی درد انگیزی پر مبنی ہے۔ خواہش، ارمان، آرزو یہ سب ہی تمناؤں کے مختلف انداز ہیں اور جس کا مرکز ہے دل۔ اس کے باوجود شاعر کو تمناؤں کا کوئی عنوان نہیں ملتا۔ مطلب کہ تمناؤں میں اس قدر پیچید گیاں ہیں کہ اس کا دامن پرزے پرزے ہو چلا ہے۔

چوتھا و آخری بند شاعر نے انہی تمناؤں کے اظہار کے لئے محبوب یا خالقِ کائنات سے التجا کی ہے اور اپنی نظم کا عنوان بھی "التجا" رکھا ہے۔

حیرت انگیز بات یہ ہے کہ عزیز احمد نے درون دل اور درون عشق کی داستاں ایک مختصر نظم میں اس طرح بیان کی ہے کہ شاعر کی التجا ہر ایک کی التجا معلوم ہوتی ہے۔

۳۔ پیکرِ تصویر (کسی کی تصویر دیکھ کر)(بحر رمل: مفاعیلن مفاعیلن مفاعیلن مفاعیلن)

علامہ اقبال نے ایک نظم "کسی کی تصویر دیکھ کر" کے عنوان سے کہی تھی جو ان کے پہلے شعری مجموعہ "بانگ درا" میں شامل ہے لیکن عزیز احمد کی نظم بہ عنوان "پیکر تصویر" کچھ مختلف نظم ہے۔

(۱۶) سطروں کی یہ نظم اپنے اندر خیال و خواب کی ایک ایسی تصویر بیان کرتی ہے جس میں دونوں بے زبان ہیں، یعنی عاشق بھی اور معشوق بھی۔ یہ ایک ایسا تصور ہے جو اس سے پہلے اردو شاعری میں نہیں آیا تھا۔ یہ شعر ملاحظہ ہو۔

مِرا دل بے زباں ہے ، بے زباں تصویر تو بھی ہے
کریں خاموش باتیں ، بے زبانوں کی زباں ہو کر

بے زبانوں کی زباں میں خاموش باتیں کرنا بھی خوب ہے یہ کہہ کر شاعر نے اس مصرعے کو زبان دے دی ہے۔ اپنا تعارف کراتے ہوئے شاعر اپنے آپ کو محفل کے ایسے بجھے چراغ سے تعبیر کرتا ہے جس میں سے دھواں اٹھ رہا ہے اور حسن کو اس کے اپنے جلوؤں سے آگے بے نیازوں کو بھی جبیں سائی کرتے بیان کیا ہے۔

شاعر اس حسن کو جہانِ رنگ و بو کے رہگزاروں میں ڈھونڈتا رہا لیکن کہیں بھی نہ پایا۔ پایا بھی تو اپنے خیالستان کی دلکش نو بہاروں میں۔ نظم کے آخر میں شاعر کہتا ہے۔

پھر اپنے راز کی باتیں شہید راز ہو جائیں
جلیں سوزِ دروں سے ، ساز بے آواز ہو جائیں

حیرت ہوتی ہے کہ عزیز احمد بنیادی طور پر ایک نثر نگار ہوتے ہوئے فنِ شاعری میں اپنے فن کا لوہا اپنے کلام سے اس طرح منواتے ہیں کہ وہ بنیادی طور پر ایک پختہ کار شاعر معلوم ہوتے ہیں۔ عزیز احمد کا یہ شاعرانہ استدراک انھیں فطین و ذہین ثابت کرتا ہے۔ فیض احمد فیض کا خط آنے پر انہوں نے جو غزل لکھی، اس کا یہ شعر خوب ہے۔

ہم الف سے پڑھ نہ پائے تا حروفِ لام و میم
پھر بھی ساری عمر تفسیرِ الم لکھتے رہے

عذر نگاہ

نگہ نے ہو کے تجھے بے قرار دیکھا ہے
تڑپ کے دل نے بصد اضطراب دیکھا ہے
جمال عارض گلگوں پہ خواب کا وہ اثر

نگہ نے بن کے دل بے قرار دیکھا ہے
فسون حسن پہ کیف شباب کا وہ اثر
کہ دل نے ہو کے سراپا شرار دیکھا ہے
وہ خواب ناز مجھے یاد ہے کہ میری طرح
قمر نے ہو کے تجھے دل فگار دیکھا ہے
قصور کیا ہے بتا پھر مری نگاہوں کا
جو بے خودی میں تجھے بار بار دیکھا ہے
مری نظر میں ابھی تک ہے روکش فردوس
وہ باغ جس میں تجھے ایک بار دیکھا ہے
فضا بہار کی رنگینیوں میں ڈوب گئی
تجھے جو اے گل شیریں عذار دیکھا ہے
گل شگفتہ نے تجھ کو نگاہ حسرت سے
بکورئ دل و چشم ہزار دیکھا ہے
ترے جمال کو خود تیرے عکس نے لب آب
لرز کے کیف سے دیوانہ وار دیکھا ہے
قصور کیا ہے بتا پھر مری نگاہوں کا
جو بے خودی میں تجھے بار بار دیکھا ہے
تری نمود میں شاعر کی چشم روشن نے
شراب حسن کا کیف و خمار دیکھا ہے
خطوط و رنگ کی معراج کو مصور نے
ترے جمال کو آئینہ دار دیکھا ہے

کوئی مجسمۂ مرمریں سمجھ کے تجھے
صنم تراش نے بے اختیار دیکھا ہے
جمال شاہد فطرت نے ہو کے خود مفتوں
ترے جمال کو آئینہ دار دیکھا ہے
قصور کیا ہے بتا پھر مری نگاہوں کا
جو بے خودی میں تجھے بار بار دیکھا ہے

التجا

ایک ذرا چھیڑ تو دے تشنۂ مضراب ہے ساز
ایک مدت سے ہے خاموش ربابِ ہستی
کروٹیں لیتا ہے رہ رہ کے شبابِ ہستی
حامل قصۂ غمگیں ہے کتابِ ہستی
آلگا دامن ساحل سے حبابِ ہستی
ایک ذرا چھیڑ تو دے تشنۂ مضراب ہے ساز
جلوۂ ہوش کو بیگانہ بنانے والے
زندگانی کو اک افسانہ بنانے والے
حسن کی شمع کو پروانہ بنانے والے
مطرب روح کو مستانہ بنانے والے
ایک ذرا چھیڑ تو دے تشنۂ مضراب ہے ساز
موج زن دل میں ہے ارمان تمناؤں کا
طالب نور ہے ایوان تمناؤں کا

پرزے پرزے ہے گریبان تمناؤں کا
نہیں ملتا کوئی عنوان تمناؤں کا

ایک ذرا چھیڑ تو دے تشنۂ مضراب ہے ساز

نغمے بے چین ہیں مدہوش بنانے کے لئے
بزم ہستی کو بلانوش بنانے کے لئے
شاخ امید کو گل پوش بنانے کے لئے
منظر ہوش کو بیہوش بنانے کے لئے

ایک ذرا چھیڑ تو دے تشنۂ مضراب ہے ساز

پیکر تصویر

عیاں لفظوں میں سرِ پیکرِ تصویر کیوں کر ہو
صحیفہ حسن کا منتِ کش تفسیر کیوں کر ہو
ترے جلوؤں کے آگے بے نیازوں نے جبیں رکھ دی
جہانگیری سے عاری حسن کی تاثیر کیوں کر ہو
نہاں تصویر کی ہر جنبشِ پنہاں میں تو خود ہے
بتا دے پھر تری تصویر یہ تصویر کیوں کر ہو

تجھے ڈھونڈا جہانِ رنگ و بو کے رہگزاروں میں
تجھے پایا خیالستاں کی دلکش نو بہاروں میں

مرے سینے میں آ حسن و الم کی داستاں ہو کر
جلا دے حسنِ کامل دل کو برقِ جانستاں ہو کر
تجھے معلوم کیا ؟ میں کون ہوں کیا ہوں کہاں ہوں ، اب

چراغِ کشتہ محفل ہوں اٹھتا ہوں دھواں ہو کر
مرا دل بے زباں ہے بے زباں تصویر تو بھی ہے
کریں خاموش باتیں بے زبانوں کی زباں ہو کر
پھر اپنی راز کی باتیں شہید راز ہو جائیں
جلیں سوز دروں سے ساز بے آواز ہو جائیں

(مارچ ۲۰۱۲ء)
☆☆☆

(۷)

کچھ 'محمود ایاز اور سوغات' کے بارے میں

بعض رسائل کا نام سنتے ہی ان رسائل کے مدیران کے نام یکلخت ذہن میں آتے ہیں اور یہ مدیران ان رسائل کی پہچان بن جاتے ہیں۔ مثال کے طور پر محمد طفیل اور نقوش، مولانا صلاح الدین اور ادبی دنیا، شاہد احمد دہلوی اور ساقی، مرزا ادیب اور ادب لطیف، احمد ندیم قاسمی اور فنون، گوپال متل اور تحریک، اعجاز صدیقی اور شاعر، سلیمان اریب اور صبا، شمس الرحمٰن فاروقی اور شب خون یا اعظم راہی اور پیکر۔ اسی طرح "سوغات" کا نام سنتے ہی محمود ایاز کا نام اس سے ملحق ہو جاتا ہے۔ تجارتی نقطۂ نظر کے بجائے خالص ادبی نقطۂ نظر کو اپنانا اور مصلحت وقت کو روانہ رکھتے ہوئے ادبی درباروں کی خوشنودی کو ٹھکرانا، یہ وہ کارنامہ ہے جس کی مثال محمود ایاز کے بارے میں بلاجھجک دی جاسکتی ہے۔

۲۹ مارچ ۱۹۹۷ء کو بنگلور میں محمود ایاز کا انتقال ہو گیا اور اس طرح اردو دنیا ایک منفرد ادیب و شاعر، ایک رجحان ساز مدیر اور ایک بے ریا صحافی سے محروم ہو گئی۔ محمود ایاز یوں تو کئی حیثیتوں سے جانے پہچانے جاتے تھے لیکن ان کی اہم شناخت سہ ماہی "سوغات" کے مدیر کی حیثیت سے نمایاں ہوئی جس کے وہ مدیر بھی تھے، مالک بھی تھے اور ناشر بھی۔ تین دہائیوں تک "سوغات" نے کئی دور دیکھے۔ ۱۹۶۲ء میں سوغات کا نظم نمبر شائع ہوا جسے آج بھی جدید نظم نگاروں کے نمائندہ انتخاب کی حیثیت سے نقطۂ آغاز بھی مانا جاتا ہے اور نقطۂ عروج بھی۔

ہر چند کہ محمود ایاز ادب کے انتہا پسند دور میں متوازن اور معتدل رویہ کے مقابل ایک نئے رجحان کی صورت گری میں مصروف رہے تاہم ان کا اہم کارنامہ یہ ہے کہ انہوں نے "

سوغات" کے ذریعہ عملاً سنہ ۶۰ء اور سنہ ۷۰ء کی دہائی میں جمود کے وجود کا مضحکہ اڑایا۔ ترقی پسند تحریک سے ہٹ کر ان کا میلان لاہور کے "حلقہ اربابِ ذوق" کی طرف زیادہ رہا۔ چنانچہ میرا جی جس طرح "اس نظم میں" کے عنوان سے نظموں کا تجزیاتی مطالعہ حلقہ کی نشستوں میں پیش کرتے تھے، اس سلسلہ کو محمود ایاز نے اس طرح جاری رکھا کہ مختلف نظموں پر شعراُ کے نام مخفی رکھ کر تبصرے لکھوائے اور "سوغات" میں شائع کئے اور اس طرح ایک غیر جذباتی تنقیدی رویہ اپنایا۔ غزل کے مقابل نظم کو فروغ دینے کا سہرا اگرچیکہ ترقی پسند تحریک کی دین ہے لیکن محمود ایاز نے بحیثیت مدیر اس صنف کو اعتبار بخشا۔

محمود ایاز نے بڑے اہم اور بے باک اداریئے لکھے جن میں انہوں نے نہ صرف تخلیقات کا معروضی جائیزہ لیا بلکہ تخلیق کاروں کو اہم مشورے بھی دیئے۔ ان کی باریک بین نظریں ادب کے ان گوشوں کا بھی احاطہ کرلیتی تھیں جن پر امتدادِ زمانہ کے باعث تاریک پردے پڑے تھے۔ کئی ادیب وشاعر "سوغات" کے ذریعہ متعارف ہوئے، اپنی ایک پہچان بنائی جب کہ بعض رسائل ان کی تخلیقات کو درخورِ اعتنا نہیں سمجھتے تھے۔ محمود ایاز کا جب بھی کسی تنقید نگار سے اختلاف ہوا وہ بلا کم و کاست اپنے اختلافی رویئے کو واضح کردیتے۔ کسی لاگ لپیٹ کو روا نہیں رکھا۔ یہی صفت ان کی طاقت بھی تھی اور کمزوری بھی۔ انہوں نے اپنے اداریوں میں اس میکانکی کتابی اور مدرسانہ تنقید کی ہمیشہ مذمت کی جس کے علمبردار ادب میں ٹھیراؤ اور جمود کا واویلا مچایا کرتے ۔ مقبول عام ادب (POPULAR LITERATURE) کے علی الرغم "خالص ادب" کی ترویج واشاعت محمود ایاز کے مدنظر رہی۔ واقعہ یہ ہے کہ خالص ادب کے دلدادہ دن بدن تعداد میں کم ہوتے جارہے ہیں۔ مقبول عام ادب اور خالص ادب، دو ایسے متوازی خطوط ہیں جو کبھی آپس میں نہیں ملتے۔ پہلی قسم کا ادب اجتماعی لاشعور کی سطح پر پسند کیا جاتا ہے اور دوسری قسم کا ادب انفرادی ذوق کی سطح پر، محمود ایاز نے کبھی اس معاملے میں سمجھوتہ نہیں کیا۔

سوغات، جتنے بھی ادوار سے گذرا ہے، ہر ایک اہم ادبی ضرورت کی تکمیل کرتا رہا ہے۔ کسی اہم شاعر یا ادیب کے بارے میں خصوصی مطالعہ کے عنوان سے گوشے مختص کرنا "سوغات" کی

نمایاں خصوصیات رہی تاکہ اجمالی طور پر اس شاعر یا ادیب کے فن کا کماحقہ محاکمہ ہو سکے اور قارئین اس کے فن کے لطیف گوشوں سے محظوظ ہو سکیں۔ پچھلے ادوار میں راجندر سنگھ بیدی کے فن اور دور آخر میں اختر الایمان کی خود نوشت کی اشاعت اس کی چند مثالیں ہیں۔

کوئی ضروری نہیں کہ ایک اچھا مدیر، ایک اچھا تخلیق کار بھی ہو لیکن ایک اچھے مدیر کے اندر ایک فنکار اور ادب کا پارکھ پوشیدہ ضرور رہتا ہے۔ چاہے اس کے اندر کا فنکار ابھر کر سامنے نہ آئے لیکن ادب کو پرکھنے کی تمیز اس کے محاسن اور معائب کا تجزیہ کرنے کی سوجھ بوجھ اس کے اندر موجود رہتی ہے۔ محمود ایاز ایسے ہی مدیروں میں سے تھے۔ ویسے بحیثیت شاعر بھی ان کا مقام متعین ہے۔

"سوغات" کے شمارے اردو ادب کا بیش قیمت سرمایہ ہیں اور اس میں شامل بیشتر تحریریں کڑے سے کڑے ادبی انتخاب میں جگہ پانے کی اہل اور زندہ رہنے والی ہیں۔ محمود ایاز اپنی ناقدانہ بصیرت، مدیرانہ بردباری اور خاموشی کے ساتھ "نہ ستائش کی تمنا نہ صلے کی پروا" کے مصداق بے لوث ادبی خدمات کرتے رہنے کی بنا پر اردو ادب میں ہمیشہ یاد رکھے جائیں گے۔

سہ ماہی "سوغات" "اسم با مسمیٰ ہونے کے لحاظ سے خزینہ ادب میں ایک گراں قدر "سوغات" بن کر آنے والی نسلوں کو فیض پہنچاتا رہے گا۔ محمود ایاز نے ہندوستان اور پاکستان کے قلم کاروں کو ایک ساتھ اور یکساں اہمیت کے ساتھ "سوغات" میں جگہ دے کر اس بات کا بھی ثبوت دیا کہ ادب کا رشتہ ملکوں کی سرحد سے بالاتر ہوتا ہے۔ اس بنا پر محمود ایاز کو "ہندوستان کا ادبی سفیر" کہا جائے تو بے جا نہ ہوگا۔

(مارچ ۱۹۹۹ء)

☆☆☆

(۸)

خورشید احمد جامی کا تخلیقی طرز اظہار

یہ اور بات ہے کہ تعارف نہ ہوسکا
ہم زندگی کے ساتھ بہت دور تک گئے

خورشید احمد جامی کا یہ شعر اس رویئے کا غماز ہے کہ وہ زندگی کو کس زاویۂ نظر سے دیکھتے تھے۔ ان کا شمار مخدوم محی الدین اور سلیمان اریب کے ہم عصر شعرا میں ہوتا ہے۔ جامی صاحب مشاعروں میں شرکت نہیں کرتے تھے۔ ان کا ذہن ترقی پسند شعرا کی طرح محدود نصب العین کا حامی نہیں تھا۔ لب ولہجہ کی تراش خراش میں جدت طرازی ہوا کرتی تھی۔ وہ رسالوں میں اپنا کلام ضرور بھیجتے تھے لیکن ہندوستان سے زیادہ پاکستان کے رسالوں میں زیادہ شائع ہوا کرتے تھے۔ وہ اگر نوجوان شعرا میں کوئی خوبی یا روایت شکنی پاتے تو دل کھول کر ان کی پذیرائی کرتے۔

اعظم راہی کے زیر ادارت "پیکر" میں میرا ایک طویل مضمون ان کی شخصیت و شاعری کے بارے میں شائع ہوا تھا جو انھیں بہت پسند آیا تھا۔ ان کی بیٹھک اورینٹ ہوٹل، عابد روڈ میں ہوا کرتی تھی۔ میں اور حسن فرخ جب ان سے ملنے گئے تو انھوں نے بطور اظہار خوشنودی ہم سے گرمجوشی کا مصافحہ کیا اور کہا کہ "ہاں! اب دودھ کا دودھ پانی کا پانی ثابت ہو جانا چاہئیے!!"۔ وہ ہر دو تین جملوں میں "ہاں" کا استعمال ضرور کرتے۔ جو ایک طرح سے ان کا تکیہ کلام بن گیا تھا۔

جامی صاحب کا رنگ سخن ۱۹۶۰ء سے قبل "جدیدیت" لئے ہوئے تھا جب کہ یہ اصطلاح رسالہ "شبِ خون" الہ آباد کے ذریعہ ۱۹۶۰ء ہی کے بعد عام ہوئی تھی۔ مثال کے طور پر ان کے یہ دو شعر ملاحظہ ہوں جو میری بات کی تصدیق کریں گے۔

کربِ تخلیق سے اک چاند بنا کر کوئی
روشنیوں کو ترس جائے تو کیا کہتے ہیں
وہ جو برسوں سے ہے انسان کی سوچوں کا رفیق
لوگ کیوں ہجر کے موسم کو نیا کہتے ہیں

خورشید احمد جامی ہندوستان میں اور ناصر کاظمی پاکستان میں دو ایسے شاعر ہیں جو ہر دو ممالک میں جدیدیت کے امام کہے جاسکتے ہیں۔ ویسے خود ناصر کاظمی بھی ہندوستان سے ہجرت کر کے پاکستان گئے تھے۔ دیکھا جائے تو مملکتِ شاعری میں جغرافیائی تقسیم کوئی معنی نہیں رکھتی لیکن بہر حال علاقہ واریت کی اپنی جگہ اہمیت ضرور ہے بلکہ اس کا اثر شاعر کی شاعری پر بھی پڑتا ہے۔

جامی نے اپنی شاعری میں بڑی خوبصورت تراکیب خلق کی ہیں جن میں ایک ترکیب "برگِ آوارہ" بڑی معنٰی خیز ہے۔ حیدرآباد کی شاعرانہ فضا میں جامی کی جو شاعرانہ گونج پھیلی اس کا دائرہ اثر پوری اردو دنیا تک پھیلا ہوا ہے۔

ان کی غزلوں کی تخلیقیت میں موضوعاتی استدراک، غیر روایتی طرز اظہار اور مروجہ اوزان سے عاری آہنگ ملتا ہے۔ کبھی کبھی خود کلامی ان کی loud thinking کا ساتھ نہیں دیتی تاہم وہ مخاطب سے جو بات کہنی ہے وہ بات کہنے میں کامیاب ہو جاتے ہیں۔ اس لحاظ سے یہ انتہائی معروضی انداز میں مقبول عام شاعری کی نفی کرتے ہیں اور رومان پرستی یا رومانوی مبالغہ آرائی کے خلاف اپنے اظہار کو نئی جہتیں میں سرگرداں نظر آتے ہیں۔

خورشید احمد جامی کے معروضی انداز کی شاعری ان کے کلام کو حد درجہ انفرادیت بخشتی ہے۔ آخر میں ان کے ایک شعر پر اپنی بات ختم کرتا ہوں۔

جس طرف مجمعِ احباب کھڑا تھا جامیؔ
ہم پہ آئے تو اسی سمت سے پتھر آئے

(جنوری ۲۰۱۲ء)

☆☆☆

(۹)

کچھ حفیظ میرٹھی کے بارے میں

آپ اسے فکری بے راہ روی کہیئے یا آزادئ فکر، جدت طرازی کے نام پر ہو کہ روایت شکنی کے نام پر، جب اپنا توازن یا اعتدال کھو دیتی ہے تو فکر و فن کی سطح پر کچھ بوالعجیاں ادب میں نمایاں ہوتی ہیں اور اس کے ردّ عمل کے طور پر کوئی تحریک یا رجحان فروغ پاتا ہے چنانچہ ادب میں صالح اقدار اور مقصدیت "اسلامی ادب" کے عنوان سے منظر عام پر آئے، ہو سکتا ہے کہ یہ تحریک ترقی پسند ادب کی جوابی کاروائی کے طور پر پیدا ہوئی ہو جیسا کہ بعض ناقدین ادب کا خیال ہے۔ اہم بات یہ نہیں کہ درست کیا ہے لیکن عمل اور ردّ عمل کا یہ طریقہ ادبی سرگرمیوں میں جاری و ساری ہے۔ ویسے یہ مسئلہ متنازعہ فیہ رہا ہے کہ اسلامی ادب کی اصطلاح کس حد تک متفق علیہ ہے۔

حفیظ میرٹھی، ان سربراہ آوردہ شاعروں کی فہرست میں نمایاں تھے جنھوں نے شروع سے ہی تعمیری ادب یا مقصدی ادب کے نظریہ کو اپنایا تھا۔ اس کے باوجود وہ کبھی غزل کے تئیں شعریت پر اس نظریئے کو حاوی ہونے نہیں دیا۔ کسی نے سچ کہا ہے کہ ان کی ساری زندگی درویشانہ، سادگی اور شاعرانہ وقار کی آئینہ دار تھی۔ اپنی ساری عمر انھوں نے تحریک اسلامی سے وابستگی میں گذار دی۔ درویشانہ سادگی ان کے مزاج میں اس قدر رچ بس گئی تھی کہ ان کی شدید علالت کے ایّام میں جب ان کے بہی خواہوں نے رقمی امداد کی اپیل کی تو انھوں نے اس اپیل کو اپنے مزاج کے منافی سمجھا اور صرف دعاؤں کی اپیل جاری کی۔ کردار کی ایسی بے نیازی اور عزت نفسی بہت کم دیکھنے کو ملتی ہے۔ انھوں نے اس نظریئے کو درست ثابت کر دکھایا کہ "اچھا شاعر اچھا انسان بھی ہوتا ہے"۔

"بنیاد پرستی" کی اصطلاح کو منفی معانی میں استعمال کرنے والوں کے لئے حفیظ صاحب کی

شاعری ایک چیلنج بن کر ابھری اور ایک مثالی و صحیح اقدارِ حیات کے حامل شاعر کے بطور ان کا شعر، رزم گاہ حیات میں تن تنہاڈٹا رہا۔ راقم الحروف کو موصوف سے بالمشافہ ملاقات کا شرف حاصل رہا ہے جب وہ ۱۹۸۱ء میں بعزم حج جدہ تشریف لائے تھے۔ راقم خود بھی ان دنوں نیا نیا سعودی عرب میں بسلسلۂ ملازمت وارد ہوا تھا۔ بعد تکمیل حج میرے دوست اعتماد صدیقی نے اپنے گھر ایک خصوصی نشست کا اہتمام حفیظ صاحب کی صدارت میں کیا تھا۔ حفیظ صاحب اپنے مخصوص خوبصورت ترنم میں بڑے معرکے کی غزلیں سنائی تھیں۔ ان کے یہ اشعار میرے قرطاسِ ذہن پر آج بھی محفوظ ہیں۔

بڑے ادب سے غرورِ ستمگراں بولا
جب انقلاب کے لہجے میں بے زباں بولا

یہی بہت ہے کہ زندہ تو ہو میاں صاحب !
زمانہ سن کے مرے غم کی داستاں بولا

حصارِ جبر میں زندہ بدن جلائے گئے
کسی نے دم نہیں مارا مگر دھواں بولا

بزمِ تکلفات سے سجانے میں رہ گیا
میں زندگی کے ناز اٹھانے میں رہ گیا

سب مجھ پر مہرِ جرم لگاتے چلے گئے
میں سب کو اپنے زخم دکھانے میں رہ گیا

وہ وقت کا جہاز تھا ، کرتا لحاظ کیا ؟
میں دوستوں سے ہاتھ ملانے میں رہ گیا

حفیظ میرٹھی نے باوجود اس کے کہ ان کی ذہنی و قلبی تربیت ایک مخصوص حلقے میں ہوئی، انھوں نے اس مخصوص حلقے کے نظریات کی من وعن راست اظہار کے بجائے شعری و ادبی حسن و

فنی خوبیوں کے پردے میں اس طرح پیش کیا کہ ادبی شائقین کے ایک وسیع حلقے کے لئے قابل قبول ٹھیرے۔ فکر و فن کے اپنے تقاضے ضرور ہوتے ہیں لیکن کامیاب شاعر کا یہ کمال ہوتا ہے کہ فکر و فن کے ان تقاضوں کو ایمائیت و اشاریت، جامعیت و رمجاز کے رنگوں سے بحسن کمال اس طرح سجاتا ہے کہ غالب کی زبان میں: "میں نے یہ جانا کہ گویا یہ بھی میرے دل میں ہے "کا اعتبار قائم کرلیتا ہے۔ حفیظ میرٹھی اس کسوٹی پر اتمامِ کمال کے ساتھ پورے اترتے ہیں۔

اختر انصاری نے کہیں لکھا ہے کہ "حفیظ میرٹھی کے یہاں جگہ جگہ ایک والہانہ جوش اور سرمستانہ کیفیت ملتی ہے جو ان کے غایتی میلان کے منافی بھی نہیں اور کلام کی فنّی سطح کو بھی اوپر اٹھاتی ہے"(unquote)

اس تبصرے میں اتنے اضافے کی گنجائش ہے کہ وہ بھلے ہی ملت کے مسائل، اسلامی فکر اور مسلم کش فسادات کے موضوعات کو اپنے شعر میں نمایاں مقام دیتے تھے تاہم نعرہ بازی کی جگہ بالراست اسلوب کے قائل تھے۔ ان کا پہلا شعری مجموعہ "شعر و شعور"(۱۹۷۵ء) اور دوسرا شعری مجموعہ "متاعِ آخر شب"(۱۹۸۶ء) میں شائع ہوا۔ ضرورت اس بات کی ہے کہ احباب ان کے بعد کا کلام شائع کریں اور ایوانِ ادب میں ان کے شعری افکار کو مستقلاً محفوظ کردیں۔ آخر میں حفیظ میرٹھی کے اس شعر پر اپنی بات ختم کرتا ہوں۔

چاند کا کردار اپنایا ہے ہم نے دوستو !
داغ اپنے پاس رکھے روشنی بانٹا کئے
یہ نہ کرنا ، وہ نہ کرنا، یہ نہ بن جانا کہیں !
شوق کے دروازے ان پابندیوں نے وا کئے

☆☆☆

(۱۰)

احتجاجی رویوں کا شاعر، ماہر فن تسکیک، دیانت دار افسر، مثالی انسان: نور محمد نور

سلیمان اریب نے نور محمد کے بارے میں لکھا تھا: "ایک طرف ان کی زندگی، ان کی خاندانی روایات کی صحیح مظہر ہے تو دوسری طرف ان کی شاعری "کفر" کی حدوں کو چھو لیتی ہے!"

مراد یہ تھی کہ نور محمد نور، کارزارِ حیات میں اپنے کٹر مذہبی اصولوں پر کاربند رہے وہیں وہ فن شاعری میں باغیانہ اور احتجاجی رویّوں کے حامل رہے، جناب نور نے اریب صاحب کا، ان پر یہ تبصرہ سن کر جو شعر موزوں کی تھا اسے سن کر خود اریب صاحب بھی بہت محظوظ ہوئے تھے۔

ہم ذوقِ آگہی کی ، یوں داد پا رہے ہیں
الزامِ کفر ہم پر ، کافر لگا رہے ہیں

نور محمد صاحب نے (۸۰) سال کی عمر پائی۔ ان کی شاعری کا خمیر سن ۴۰ء کی دہائی کے اس دور سے اٹھا جسے ترقی پسند ادب کے عروج کا دور کہا جاتا ہے اور جہاں معاشرتی ناہمواری، کسان اور مزدور طبقوں کے مسائل اور سیاسی اتھل پتھل کے جھونکے تقریباً تمام تخلیق کاروں کے شعور پر حاوی رہے تھے۔ اس دہے میں کارل مارکس کے نظریات نے مذہب پر وار کیا تھا اور مذہب کو ایک انفرادی مسئلہ بنا کر رکھ دیا تھا۔ اس کے باوجود نور محمد نور کا نظریۂ سخن صرف اس ایک حقیقت کو قبول کر سکا کہ تخلیقی عمل میں خالق پر آزادی کے باوجود فنّی و سماجی پابندی عائد ہوتی ہے۔ وہ تمام عمر اس نظریئے پر قائم رہے البتہ جہاں تک ان کے شخصی و ذاتی معاملات کا تعلق ہے وہ نہایت فرض شناس، دیانت دار اور مثالی انسان تھے۔

ان کا سلسلۂ نسب مہدوی سادات کے اکیلوی خاندان سے تھا (اکیلی، ظہیر آباد کا قدیم نام

ہے)اسی نسبت سے نور محمد اکیلوی کہلائے۔انٹر میڈیٹ کی تعلیم کے دوران کچھ معاشی حالات کے تحت تعلیم منقطع کر کے تقریباً دس سال کا عرصہ اپنے آبائی زمینات کی نگرانی میں گذارا لیکن خود کو زمیندارانہ ماحول میں نہ ڈھال سکے۔

۱۹۴۵ء میں جامعۂ عثمانیہ سے گریجویشن کیا اور محکمۂ انکم ٹیکس کی ملازمت اختیار کی اور کمرشیل ٹیکس آفیسر کے عہدے سے سبکدوش ہوئے۔ اپنے دور ملازمت میں وہ اسقدر اصول پسند تھے کہ ان کی مثال دی جاتی تھی۔ ان کے مزاج میں وضعداری بہت تھی۔ نور محمد صاحب کی شاعری کا نچوڑ انہی کے دو شعروں میں پیش کیا جاسکتا ہے۔

مجھے رستہ بدلنا ہی پڑے گا
اب انگاروں پہ چلنا ہی پڑے گا
پیا ہے میں نے جو ہر سانس کے ساتھ
مجھے وہ زہر اگلنا ہی پڑے گا

ان کی زندگی میں ان کا کوئی شعری مجموعہ شائع نہ ہوسکا۔ نصف صدی سے زیادہ محیط شعر گوئی کا انتخاب اب ان کے فرزند اکبر غازی نے "شعلۂ تر" کے نام سے شائع کیا ہے۔ جس کی رسم اجرا عنقریب عمل میں آئے گی۔ اسی ایک بات سے نور محمد صاحب کی "بے نیازی" کا اندازہ لگایا جا سکتا ہے کہ وہ اپنے کلام کی اشاعت سے کتنے بے اعتنا تھے۔

بلاشبہ ان کی غزلیں مروجہ لفظیات کا ایک نیا" جہانِ معنٰی" خلق کرتی ہیں اور ایک ایسا احتجاجی رویہ اپناتی ہیں جو دردِ دل بھی بیان کرتا ہے اور جبر و تسلط کے رجحانات کو کچوکے بھی لگاتا ہے۔ ادبی تخلیق میں ایک اہم پہلو زبان کا ہوتا ہے۔ نور محمد نور کی زبان ان کے شعر کو ایک ایسا اسلوب عطا کرتی ہے جس میں چبھتا ہوا لہجہ بھی ہے اور طنز کی کاٹ بھی۔ مثال کے طور پر ان کے یہ اشعار ملاحظہ ہوں۔

وہیں پتھر برستے ہیں جہاں ہیں زخم پوشیدہ
تعجب ہے یہ دنیا کس قدر درد آشنا نکلی

ہزار بار سنانی پڑی حکایتِ درد
عذابِ جان بنا ، لذت بیاں رکھنا

حصار ٹوٹ رہا ہے بدن کے زنداں کا
مری رہائی کا فرماں نکلنے والا ہے

سر ایک بار بھی جو کسی در پہ خم ہوا
آتے رہیں گے سامنے پھر در نئے نئے

شناوروں کی پھر اک سخت آزمائش ہے
پھر ایک قلزمِ خوں راستے میں آیا ہے

نور محمد نور بحیثیت ایک ماہر فنِ تسکیک:

یہاں اس بات کا انکشاف بیجانہ ہوگا کہ نور محمد نور ایک منفرد شاعر ہونے کے علاوہ فنِ تسکیک COINAGE ART میں بھی غیر معمولی شغف رکھتے تھے۔ موصوف نے "سکوں پر اشعار" کے عنوان سے ایک معرکتہ الارا تصنیف ۱۹۹۳ء میں شائع کی تھی۔ اس موضوع پر غالباً اردو میں یہ پہلی کتاب ہے جس میں مستند کیٹلاگ کے مندرجات کو حقائق کی روشنی میں نقد و نظر کی چکی میں پیسا گیا ہے۔

سکے جمع کرنا جس طرح ایک نادر اور خرچیلا مشغلہ ہے اسی طرح "فنِ تسکیک" کے بارے میں معلومات فراہم کرکے کتاب تصنیف کرنا نہ صرف اس سے زیادہ دقّت طلب و جنونی مشغلہ ہے بلکہ اس ہفت خواں کو طے کرنے میں اچھے اچھوں کا ہیاؤ چھوٹ جاتا ہے۔ بقول غالب اس معرکہ کو سر کرنے کے لئے "شوقِ فضول اور جرأت رندانہ" چاہیئے۔

حیرت اور خوشی کی بات ہے کہ جناب سید نور محمد اکیلوی اس معرکہ آرائی میں نہ صرف کامیاب و کامراں ثابت ہوئے بلکہ ان کی کتاب "سکوں پر اشعار" اپنے ندرتِ موضوع اور ژرف نگاہی کے باعث اپنی مثال آپ ہے۔

قصہ مختصر۔۔۔سید نور محمد اکیلوی اپنے نام کی مناسبت سے کہکشاں ادب کے نجومانِ ضیأبار میں تا دیر اپنی شاعری کی روشنی پھیلاتے رہیں گے۔ آخر میں انہی کے ایک شعر پر یہ گفتگو ختم کی جاتی ہے۔

دار ایک چوبِ خشک تھی بے برگ و بار نورؔ
ہم سرکشوں نے اس پہ بھی کیا گل کھلائے ہیں !

☆☆☆

(۱۱)

جدید اردو نظم کا اہم معتبر شاعر: قاضی سلیم

قاضی سلیم (پیدائش: ۲۷ نومبر ۱۹۲۷ء) کے بارے میں لکھتے ہوئے اردو نظم کے عہد آفریں شاعر اختر الایمان نے قاضی سلیم کی شاعری کو "شاخِ نہالِ غم" کا نام دیا ہے۔ انھوں نے لکھا ہے کہ اس شاخِ نہالِ غم کی پرورش اور نشو نما ہوئی ہے اس ماحول میں، جہاں گیسوؤں کی اور بارود کی باس ملی جلی ہے۔ سلیمان اریب کو نقادوں اور پڑھنے والوں سے یہ شکوہ تھا کہ قاضی سلیم ایسا شاعر جو اپنی نسل کے شاعروں میں اپنے لب ولہجے، اندازِ بیان اور اندازِ فکر، ہر لحاظ سے ایک انفرادیت رکھتا ہے ابھی تک کسی کی نظرِ انتخاب میں نہیں آسکا ہے۔

واقعہ یہ ہے کہ سطحی مشاعرہ بازی کے اس ماحول اور تک بند غزل گویوں کی بہتات نے ایک رجحان ساز نظم گو شاعر کی خاطر خواہ پذیرائی نہیں کی۔ تاہم ادبی دنیا میں قاضی سلیم اپنی تخلیقی اپج، عصری حسیت اور نظم کے کامیاب تجرباتی اظہار کے لئے ایک نمایاں مقام رکھتے ہیں۔

قاضی سلیم کا آبائی وطن حیدرآباد ہے لیکن برسوں سے اورنگ آباد کو اپنا وطن ثانی بنالیا ہے۔ علی گڑھ سے گریجویشن اور عثمانیہ یونیورسٹی سے ایل۔ ایل۔ بی۔ کرنے کے بعد انھوں نے کبھی وکالت کا پیشہ اپنایا تو کبھی تجارت کو روزگار بنایا تو کبھی رکن پارلیمان بنے۔ لیکن میدانِ شاعری میں ان کا اشہبِ قلم، استقامت کے ساتھ بگٹٹ دوڑتا رہا۔ بقول خود وہ نظم کے تجربوں کو ایک سائنس داں کی طرح اختیار کرتے رہے ہیں کہ تجربہ گاہ میں کس طرح ایک سائنس داں کھٹالی میں مختلف ترشوں کو پگھلا رہا ہے اور نتیجے کا منتظر ہے۔

حیرت یہ ہے کہ نصف صدی کی طویل مشقِ سخن کے باوجود قاضی سلیم نے صرف ایک

مجموعہ "نجات سے پہلے" دیاجو (۱۱۲) صفحات پر محیط ہے اور مکتبہ شبِ خون الہ آباد سے ۱۹۷۱ء میں شائع ہوا۔ یہ مجموعہ صرف (۳۲) طویل و مختصر نظموں پر مشتمل ہے لیکن اس "کم مقداری" کے باوجود ان کی نظمیں بلند معیار کی حامل ہیں۔ (۲۸) سال گذر جانے کے بعد ان کا دوسرا مجموعہ ابھی اشاعت کی منزلوں میں ہے۔

دراصل قاضی سلیم کے ساتھ ہوتا یہ ہے کہ وہ ہر سال اپنی نظموں کا کڑا انتخاب کرتے ہیں اور بہت سی نظموں کو قلمزد کر دیتے ہیں۔ خود احتسابی اور کڑا انتخاب اچھی چیز ہے لیکن کبھی کبھی بقول غالب ؎

کھلتا کسی پہ کیوں مِرے دل کا معاملہ
شعروں کے انتخاب نے رسوا کیا مجھے

والی بات ہو جاتی ہے۔ ویسے اپنے آپ کو جانچنے، پرکھنے کا یہ فن بہت ہی کم شاعروں کے حصے میں آیا ہے۔

تخلیق کی سطح پر قاضی سلیم نے اپنے عہد کے محسوسات کو غمِ کائنات کے طور پر نہیں بلکہ غمِ ذات بنا کر انگیز کیا ہے۔ ان کا ایک مستقل استعاراتی نظام ہے جس کے تحت وقت، رفتار، سمت، زمین، موسم اور سفر ایک مسلسل دائرے کی شکل میں اپنے بصری اور لمسی پیکر بناتے ہیں۔ بھلے ہی ان کی فکر میں کسی منظم فلسفے کی تشکیل نہیں ہو پاتی لیکن ان کے موضوعات انسانی دردمندی اور ناآسودگی کے گرد گھومتے ہیں۔ قاضی سلیم کا لب و لہجہ، خود کلامی سے گذرتا، خود شناسی کی منزلیں طے کرتا، خطابت کے اس اسلوب تک جا پہنچتا ہے جو رشیوں، منیوں، ولیوں یا مصلحین کے طرزِ تفہیم کا خاصہ ہے۔ قاضی سلیم کے نظمیں سنانے کا اپنا ایک مخصوص اسٹائل ہے۔ وہ اپنی قرأت کے اتار چڑھاؤ سے ایسی پر اثر فضا پیدا کرتے ہیں جو ان کے کلام کو ڈرامائی ٹیکنک سے قریب تر لے جاتا ہے۔ ان کی نظمیں پڑھنے کی بھی چیز ہیں اور سننے کی بھی۔

قاضی سلیم ۸۰ء کی دہائی میں جب سعودی عرب میں عارضی طور پر مقیم تھے، عربی شاعر القصیبی کی انگریزی نظموں کا راست اردو میں ترجمہ کیا اور بہت خوب کیا۔ حالانکہ ایک قدیم زبان کا

ایک جدید زبان میں ترجمہ کرتے وقت مترجم، لسانی استبداد کا شکار ہو سکتا ہے لیکن قاضی سلیم اس منصب سے نہایت کامیابی کے ساتھ عہدہ برا ہوئے ہیں۔ پچھلے ۱۰، ۱۲ سال سے قاضی سلیم ایک نہایت ہی روایتی اور قدیم صنفِ سخن مثنوی کی طرف متوجہ ہوئے ہیں۔ پتہ نہیں کیوں؟ مختصراً یہ کہ قاضی سلیم بلاشبہ جدید اردو نظم کے اہم اور معتبر شاعر کہلائے جانے کے مستحق ہیں۔

پرواز

دیکھیں کیا ہے؟
آؤ پسِ دیوار چلیں!
گہرے نیلے گنبد کے اس پار چلیں!
چاند ستاروں کی آنکھوں سے پیار کا امرت چھنتا ہے
ذہن میں صدیوں سے اک مشفق باپ کا چہرہ بنتا ہے
انجانی فردوس میں شاید اپنا بھی کچھ حصہ ہے
خوف و عقیدت کے یہ پردے اور ہٹیں کچھ اور ہٹیں
گھنگھور گھٹائیں اور چھٹیں کچھ اور چھٹیں

اس دھرتی کے سینے پر
رینگتے کیڑے، سانپ، دفینے، سرد فضائیں، بند ہَوا
کتنی ہاہاکار مچی
کھوج میں سونے چاندی کی
پاتال تلک پیکار چلی
جو زہر تھا اپنا بانٹ چکے
اپنی اپنی لاشوں سے دھرتی کے گڑھے سب پاٹ چکے

نئے نئے ارمانوں کو ہے خواہش نئے مزاروں کی
یا آج خلا میں کھینچ رہی ہے چاہت چاند ستاروں کی
جو کچھ بھی ہو
آؤ پسِ دیوار چلیں!
گہرے نیلے گنبد کے اس پار چلیں!

ٹورسٹ

ہمارے پاس کچھ نہیں
جاؤ اب ہمارے پاس کچھ نہیں
بیتے ست جگوں کی سرد راکھ میں
اک شرار بھی نہیں
داغ داغ زندگی پہ سوچ کے لباس کا
----ایک تار بھی نہیں
دھڑک دھڑک، دھڑک دھڑک
جانے تھاپ کب پڑے
ننگے وحشیوں کے غول شہر کی
سڑک سڑک پہ ناچ اٹھیں
مولی گاجروں کی طرح سر کٹیں
برف پوش چوٹیوں پہ سیکڑوں برس پرانے گدھ
----پروں کو پھڑ پھڑا رہے ہیں
اب ہمارے پاس کچھ نہیں

کھنڈر کھنڈر تلاش کر چکے
سب خزانے ختم ہو گئے
تمھارے میوزیم میں سج گئے
----اب ہمارے پاس کچھ نہیں
سپیرے راجے جادو گر
ائیر انڈیا کا بٹلری نشان بن گئے
جاؤ اب ہمارے پاس کچھ نہیں

(ڈسمبر ۱۹۹۹ء)

☆☆☆

(۱۲)

ٹوٹتے خوابوں کا نواگر: بشر نواز

اورنگ آباد کی مردم خیز سرزمیں نے ولی اور سراج سے لے کر سکندر علی وجد تک اور پھر بشر نواز تک کتنے ہی سخنورانِ دکن کو جنم دیا۔ بشر نواز کے ایک نقاد نے بہت صحیح لکھا ہے کہ بشر نواز عوام کو پسند آنے والی شاعری بھی کرتے ہیں اور انٹلکچولس کو اپیل کرنے والی شاعری بھی۔ بظاہر دو مختلف رنگ سخن کو اپنانے والا یہ شاعر اپنے فکر وفن میں اس لحاظ سے متوازن اور معتدل ہے کہ وہ بہر حال اپنی بات کو اپنے سامعین اور قارئین تک پہنچانا چاہتا ہے۔ بشر نواز (اصلی نام: بشارت نواز خاں، پیدائش: ۱۹۳۳ء) نسلاً پٹھان ہیں۔ پٹھان تو جوش بھی تھے اور عزیز قیسی بھی لیکن شعر و ادب کی کوچہ گردی نے ان سبھوں کو اپنے دوٹوک اور بے لاگ رویہ کے ساتھ ساتھ وضع داری اور رکھ رکھاؤ سے بھی متصف کر دیا تھا۔ بشر نواز کبھی اورنگ آباد میونسپل بورڈ کے ممبر رہے تھے، ان دنوں فلموں میں اپنی قسمت آزمائی میں مصروف ہیں۔ ایسا شاید عوام کو پسند آنے والی شاعری کی بنا پر ممکن ہوا ہے۔

ان کا پہلا مجموعہ کلام "رائیگاں" جنوری ۱۹۷۲ء میں اورنگ آباد سے شائع ہوا جو ڈیمائی سائز کے ۱۰۰ صفحات پر مشتمل ہے۔ ۳۳ نظموں اور ۳۱ غزلوں پر محیط یہ مجموعہ خود شاعر کی زبان میں اپنے دور کی بے رنگیوں، بد عہدیوں اور نفرتوں کا شعری اظہار بھی ہے اور "مردہ تفصیلات" کی "زندہ کہانی" کو اپنے خون سے لکھی جانے والی منظوم تحریر بھی۔ بشر نواز کو نظم اور غزل دونوں پر قدرت حاصل ہے۔ شاعری کے دلدادہ قاری کو اس کتاب کے بالاستعیاب مطالعہ سے بہت سارے گوہرِ نایاب ہاتھ لگتے ہیں۔ غزلوں کے مقابل ان کی نظمیں زیادہ اپیل کرتی ہیں۔ شاید بشر

نواز کو اس کا احساس ہے۔ تبھی تو انھوں نے اس مجموعے میں نظموں کا حصہ پہلے رکھا ہے۔

بشر نواز ۱۹۵۱ء سے شعر کہتے ہیں۔ ان کی شعر گوئی کا آغاز اس دور میں ہوا جو ترقی پسند تحریک کے عروج کا دور تھا۔ لہٰذا اس تحریک کے اثرات لازماً ان کے قلب و ذہن پر مرتب ہوئے لیکن رفتہ رفتہ تحریک کی انتہا پسندی کے باعث "ترقی پسندی" کا زور ٹوٹا تو بشر نواز کا تخلیقی سفر رکا نہیں بلکہ وہ خوب سے خوب تر کی تلاش میں مسلسل سرگرداں رہے اور ابھی تک ہیں۔ ان کا دوسرا مجموعہ بوجوہ چند در چند تاحال اشاعت پذیر نہ ہو سکا۔ بشر نواز کو معاشرے کے ہنگامہ ہائے شور و شر میں اس حقیقت کا شدید احساس ہے کہ مشینوں کے گرجتے گونجتے قہقہوں میں انسان کی ہر اک راہ گم ہو گئی ہے۔ لب و لہجے اور اسلوب کے لحاظ سے وہ ایمائیت اور اشاریت کے قائل ہیں اور بیانیہ کے بجائے اختصار کو اپناتے ہوئے کفایت لفظی سے اپنا مدعا بیان کرتے ہیں۔ یہی وجہ ہے کہ ان کی کوئی نظم دو یا تین صفحوں سے زیادہ طویل نہیں ہوتی۔ کہیں کہیں ان کی زبان قدرے کرخت یا تلخ بھی ہو جاتی ہے جو نظم کے موضوع کا تقاضہ ہے۔ مثال کے طور پر نظموں کی یہ سطریں ملاحظہ ہوں۔

کوئی وحشی رگوں میں اپنے پنجے گاڑتا
بڑھتا رہا بڑھتا رہا پیہم
لبوں پر آسمان اترا، زباں لکڑی کا ٹکڑا تھی
رگ و پے اسپرٹ
پر جلتی مشعل پڑ گئی جیسے

(نظم "اس کا قتل")

یہی وہ زہر ہے جس نے
مرے خوں کے نمک کو نیم کے رس میں بدل ڈالا
تو ایسا کیوں نہیں کرتے
کہ خوابوں میں اس ارژنگ کو

سورج کی جلتی بھٹیوں میں پھینک دوں، سب کچھ جلاڈالوں

(نظم "توایسا کیوں نہیں کرتے")

جہاں تک غزل کا تعلق ہے، انھوں نے غزل کی روایتی زبان سے مکمل انحراف تو نہیں کیا لیکن اپنے لئے جدت طرازی کے دروازے بند بھی نہیں کئے۔ یہ اشعار دیکھئے۔

دل کے ہر درد نے اشعار میں ڈھلنا چاہا
اپنا پیراہن بے رنگ بدلنا چاہا
چاہتے تو کسی پتھر کی طرح جی لیتے
ہم نے خود موم کی مانند پگھلنا چاہا

ٹوٹتے خوابوں کے نواگر بشر نواز کی نظم "خواب ٹوٹنے پر" کی یہ دو سطریں (DISILLUSIONMENT) کی اچھی مثال ہیں۔

ٹوٹیں گلدان تو رہ جاتی ہیں ننھی کرچیں
خواب ٹوٹیں تو نشان تک نہیں رہتا کوئی

الغرض بشر نواز کی شاعری من حیث الکل اپنی نسل کے دوسرے شاعروں کی بھیڑ میں انھیں نمایاں مقام عطا کرتی ہے۔

بازار زندگی میں جمے کیسے اپنا رنگ
ہیں مشتری کے طور ، نہ سوداگروں کے ڈھنگ

مدت سے پھر رہا ہوں میں اپنی تلاش میں
ہر لمحہ لڑ رہا ہوں خود اپنے خلاف جنگ

اک نام لوحِ ذہن سے مٹتا نہیں ہے کیوں
کیوں آخر اس پہ وقت چڑھاتا نہیں ہے رنگ

اس سے الگ بھی عمر تو کٹ ہی گئی ، مگر

ایک ایک پل کے بوجھ سے دکھتا ہے انگ انگ
نازک مزاج ہم تو نہ تھے اس قدر کبھی !
ہونا پڑا ہے دیکھ کے دنیا کے رنگ ڈھنگ
کچھ تجربہ بھی اب تو زمانے کا ہو گیا
کچھ دل کے بچپنے سے بھی ہم آ چکے ہیں تنگ
کوچہ بہ کوچہ پھرتے ہیں اب اس طرح بشرؔ
بھٹکے ہے جیسے ہاتھ سے ٹوٹی ہوئی پتنگ

نظم : پشیماں

مجھے جنگلوں کی ہوا نے کہا تھا
کہ پایاب جھیلوں کے سپنے نہ دیکھو
اگر ان میں تم
ڈوبنا چاہو بھی تو نہ ڈوبو گے
یوں ہی کناروں سے ٹکرا کے رہ جاؤ گے
پاؤں تہہ میں رہیں گے مگر روح پیاسی
مجھے کیا پتہ تھا
میں بس ہنس پڑا تھا
مجھے روح کی تشنگی کا کوئی علم بھی تو نہیں تھا
میں اب پیاسے ہونٹوں سے
کس کو صدا دوں ؟
یہ دہکی ہوئی آگ کیسے بجھاؤں ؟

ہر اک موج پایاب ہے کوئی سر سے تو گزرے
اگر میں کسی بحر ذخار کے
نرم پہلو میں بیٹھا
فقط اس کی لہریں ہی گنتا
تو اتنا تو ہوتا
میں آج اپنی جلتی ہوئی روح سے کہہ تو سکتا
سمندر کی آغوش میں اک ارم ہے
چلو آؤ اپنے جہنم بجھالیں!

(دسمبر ۱۹۹۹ء)

☆☆☆

(۱۳)

رفعت صدیقی کا شعری مجموعہ 'ایک شجر ہواؤں کی زد پر': ایک مطالعہ

جب میری نظر رفعت صدیقی کے شعری مجموعہ کے عنوان پر پڑی تو نام نے چونکا دیا۔ "اک شجر-ہواؤں کی زد پر" بے ساختہ مجھے یہ شعر یاد آگیا۔

کھلی چھتوں کے دیئے کب کے بجھ گئے ہوتے
کوئی تو ہے جو ہواؤں کے پر کترتا ہے

ارسطو نے شعریات پر بحث کرتے ہوئے "کتھارسس" کی اصطلاح استعمال کی تھی جس کی جمالیاتی اور نفسیاتی توجیہہ بہت سوں نے کی۔ اردو میں اس کا ترجمہ بالعموم "تزکیۂ نفس" کیا جاتا ہے۔ تخلیقی عمل خصوصاً شاعری میں جب مشاہدہ، تجربہ اور احساس گھل مل جاتے ہیں تو شاعر کا اظہار انسانی ذہن و دل کا "تزکیہ نفس" کر دیتا ہے۔ رفعت صدیقی نے کتاب کے ابتدائیے "میری بات" میں اس کا اعتراف کیا ہے کہ شعر گوئی ان کی "کتھارسس" کے لئے از حد ضروری تھی۔

اس مجموعے کو میں نے شروع سے آخر تک پڑھا اور محسوس کیا کہ اپنے نام کے معانی کی طرح ان کی شاعری میں رفعت کی شان بھی ہے اور صدیقیت کی آنچ بھی۔ ان کے اندر بیک وقت شاعر، افسانہ نگار اور صحافی چھپے ہوئے ہیں اور تینوں آپس میں چومکھی لڑائی لڑتے ہیں۔ معاشرے کے خلاف، نفس کے خلاف، بے مروتی کے خلاف اور یہ تخلیق کی وہ منزل ہے جس کے بارے میں خود رفعت صدیقی کہتے ہیں۔

نہ دم لیا نہ کہیں دو گھڑی قیام کیا
کسی طرح سے سفر ہم نے یہ تمام کیا

ہر ایک غم کی پذیرائی ہم نے خوب ہی کی
ہمیں نے زیست کو خود آپ پر حرام کیا

اہمیت اس بات کی نہیں ہے کہ فنکار اپنے فنّی اظہار کے لئے کون سی صنفِ سخن کو اختیار کرتا ہے بلکہ اس بات کی ہے کہ کیا کہا اور کیسے کہا۔

دیگر اچھے اور سچے شاعروں کی طرح غم اور تنہائی رفعت صدیقی کے بھی حصّے میں آئے۔ غم تھا اپنے جواں سال بیٹے شفاعت کی موت کا اور تنہائی تھی بھرے پرے ہجوم میں اپنے وجود کی تنہائی۔ "گوشۂ شفاعت" کے عنوان سے (۵) تخلیقات مجموعہ میں شامل ہیں۔ جس کا ایک ایک مصرعہ گواہی دیتا ہے کہ زندگی کا المیہ کس کو کہتے ہیں۔ لیکن بھلا دینے کی صفت وہ صفت ہے جو جینے کے لئے ڈھال بن جاتی ہے۔ اس کے باوجود یادوں کو تازہ رکھنے کی صفت بہر حال کچوکے لگاتی رہتی ہے۔ مثال کے طور پر نظم "محاسبہ" کی آخری تین سطریں دیکھئے۔

میرے دن رات میں اب ترا گذر کوئی نہیں
یہی حیرت ہے کہ میں بھول گیا ہوں تجھ کو
پھر بھی زندہ ہوں، مگر کس لئے زندہ ہوں ابھی؟

رفعت صدیقی نے اپنے ادبی سفر کی روداد بیان کرتے ہوئے "میری بات" میں بڑے پتے کی بات کہی ہے کہ انھیں فنِ عروض سے واقفیت تو تھی لیکن انھوں نے فنِ عروض سے اس حد تک کام لیا جس حد تک فن کی متابعت لازم تھی۔ میں سمجھتا ہوں کہ اگر وہ ایسا نہ کرتے تو ان کی سخن دانی، حساب دانی بن کر رہ جاتی اور پھر جو شاعر کرافٹ اور آرٹ کا فرق جانتا ہو جیسا کہ رفعت صدیقی نے لکھا بھی ہے تو ظاہر ہے کہ تخلیقی فن کی لہریں ان کے تحت الشعور میں مستقلاً جاری و ساری ہیں۔

یہی وجہ ہے کہ انھوں نے تعداد پر معیار کو ترجیح دی اور برسوں کی فنّی ریاضت کے باوجود شعری تخلیقات کے صرف (۱۱۵) صفحات اپنے قارئین کو دیئے۔ خود احتسابی کا یہ عمل یقین ہے کہ انھیں معیار کی بلندی پر لے جائے گا۔

شاعری کا طرہ امتیاز ہے تفصیل کے مقابل جامعیت، لیکن یہی انداز نثر میں الٹ جاتا ہے

اور پھر صحافت میں وضاحت کا عمل اور رنگ دکھاتا ہے۔ حیرت ہے کہ رفعت صدیقی نے ان تینوں خصوصیات کو علی الترتیب متعلقہ اصناف میں نہ صرف برقرار رکھا ہے بلکہ کامیاب بھی ہوئے ہیں۔ اردو میں بہت کم ایسی مثالیں ملیں گی۔

جو چیزیں ہمیں ان کی شاعری کی طرف کھینچتی ہیں وہ ہے ان کا غیر روایتی طرزِ اظہار اور کفایت لفظی۔ کچھ مثالیں۔

عمارتیں نئی اونچائیوں کو چھوتی ہیں
مگر مکینوں کے قد ہیں کہ گھٹتے جاتے ہیں

ترقیوں نے گھٹائے ہیں فاصلے کیا کیا
مگر یہ لوگ ہیں خانوں میں بٹتے جاتے ہیں

شہر پر شور میں ، توقیر صداقت بھی لٹی
ایسے حالات میں کیا کوئی پیمبر مانگے

جو بھی کہنا ہو کہے ، جائے کی تخصیص ہو کیوں
حرفِ حق کے لئے ، پھر کیوں کوئی منبر مانگے

مزاجاً رفعت صدیقی دوستوں سے بے تکلف نہیں ہوتے اور درمیان میں ایک فاصلہ قائم رکھتے ہیں جو وضعداری کی نشانی ہے۔ رکھ رکھاؤ کے قائل ہیں، جو نفاست کی دلیل ہے۔ اس کا پرَتو ان کی شاعری میں بھی موجود ہے۔

آئینہ خانے میں بیٹھے ہو تو کیا دیکھو گے
ہر طرف صرف تمھارا ہی سراپا ہوگا

ذرا قریب سے دیکھو تو جان جاؤ گے
وہ دور سے تو بڑا معتبر نظر آئے

عجیب شہر کا منظر میری نظر میں ہے
جسے بھی دیکھئے بس حالتِ سفر میں ہے

اگر رفعت صدیقی کی شاعری کو اصطلاحوں کی زبان دی جائے تو یہ کہا جا سکتا ہے کہ ان کی شاعری کربِ روح، شعلۂ احساس اور صلابتِ کردار سے عبارت ہے۔ وہ ایوانِ شاعری میں ایک عرصے سے موجود ہیں لیکن اپنے شعری مجموعہ کو لئے تاخیر سے نمایاں ہوئے ہیں۔ ہم اس پختہ مشق اور نفیس شاعر کا دلی خیر مقدم کرتے ہوئے پر امید ہیں کہ ان کا شعری سفر انھیں خوب سے خوب تر کی تلاش میں لے جائے گا۔

(مارچ ۲۰۰۷ء)

☆☆☆

(۱۴)

اعظم راہی: شخصیت و فن کے آئینے میں

کچھ شخصیتیں ایسی ہوتی ہیں جن کے ساتھ کچھ کام، کچھ نام جڑے ہوتے ہیں اور جن کی چمک دمک برسہا برس گذر جانے کے باوجود ماند نہیں پڑتی۔ ایسی ہی ایک شخصیت کا نام ہے ۔۔۔۔۔"اعظم راہی!!"۔ اگر میں یہ کہوں کہ اعظم راہی نام ہے ایک منشور کا، کچھ ادبی اور ثقافتی قدروں میں جدت طرازی کا، ایک مکمل ماہنامہ "پیکر" کے رجحان ساز مدیر کا یا پھر ایک طویل ادبی پس منظر کی تصویر گری کا تو بے جا نہ ہوگا۔

دراصل ہم لوگ (میری مراد "ادبی برادری" سے ہے) نہایت ہی درشت، ناقدر شناس، چڑھتے سورج کی پوجا کرنے والے اور ماضی کی تاریخ ساز گھڑیوں کو بھلا دینے والے لوگ ہیں۔ ہمیں اس کی خوب خبر رہتی ہے کہ زلفِ ادب کی آرائش میں کون کس قدر "شوقِ جنوں" میں مبتلا ہے اور کون کتنا منفعت بخش انداز میں کام کر رہا ہے، لیکن ہم میں اتنی "جرأتِ رندانہ" نہیں کہ پچھلی "نصف صدی" میں گذری ہوئی ادبی کشمکش کا دیانت داری سے جائزہ لے سکیں اور ببانگ دہل کہہ سکیں کہ اس معرکہ آرائی میں کون مردِ مجاہد، نفع و نقصان کی پرواکئے بغیر تنہا محاذِ جنگ پر ڈٹا رہا۔

جس طرح ایک مصروف شخصیت کئی خانوں میں بٹی ہوتی ہے، اعظم راہی بھی کئی خانوں میں بٹا ہوا ہے۔ وہ مدیر بھی ہے، قاری بھی۔ افسانہ نگار بھی ہے، شاعر بھی، شوہر بھی ہے، باپ بھی۔ حلیف بھی ہے، حریف بھی۔ لیکن ان تمام حیثیتوں میں ایک چیز مشترک ہے۔ وہ ہے اس کی منفرد افتادِ طبع، مزاج کا کھرا پن اور یہی چیز مجھے پسند ہے۔ میں نے کہیں لکھا تھا کہ اگر مجھ سے حیدر آباد کے دو ایسے مدیران کے نام لینے کو کہا جائے جو اپنی تنقیدانہ سوجھ بوجھ میں منفرد ہیں تو میں دو نام لوں گا۔

"صبا" کے مدیر سلیمان اریب اور "پیکر" کے مدیر اعظم راہی۔ میں آج بھی اس رائے پر قائم ہوں۔

راہی کا ناقدانہ اور مدیرانہ نظر کا ثبوت مارچ ۱۹۵۸ء میں مل گیا تھا جب اس نے حیدرآباد سے ماہ نامہ شائع کیا۔ "پیکر" نے اپنی زندگی کے کئی دور دیکھے۔ دوسرا دور ۱۹۶۰ء میں شروع ہوا جب راقم الحروف (رؤف خلش) شریک مدیر کی حیثیت سے وابستہ ہوا۔ یہ دور جدیدیت کے رجحان اور نئے لکھنے والے ادیبوں اور شاعروں کی یلغار کے طور پر یاد رکھا جائے گا۔ "پیکر" نے "بت شکن" کے قلم سے "ہمارے اصنام ادب" کے زیر عنوان تنقیدی جائزے کا ایک سلسلہ شروع کیا اور نئے لکھنے والوں کی طرف سے اس کی خوب پذیرائی ہوئی۔ بقول شخصے اس تنقیدی روّیئے میں نو مسلموں کا سا جوش نظر آتا ہے۔ لیکن بہر حال پرسکون فضا میں ہلچل پیدا ہوئی اور "ادبی دیوزادوں" نے محسوس کرلیا کہ ادب کے "جسمِ ناتواں" میں نئے خون کی شمولیت از حد ضروری ہے۔

بھلے ہی اس کا اعتراف انہوں نے کھلے الفاظ میں نہیں کیا تاہم اعظم راہی کے اس جرات مندانہ اقدام کی داد ملک گیر سطح پر جدیدیت کی تحریک کی شکل میں مل گئی۔ پھر ۱۹۶۵ء میں الہٰ آباد سے "شبِ خون" کا اجرا ہوا۔ اس نے بھی انہی خطوط پر کام کیا جو اعظم راہی نے ماہ نامہ پیکر کے ذریعہ متعین کردیئے تھے۔

اعظم راہی کے رفقائے کار کی فہرست خاصی طویل ہے لیکن چند اہم نام یہ ہیں: بدر افسر، خان معین، ساجد اعظم، محمود انصاری، رؤف خلش، حسن فرخ، غیاث متین، مسعود عابد، رفعت صدیقی، احمد جلیس، ہادیہ شبنم (جو بعد میں راہی کی رفیقۂ حیات بن گئیں!)' انور رشید اور جگدیش بمل وغیرہ۔

"پیکر" کا تیسرا دور اپریل ۱۹۷۱ء میں شروع ہوا جب اعظم راہی نے اپنے رفقاء کے ساتھ (جس میں تنظیمی سطح پر اکمل حیدرآبادی بھی شامل ہوئے) حیدرآباد میں دو روزہ "جشنِ پیکر" منایا جس کو کئی اعتبار سے "جدید فنکاروں کی پہلی کل ہند کانفرنس" کی حیثیت حاصل ہوئی۔ مندوبین کی حیثیت سے ملک بھر کا اردو مراکز سے نئے لکھنے والے اس میں شریک ہوئے۔

کہنہ مشق شاعروں میں قاضی سلیم ' بشر نواز ' عزیز قیسی ' جوگندر پال نے اپنی شرکت سے اس جشن کی اہمیت کو دوبالا کر دیا۔ جشن کی تیاری کمیٹی میں راقم الحروف (رؤف خلش) بھی شامل تھا اور اعظم راہی کی ایماء پر چار ایسے موضوعات پر ماہرین سے انٹرویو لئے تھے جو بالکلیہ فنّی نوعیت کے حامل تھے اور اردو دنیا اس کی افادیت سے نا آشنا تھی۔ وہ موضوعات اور ماہرین اس طرح تھے:

ا۔ اردو الفاظ شماری (ڈاکٹر حسن الدین احمد ' آئی۔اے۔ایس۔)، ۲۔ اردو نستعلیق ٹائپ (عبد القادر)، ۳۔ اردو خوشنویسی (غوث محمد) اور ۴۔ اردو انگریزی لغت (یعقوب میراں مجتہدی)۔

یہاں اردو نستعلیق ٹائپ سے متعلق ایک وضاحت ضروری ہے۔ یہ درست ہے کہ نظام سابع (نواب میر عثمان علی خان) کی حکومت اپنے دور میں (۱۹۱۱ء تا ۱۹۴۸ء) اردو کا لیتھو اور مونو ٹائپ ایجاد کر چکی تھی جو (۵۰۰) جوڑ پر مشتمل تھا اور جامعہ عثمانیہ کی بیشتر درسی اور غیر درسی کتابیں اس میں شائع ہو چکی تھیں لیکن عبد القادر نے ہینڈ کمپوزنگ میں اردو نستعلیق کا ٹائپ (۲۵۴) جوڑ میں تیار کر لیا تھا۔ تاہم پولیس ایکشن (ستمبر ۱۹۴۸ء) کے بعد یہ مشینیں ضائع کر دی گئیں اور اس سلسلہ کا سارا کام بھی ضائع ہو گیا جو اردو زبان کا ایک المیہ ہے۔ مذکورہ بالا موضوعات پر ماہریں سے لئے گئے یہ انٹرویو "پیکر" میں شائع ہوئے۔ پیکر کا یہ شمارہ پاکستان میں بھی پہنچا اور وہاں کے ادبی حلقے انگشت بدنداں رہ گئے کہ حیدرآباد دکن میں ایسے بھی فنّی موضوعات پر کام ہوئے ہیں۔

۱۹۷۹ء اور ۱۹۸۰ء تقریباً دو سال کی قلیل مدت میں اس وقت کے سکریٹری، ڈائرکٹر آندھرا پردیش اردو اکیڈمی جناب چندر سری واستو کی سرپرستی اور اعظم راہی کی زیر نگرانی اردو میڈیم کی پہلی جماعت سے بارہویں جماعت کی ساری نصابی کتابیں جس کے ۲۰۰ سے زیادہ ٹائٹل تھے، منظر عام پر آئیں۔ اردو اکیڈمی کا بلاشبہ ایک کارنامہ تھا جسے اعظم راہی نے انجام دیا۔ حیرت یہ ہے کہ اس کے بعد سے پھر دوبارہ کسی اور ڈائرکٹر اردو اکیڈمی نے اس پراجکٹ کو اپنے ہاتھ میں نہیں لیا۔

اعظم راہی کی زندگی مسلسل جہد و کشاکش سے عبارت ہے۔ معاشرے کی ناہمواریوں

نے اسے روایت سے گریز کرنا سکھایا۔ جس کو بعض لوگ "بے مروّتی" کا نام دیتے ہیں۔ وقت نے اس کا ساتھ نہیں دیا۔ راہی کا ڈائلما(DILEMMA) یہ ہے کو نہ وہ ہجوم کی کثرت سے مطمئن ہوتا ہے نہ تنہائی کے سناٹوں سے۔ وہ ادبی محفلوں میں کم کم شریک ہوتا ہے کیوں کہ یہ محفلیں اس کے مخصوص مزاج سے میل نہیں کھاتیں۔

تلوّن مزاجی، اس کی سرشت میں داخل ہے لیکن وہ اپنی اسکیمات کو اس لئے روبعمل نہیں لاسکتا کہ اس کے لئے اسے چاپلوسی اور مصلحت اندیشی سے کام لینا پڑتا ہے اور وہ اس کے لئے قطعی امادہ نہیں ہوتا۔ یہی وجہ ہے کہ زمانے نے اعظم راہی کو اپنے منصوبوں کی صورت گری سے روک رکھا ہے۔ نامساعد حالات سے لڑتے لڑتے وہ تھکا نہیں ہے اور نہ ہی ان حالات نے اس کے حوصلوں کا لہو نچوڑا ہے۔ اس کی خداداد صلاحیت، اس کے اپنے مخصوص مزاج کے زیر اثر ناہموار ماحول سے غذا پاتی رہی ہے۔ وہ اپنے فن کی تشہیر میں اس درجہ تساہل برتتا ہے کہ اس کی پذیرائی ویسی ہو نہیں پاتی جیسی کہ ہونی چاہیئے۔

اس کی نثری نظموں کا مجموعہ " ملبے میں دبا موسم "۱۹۸۰ء میں منظر عام پر آچکا ہے۔ جس کے بارے میں عزیز قیسی نے نہایت ہی نپی تلی رائے دی ہے:

"غزل میں اچھا شعر نکالنا جس قدر مشکل ہے، اتنا ہی مشکل ایک اچھی مختصر نظم کہنا ہے۔ اعظم راہی نے یہ مشکل کام اپنے سر لیا ہے اور اس مشکل سے بہ آسانی گذر گئے ہیں!"

اس مجموعے میں جسے آندھرا پردیش اردو اکیڈمی نے ایوارڈ سے نوازا تھا، کوئی (۱۳۰) نظمیں شامل ہیں اور کوئی بھی نظم دو صفحوں سے زیادہ جگہ نہیں گھیرتی۔ ان نظموں کی تازہ کاری اور انفرادیت مسلّم ہے۔ بلحاظ افسانہ نگار اس کے بیشتر افسانے ملک کے مختلف معیاری رسالوں میں شائع ہو کر مقبول ہو چکے ہیں۔ اور اب ایک عرصہ دراز کے بعد کتابی شکل میں شائع ہونے جارہے ہیں۔

ہر ذی حس کا یہی وطیرہ ہے اور اعظم راہی بھی اس میں شامل ہے کہ وہ اپنی صلاحیتوں کا نعم البدل نہ ملنے کی صورت میں جھنجھلاہٹ کا شکار ہو جاتا ہے، کیونکہ "نام نہاد" دانشور تو آئے دن

اپنی تگڈم بازیوں سے مفاداتِ حاصلہ کی خاطر کچھ بھی کر گذرنے کو ہر وقت تیار رہتے ہیں۔ مشکل تو اعظم راہی جیسے انسان کی ہے کہ وہ کسی طور اپنی اصول پسندی کی سطح سے نیچے نہیں اترتا۔ اس کی جھولی کتنے ہی تلخ تجربوں سے بھری ہے اور وہ اس جھولی کو اپنی پشت پر لادے اختر الایمان کی زبان میں کہتا ہے۔

یہ روداد ہے اپنے سفر کی ، اس آباد خرابے میں
دیکھو ہم نے کیسے بسر کی ، اس آباد خرابے میں

یہ حقیقت ہے کہ کہ اردو شعر و ادب کو جتنا نقصان بالشتیوں، چھٹ بھیؤں اور گھس پیٹیوں نے پہنچایا جو ایوان ادب میں بلاشرکت غیرے شہرت و ناموری کے تمغے اپنے سینوں پر لگاتے پھرے، اتنا نقصان ادب دشمنوں نے بھی نہیں پہنچایا۔ اعظم راہی اپنے پورے ادبی سفر میں ان نام نہاد شہرت پسندوں کے خلاف صف آرا ہوتا رہا ہے لیکن ساتھ ہی ساتھ باصلاحیت اور ذہین فنکاروں کا ساتھ دینے اور متعارف کروانے میں ہمیشہ پیش پیش رہا ہے۔

پچھلے دنوں اعظم راہی روزنامہ رہنمائے دکن کے ہفتہ وارادبی ایڈیشن ترتیب دیتا رہا ہے۔ یہ ایڈیشن اس بات کا ثبوت ہیں کہ مدیرانہ صلاحیت میں وہ کس قدر باریک بین ہے۔ سال ۱۹۹۹ء کے دوران ایک غیر میقاتی جریدہ "فراست" بیک وقت کناڈا اور حیدرآباد سے شائع ہوتا رہا ہے۔ جس کی مجلس ادارت میں راہی بھی شامل ہے۔ اس کے کئی شمارے شائع ہوئے۔ رسالے کے گیٹ اپ اور مشمولات پر نظر ڈالی جائے تو یہ رسالہ پیکر کی یاد دلاتا ہے۔ اس کے علاوہ راہی نے ۲۰۰۰ تا ۲۰۰۲ء کے دوران ای۔ ٹی۔ وی اردو چینل حیدرآباد میں بحیثیت سکرپٹ کوآرڈینیٹر خدمات انجام دی ہیں۔ ابھی حال ہی میں ساجد اعظم کی شراکت میں ایک غیر میقاتی ادبی و ثقافتی خبر نامہ "تیشہ" اعظم راہی شائع کر رہا ہے۔ جس میں مختصراً ادبی و شعری کاوشیں بھی شامل ہوتی ہیں۔ خبر نامے کا نیم طنزیہ اور چٹکیاں لینے کا انداز قارئین کی توجہ کھینچ لیتا ہے۔ خدا کرے کہ یہ خبر نامہ تادیر پڑھنے کو ملتا رہے۔

المختصر۔۔۔۔اعظم راہی ایک اچھا مدیر ہونے کے ساتھ ساتھ ایک اچھا تخلیق کار بھی ہے۔ ایسا لگتا ہے کہ اس کے اندر دونوں شخصیتیں پوشیدہ ہیں۔ کیا ہی اچھا ہو کہ ایک طرف اس کے اندر کا فنکار اور کھل کر سامنے آئے تو دوسری طرف اس کی مدیرانہ صلاحیت دنیائے اب سے اپنا لوہا منواتی رہے۔ میری تمام نیک تمنائیں اعظم راہی کے ساتھ ہیں۔

(ستمبر ۲۰۰۴ء)

☆☆☆

(۱۵)

احمد جلیس کی یاد میں: بارہویں برسی پر خراج عقیدت

احمد جلیس کو ہم سے بچھڑے ہوئے (۱۲) سال ہوگئے۔ وقت جیسے پنکھ لگا کر اڑ رہا ہے۔ ۹؍ مئی ۱۹۹۶ء کو موصوف بعمر (۵۶) سال بنگلور میں دوردرشن کی ڈیوٹی کے دوران اس دارِ فانی سے کوچ کر گئے۔ اس کی، میری دوستی کم و بیش (۴۰) سال پر محیط تھی۔ جس کا منظر نامہ لکھنے بیٹھوں تو نہ وقت میرا ساتھ دے گا نہ کسی کو سننے کا یارا ہوگا۔ جب اپنا کوئی چہیتا ہمیں چھوڑ کر چلا جاتا ہے تو لگتا ہے جیسے ہم جینے کی رسم نبھا رہے ہوں اور پھر یوں ہوتا ہے کہ ہم اس کی تمام یادوں کو سمیٹ کر دل کی بستی میں بسا لیتے ہیں اور اس کے بغیر جینے کی عادت ڈال لیتے ہیں۔

جینے کی رسم پہلے نباہی ترے بغیر
پھر اس کے بعد جینے کی عادت سی پڑ گئی

جلیس کا وجود کئی اکائیوں میں بٹا ہوا تھا۔ بے غرض دوست، سچا طنز و مزاح نگار، اچھا ادیب، مشفق استاد اور ان سب سے بڑھ کر مخلص انسان۔ لیکن لا ابالی پن ان سب میں مشترک نسب نما کی حیثیت رکھتا تھا۔ یہی وجہ ہے کہ وہ اپنے پیچھے کوئی تحریری سرمایہ یا تصنیف چھوڑ کر نہیں گیا۔ کسی کام کو بدرجہ اتم نپٹانا اور اس کام میں اپنی تمام تر توجہ کے ساتھ جٹ جانا اس کی فطرتِ ثانیہ بن گئی تھی۔

کسی دوست کے ساتھ پہلی ملاقات کی تاریخی اہمیت ہوتی ہے۔ میری اور جلیس کی پہلی ملاقات ۱۹۶۰ء کے اوائل میں محمود انصاری، اعظم راہی اور حسن فرخ کے ساتھ ہوئی تھی۔ راہی کا ماہ نامہ "پیکر" نکالنا اور ہمارا اس کے ساتھ تعاون، ایک دلچسپ مشغلہ ہی نہیں حیدرآباد میں

جدیدیت کی ترویج و اشاعت بھی تھا۔ غیاث متین، مسعود عابد، ساجد اعظم اور رفعت صدیقی وغیرہ "پیکر" کے قلمی معاونین بھی تھے اور "پیکر یئے" کہلاتے تھے۔ یہ نام احمد جلیس کا دیا ہوا تھا۔ "پیکر" میں "ہمارے اصنام ادب" کے زیر عنوان صف اوّل کے مقبول و معروف ادبأو شعرأ کو تنقید کا نشانہ بنانے کا سلسلہ چل پڑا تھا اور اس کا لکھنے والا احمد جلیس تھا جو "بت شکن" کے نام سے ہر ماہ کسی نہ کسی ادیب یا شاعر کو ہدفِ تنقید بناتا تھا۔ جلیس کا یہ تنقیدی استدراک پختہ سے پختہ تر ہوتا لیکن بعد میں یہ سلسلہ ہی بند ہو گیا اور جلیس کی توجہ دوسرے اصنافِ سخن کی طرف مبذول ہو گئی جس میں خاکہ نگاری، ڈرامہ نگاری اور ریڈیو کی ملازمت کے دوران طنز و ظرافت پر مبنی "چھوٹی چھوٹی باتیں" کا پروگرام، ہندوستان کے ایمر جنسی دور (۱۹۷۵ء) میں حیدرآباد ریڈیو سے نشر ہوا کرتا، جس کا رائٹر احمد جلیس تھا۔ اس ریڈیو SKIT کے مستقل فنکاروں میں اسلم فرشوری، افشاں جبیں، جعفر علی خاں اور خود احمد جلیس شامل تھے۔

قدرت نے احمد جلیس کو مختلف النوع صلاحیتوں سے نوازا تھا اور وہ ان کا استعمال بھی بھر پور انداز میں کرتا تھا۔ لیکن اس کی بے اعتنائی اور مستقل رابطۂ عامہ کی کمی نے ان صلاحیتوں سے بھرپور فائدہ اٹھانے کا اسے کبھی موقع نہیں دیا۔

علامہ حیرت بدایونی کے فرزند اور محترمہ جیلانی بانو کے بھائی ہونے کے ناطے اردو اس کی گھٹی میں پڑی تھی۔ ایک اور شوق جو ہم دونوں میں مشترک تھا وہ تھا معّرب اور مفّرس زبان میں اردو بولنا۔ بقول اسلم فرشوری، اس عادت نے بعض احباب کے درمیان تفنن طبع بھی فراہم کیا اور بگڑی زبان کو سدھارنے کا موقع بھی دیا۔ مثال کے طور پر میں احباب سے کہہ اٹھتا:

"اے آسمانِ ادب کے نجومانِ ضیأبار! ادبِ عالیہ کی مذموم پاسداری، بدعتِ قبیحہ کے مثل، ٹھنڈی ہوا کے جھونکوں کا ورود بند کر رہی ہے!"

جواباً جلیس کہنے لگتا:

"تبدّل و تغیر کا بے پناہ جھکّڑ، زمان و مکان کی حدودِ بیکراں کو پھلانگ کر تخلیق کی مشام جاں کو معطر کر رہا ہے!"

آپسی مکالمات کی یہ "گاڑھی اردو" احباب کی دلبستگی کا سامان بن جاتی اور اسلم فرشوری کہنے لگتا کہ "بھائی! ان مکالمات کو ذرا اردو میں ترجمہ کر کے سمجھاؤ!"

احمد جلیس کی شخصیت میں سنجیدگی کے ساتھ ساتھ حسِ مزاح بھی کوٹ کوٹ کر بھری تھی۔ ممکری اور آواز کی نقل اتارنا، بر محل لطیفے سنانا اور جملے بازی سے لاجواب کر دینا اس کے مزاج کا خاصہ تھا۔ کہاں تک اس کی باتوں کا تذکرہ کریں۔

کہتے ہیں کہ ہر حساس آدمی کے ذہن و دل میں یادوں کا سیلِ رواں "ناسٹلجیا" بن کر تھپیڑے لگاتا رہتا ہے۔ اس کی یاد کو تازہ رکھنے کا سب سے معتبر عمل تو یہ ہے کہ اس کی تحریروں کو جو دست بردِ زمانہ سے محفوظ رہ گئی ہیں، اکٹھا کر کے کتابی شکل میں شائع کیا جائے اور ہم اس طرح ایوانِ ادب میں اس کی فکر اور اس کے فن کو دوام بخشیں۔ یہ کام "بزمِ احبابِ جلیس" بہتر انداز میں کر سکتی ہے۔

آخر میں اپنے ایک شعر کے ساتھ اپنے اس ہم جلیس کی گفتگو کو ختم کرتا ہوں۔

یہ سارا ماحول کب سے پت جھڑ کے خشک موسم میں ڈھل رہا ہے
وہ اک شجر لیکن اب بھی شادابیوں کا نعم البدل رہا ہے

(اپریل ۲۰۰۸ء)

☆☆☆

(۱۶)

حسن فرخ کی چار نظمیں: تجزیاتی مطالعہ

حسن فرخ کی یہ چار نظمیں "اک راز کی بات"، "ایک نظم"، "میں تمھیں چاہتا ہوں" اور "یادرکھو"، پہلی قرأت کے بعد ایک ہی موضوع کے گرد گھومتی دکھائی دیتی ہیں اور وہ موضوع ہے "عشق اور حسن"۔ یہ بھی محسوس ہوتا ہے کہ ایک ہی بحر میں ہونے کے باعث یہ چار نظمیں ایک طویل نظم کا تسلسل ہیں۔ اردو شاعری کا غالب موضوع حسن اور عشق ہی ہے لیکن یہ نظمیں اس معنٰی میں انفرادیت کی حامل ہیں کہ اس میں افلاطونی محبت کے بجائے "ارضیت" ملتی ہے۔ نظمیں بحر متدراک مثمن سالم میں کہی گئی ہیں جس کے ارکان ہیں: فاعلن فاعلن فاعلن فاعلن۔ آزاد نظم کی تیکنک میں ہونے کے باعث ارکان کی تعداد کو گھٹایابڑھایا گیاہے۔

سردار جعفری نے اپنی کتاب "ترقی پسند ادب" میں کہیں لکھاہے کہ عورت کس طرح مرد کے ساتھ سوتی ہے، یہ ادب کا موضوع نہیں بلکہ عورت کن حالات میں مرد کے ساتھ عشق کرتی ہے، یہ ادب کا موضوع ہے۔ بلاشبہ یہ بات بڑی حد تک درست ہے۔ تخلیق کار "عاشق مزاج" یا "حسن پرست" ہو تو تخلیق کے چشمے پھوٹ نکلتے ہیں لیکن بوالہوسی یا جسم پرستی، جمالیاتی احساس کا خون کردیتی ہے۔ چاروں نظمیں اپناایک مخاطب رکھتی ہے اور وہ ہے عاشق کا محبوب۔ مکالماتی انداز میں راست تخاطب ان نظموں کا خاصہ ہے۔ پہلی نظم "اک راز کی بات" استفسار سے شروع ہوتی ہے۔ وہی ازل سے ابد تک پوچھا جانے والا سوال کہ "حسن میں کتنی دلکشی ہے؟ کتنی جاذبیت ہے؟" جواب دینے والے کو لفظوں کی وسعت میں "تنگی" کا احساس ہونا۔ نظم کا اختتام خود کلامی پر ہوتا ہے۔ دوسری نظم (بلا عنوان) دراصل ایک اعتراف ہے چاہتوں کا، ایک تمنا ہے آنکھوں میں بسا

لینے کی اور پھر شاعر کا یہ کہنا کہ "میرے ہونٹوں کو دوشیزگی کی دعا دو!" فراق کے مشہور شعر کی یاد دلاتا ہے۔

ذرا وصال کے بعد آئینہ تو دیکھ اے دوست!
ترے جمال کی دوشیزگی نکھر آئی

بدنی تقاضے رومان انگیز بھی ہو سکتے ہیں اور ہوس انگیز بھی۔ لیکن جیسا کہ اوپر کہا گیا ہے حسن اور عشق کی فطری پیاس، خوابوں کو عرضی سطح پر رنگوں اور خوشبوؤں میں بدل دیتی ہے۔ حسن فرخ کی کامیابی یہ ہے کہ تمثیلی کنائیوں اور کہیں استعارہ بالکنایہ میں انھوں نے اظہار و بیاں کو خوبصورت زبان دے دی ہے۔ تیسری نظم، "میں تمھیں چاہتا ہوں" دراصل تتمہ ہے پچھلی دونوں نظموں کا یعنی اندازِ سپردگی، رشتوں کی گرہوں کو بڑے دلاویز ترکیبوں میں کھول دیتا ہے۔ نیلے سمندر، سرمئی شام اور ایک نجی قسم کی ترکیب کسی راز کے پردے اٹھاتی ہے یعنی "زیر تعمیر گھر پر برستی ہوئی برسات" کسی گذرے ہوئے واقعہ کو یاد دلاتی ہے۔

ان چاروں نظموں میں سب سے مکمل، سب سے پر اثر اور سب سے تہہ دار نظم ہے "یاد رکھو" جس کی کلیدی سطر ہے "دوریاں، قربتوں کا وسیلہ ہیں"۔ واضح ہو کہ نظموں میں مصرعے نہیں سطریں ہوتی ہیں۔ (انگریزی میں جسے LINE کہا جاتا ہے) اس نظم کو اس لئے تہہ دار کہا گیا ہے کہ اس میں مابقی تینوں نظموں میں کہی گئی باتوں کا نچوڑ آ گیا ہے۔ نظم کی آخری دو سطریں۔

نئی ایک دنیا بنالو
ایک جنّت بسالو

ایک فیصلہ کن بیان ہی نہیں، داستاں محبت کو ایک موڑ، ایک رخ عطا کرنے کا جذبہ بھی ہے۔ "یاد پرستی" (مجھے Nostalgia کا یہی ترجمہ فی الحال سوجھتا ہے) جو ماضی کی یادوں کو ذہن سے چمٹائے رکھتی ہے، شاعر سے ایسی سطریں کہلواتی ہیں۔

چاہے تم دور ماضی ہی میں لوٹ جاؤ------یا

زیر تعمیر گھر کے تلے

آسرا لے لو

(بارش سے بچنے کا یہ اک بہانہ سہی)

شاعر اگر قوسین کی سطر اگر نظم میں شامل نہ رکھتا تو نظم اکہری معنویت کی حامل ہو جاتی اور اس میں وہ ہمہ پہلو معنویت پیدا نہ ہو پاتی جو نظم کے موضوع کا تقاضہ ہے۔

لگتا ہے شاعر نے چند واقعاتی پہلوؤں، لمحاتی اتار چڑھاؤ اور رومانیت کو معاشرتی ادعائیت کے آئینے میں دیکھا ہے اور حسن و عشق کی جبلتوں کی عکاسی کی ہے اور بھرپور کی ہے۔ چاروں نظموں کے لئے جس بحر کا انتخاب کیا گیا ہے وہ پتہ نہیں شعوری ہے یا غیر شعوری۔ لیکن یہ طےٗ ہے کہ موضوع خود بحر کا انتخاب کرلیتا ہے۔

میرا ایقان ہے کہ بحروں کا اپنا ایک مزاج ہوتا ہے اور یہ زیر نظر بحر متدارک نرم رویوں، دریا کی دھیمی دھیمی لہروں کا مزاج رکھتی ہے۔ ممکن ہے میرے اس خیال سے اختلاف کیا جائے لیکن بہر حال شاعر نے موضوع کے اعتبار سے صحیح بحر منتخب کی ہے اور نتیجتاً بہت خوبصورت سی، بے ساختہ سی نظمیں معرضِ وجود میں آئی ہیں۔

اک راز کی بات

تم نے پوچھا
کہ تم کس قدر خوبصورت، حسیں، مہ جبیں ہو
میں سوچتا ہوں
کہ یہ بات لفظوں کی بندش سے، اظہار کی وسعتوں سے بھی آگے
ماورائی تصور کا اک گنگناتا افق ہے
بارشِ کیف و مستی سے پھوٹی شفق ہے
میں تمھیں کس قدر چاہتا ہوں

تم نے پوچھا، تو میں سوچتا ہوں
اس کا اظہار کیسے کروں، یہ تو لفظوں کی وسعت کا اک امتحاں ہے
جذبوں کی شدت ہے، لمحات کا کرب، صدیوں کی اک داستاں ہے
تم نے پوچھا، تو میں کھو گیا اک تذبذب کے گہرے سمندر میں
اک سنسناہٹ رگ و پے میں طاری ہوئی
سانس کی آہٹیں، جیسے نزدیک ہوتی رہیں، ہوتی رہیں
خشک لب کپکپانے لگے، آنکھیں تصویر بننے لگیں
کیسے کیسے حسیں خواب منظر میں ڈھلنے لگے

تم نے پوچھا، تو میں سوچتا ہوں
میری آنکھوں نے کیسے بھٹکتے ہوئے منظروں کو ہے دیکھا
میرے ہونٹوں نے کیسے سلونے لبوں کو ہے سوچا
میرے کانوں میں کیسے ترنم بھرے مرمریں لفظ گونجے
میرے دل میں کھلا کس طرح وہ سلونا گلاب
میری سوچوں کی تطہیر، نظروں کی پاکیزگی
جن میں پنہاں تھی، احساس کے سارے لمحے رواں تھے
کہ یہ کائنات اس میں گم ہو
ازل تا ابد ساری رات اس میں گم ہو

میں تمھیں چاہتا ہوں
یہی ایک آوازِ حق ہے، صدائے زمان و مکاں ہے
جذبوں کی شدت ہے،
صدیوں کی اک داستاں ہے
مگر راز کیسے کسی پر میں کھولوں

مگر راز کیسے کسی پر میں کھولوں
بس یہی سوچتا ہوں، بس یہی سوچتا ہوں

ایک نظم

تم بہت خوبصورت ہو، سب سے جدا ہو
بس مرے دل کے آنگن میں چھپ جاؤ
صبح کی سرمئی مست و مخمور پہلی کرن کی طرح
تم بہت ہی حسیں ہو
پھول کی پنکھڑی ہو
میری آنکھوں میں بس جاؤ
شام کی مخملیں سیڑھیوں پر تھرکتے ہوئے خواب
-----تم کو چرا کر نہ لے جائیں ان بستیوں میں
--------جہاں رنگ و خوشبو کی برسات
-----------باہیں پسارے کھڑی ہو
بس مرے دل مین چھپ جاؤ، آنکھوں میں بس جاؤ
کپکپاتے سلونے لبوں کی یہ نازک سی کلیاں
کہیں کھو نہ جائیں
-----بہکتی، مہکتی ہواؤں کے ہیجان میں
کہیں کھو نہ جائیں
-----میرے دل میں چھپا دو، میرے ہونٹوں کو دوشیزگی کی دعا دو
رات کا حسن برسات کی مستیاں غرق ہیں

-----ادھ کھلی انکھڑیوں میں تمھاری

---------میری نیندوں میں ان کو چھپا دو

------------میری بے چینیوں کا انھیں آسرا دو

تم بہت خوبصورت ہو، سب سے حسین ہو

کیوں کہ

-----میں چاہتا ہوں تمھیں،

تم بہت خوبصورت ہو، سب سے حسین ہو

کیوں کہ

-----میں نے چاہا ہے،

---------میں نے سوچا ہے

---------------صدیوں میں تم کو

گنگناتی ہوئی بارشوں میں،

-----کِھل کھلاتی شبوں میں

---------سرمئی شام، رنگین صبحوں کے

----------ٹھیرے سلونے سکوں میں

میں نے چاہا ہے، سوچا ہے تم کو

تم بہت خوبصورت ہو، سب سے جدا ہو

بہت ہی حسیں ہو

میں تمھیں چاہتا ہوں

چھوڑ کر سارے رشتوں کی پہنائیوں کو

بھول کر سانس کی آہٹوں کو خنک باریوں کو

میں نے چپ چاپ سوچا تمھیں
چپکے چپکے سے چاہا تمھیں، دل کی گہرائیوں سے
میں تمھیں جانتا
۔۔۔۔مانتا
۔۔۔۔۔۔۔۔چاہتا ہوں
سب سے بڑھ کر تمھیں چاہتا ہوں
خود سے بڑھ کر تمھیں چاہتا ہوں
کیوں کہ
تم تو مرے رت جگوں، خواہشوں اور خوابوں کا
اک خوبصورت سا تحفہ ہو
تم خوشبوؤں، ناچتی، گنگناتی ہواؤں، وفاؤں
دعاؤں کی سوغات ہو
سرمئی شام، نیلے سمندر سے ابھری
مہکتی بہکتی ہوئی رات ہو
زیرِ تعمیر گھر پر برستی ہوئی برسات ہو
بھولی بسری ہوئی بات ہو
یا کہ پھر چوکھٹوں سے پرے، آہٹوں سے پرے
ایک خاموش اچانک ملاقات ہو

یاد رکھّو۔۔۔۔

دل کا ہر خوف
جو کہ احساس بن کے ڈراتا ہے

دل سے بھلا دو
فقط اک یہی بات تم یاد رکھو
دوریاں، قربتوں کا وسیلہ ہیں
بھولنے کی نہیں ہیں سبیل
چاہے تم دورِ ماضی ہی میں لوٹ جاؤ۔۔۔۔یا زیرِ تعمیر گھر کے تلے
آسرا لے لو
(بارش سے بچنے کا یہ اک بہانہ سہی)
مگر یاد رکھو
وہاں بھی کوئی ڈھونڈ لے گا تمھیں
کیوں کہ تم لاشعوری افق پر
بہت وقت سے منتظر ہو
اسی لمحۂ لایزل کی
بہت دیر سے منتظر ہو، اسی لمحۂ بے بدل کی
کہ ہر خوف دل سے بھلا کر
نازک احساس کی لو بڑھا کر
نئی ایک دنیا بنا لو
ایک جنت بسا لو

(نومبر ۱۹۹۹ء)

☆☆☆

(۱۷)

'یہ دھواں سا کہاں سے اٹھتا ہے؟': غیاث متین کی یاد میں

بہانے اور بھی ہوتے جو زندگی کے لئے
ہم ایک بار تری آرزو بھی کھو دیتے

مجھے اب بھی یقین نہیں آتا کہ غیاث متین یوں چپ چاپ دنیا کو چھوڑ کر چلا گیا۔ میں نے نہ صرف اپنے ایک دوست کو کھو دیا بلکہ ایک بھائی کو اور ایک ایسے شاعر کو کھو دیا جس سے مل کر، جس کو سن کر اور جس سے باتیں کر کے احساس ہوتا تھا کہ وقت نہایت خوشگوار ہو گیا ہے۔ علی الدین نوید، اعتماد صدیقی اور اب غیاث متین کی رحلت سے ایک خیال بڑی شدت سے دل کو کچوکے لگا رہا ہے کہ اب دوستیوں کو برتنے اور دوستیوں کو نباہنے کے دن لد گئے۔ دوستی کریں تو کس سے اور نباہیں تو کس کے ساتھ؟

آج سے کوئی پچاس سال پہلے کی بات ہے۔ شاید ۱۹۵۷ء یا ۱۹۵۸ء کی گرمیوں کے دن تھے، چنچل گوڑہ ہائی اسکول کے ایک اسکول ڈے کے ایک ڈرامے میں ایک نوجوان، مومن خاں مومن کا حلیہ بنائے مومن کا ہی ایک شعر بڑی وارفتگی کے ساتھ گنگنا رہا تھا۔

تم مرے پاس ہوتے ہو گویا
جب کوئی دوسرا نہیں ہوتا

یہ اور کوئی نہیں، غیاث متین تھا۔ یہ اس زمانے کا حیدرآباد ہے جب بس کا کرایہ ۱۵ پیسے، اخبار کے دام ۱۵ پیسے، چائے کی پیالی ۱۵ پیسے اور مرغی کا انڈہ ۱۵ پیسے میں ملتا تھا۔ ہاں تو میں نے اسکول

کے لگے شامیانے کے پیچھے سے غیاث کو آواز دی۔ ہم دونوں ایک دوسرے سے واقف ضرور تھے لیکن واقفیت گہری دوستی میں بدلی نہ تھی۔ غیاث نے جواباً میرا نام لیا اور میں نے اس کا ہاتھ اپنے ہاتھ میں لے کر کہا" آؤ دوست!" یہ اس زمانے کا دستور تھا۔ اس نے جواباً کہا" ہاں آؤ دوست چائے پینے چلتے ہیں!" ہم دونوں نے ایک دوسرے کا ہاتھ تھام لیا۔ ہم اپنے ہاتھ پچاس سال اس وقت تک تھامے رہے جب غیاث نے مرنے سے دو دن پہلے ۱۹/ اگسٹ ۲۰۰۷ء کو دُرّ شہوار ہسپتال میں جہاں وہ زیر علاج تھا، اپنا ہاتھ نہ چھڑا لیا اور کہا" جاؤ رؤف! گھر جاؤ۔ میں بھی سونے کی کوشش کرتا ہوں" دو راتیں وہ کتنا سویا کتنا جاگا، مجھے نہیں معلوم۔ لیکن دو دن بعد ۲۱/ اگسٹ ۲۰۰۷ء کی سہ پہر یہ منحوس خبر ملی کہ وہ ہمیشہ کے لئے ابدی نیند سو گیا۔

رت جگے گھل نہ جائیں آنکھوں میں
صبح ہونے لگی ہے سو لینا!

غیاث متین کا تکیہ کلام تھا" اللہ بڑا بادشاہ ہے!" اپنے نام کے اعتبار سے اس میں بھرپور متانت تھی لیکن حسِ مزاح بھی بلا کی تھی۔ اس کی شخصیت سنجیدگی اور بذلہ سنجی کا مجموعہ تھی۔ اس کے اندر اپنے زخموں کو چھپانے کی پرانی عادت تھی۔ زمانے کے زخم، درد و الم کے زخم، اپنوں اور پرایوں کے زخم۔ اس کے مزاج میں برداشت کا مادہ بہت زیادہ تھا۔ لیکن وہ دوٹوک بھی تھا۔ منہ پر کہہ دیتا۔ اس نے اپنی ابتدائی زندگی نہایت ہی تنگ و دو اور محنت میں گذاری تھی اور پرائمری اسکول ٹیچر سے یونیورسٹی کے پروفیسر تک پہنچا۔

میں نہیں کہتا کہ اس کے اندر کمزوریاں نہیں تھیں۔ کمزوریاں کس میں نہیں ہوتیں؟ لیکن وہ خلوص و محبت کا بھوکا تھا۔ اس کی خوبیاں اس کی کمزوریوں پر حاوی تھیں۔ کوئی ۳۰، ۳۲ سال پہلے یعنی ۱۹۷۵ء میں قائم کردہ ادبی انجمن" حیدرآباد لٹریری فورم" ایک ایسی انجمن تھی جو غیاث کی طاقت بھی تھی اور کمزوری بھی۔ غیاث جس کا بانی رکن، معتمد اور آخری وقت تک صدر بھی تھا۔ غیاث اور حلف کے دوستوں کی فہرست کافی طویل ہے۔ اس وقت جو مجھے نام یاد آرہے ہیں

ان میں : تاج مہجور، اکمل حیدر آبادی، مضطر مجاز، اعظم راہی، ساجد اعظم، محمود انصاری، احمد جلیس، رفعت صدیقی، رشید انصاری، انور رشید، کیف رضوانی، مصحف اقبال توصیفی، طالب خوندمیری، یوسف کمال، قدیر الزماں، بیگ احساس، مظہر مہدی، علی ظہیر، رؤف خیر، علی اصغر، یوسف اعظمی، اسلم عمادی اور بعد کے دوستوں میں عزیز حسین عزیز، سلیم مقصود، محسن جلگانوی، سردار سلیم، اسد ثنائی، فاروق شکیل، آغا سروش اور انور سلیم وغیرہ شامل ہیں۔ کوئی نام بھول رہا ہوں تو معذرت خواہ ہوں۔ لیکن ادبی سفر کے اس قافلے میں غیاث متین، حسن فرخ، مسعود عابد، علی الدین نوید اور راقم الحروف رؤف خلش گویا مخمس کے اضلاع تھے۔ لیکن متبدل ہو کر دائرے کی شکل میں ایک ہی مرکز کے گرد رواں دواں تھے۔ ہم دوستوں میں کبھی کسی بات پر لڑائی نہیں ہوئی۔ گرما گرم بحثیں ضرور ہوئیں۔ اختلافات بھی پیدا ہوئے لیکن وہ نظریاتی اختلافات تھے۔ دوستی کی ڈور ویسی کی ویسی مضبوط رہی اور اب تک ہے۔

ہمارے بزرگ دوست حکیم یوسف حسین خان جو بہت اچھے اور منفرد شاعر تھے اور جن کے اجلاس کی بیٹھکیں خاص الخاص ہوا کرتی تھیں کہ موصوف نظامیہ طبیہ کالج حیدر آباد کے پرنسپل تھے، کہا کرتے تھے کہ نوجوانو! ادبی رسالوں میں چھپتے رہا کرو۔ مشاعروں میں کم پڑھو اور اپنے کلام پر خود احتسابی کر لیا کرو۔ اعظم راہی اپنے ماہ نامہ "پیکر" اور سلیمان اریب اپنے ماہ نامہ "صبا" میں ہم دوستوں کا کلام اہتمام سے شائع کرتے تھے۔ کمرہ نمبر ۷ امجد گاہ معظم جاہی مارکٹ اور اورینٹ ہوٹل عابڈز دو ایسے مقامات تھے جہاں ہم لوگ، ادیبوں اور شاعروں سے ملنے جایا کرتے تھے۔ خورشید احمد جامی، مخدوم محی الدین، مغنی تبسم، شاذ تمکنت، انور معظم اور مجتبیٰ حسین وغیرہ سے یہیں ملاقاتیں ہوا کرتیں۔ دفتر "سیاست" میں عابد علی خان، محبوب حسین جگر و شاہد صدیقی ہمیں بہت عزیز رکھتے۔

"پیدا کہاں ہیں ایسے پراگندہ طبع لوگ!"

میں اکثر تخلیقی اور غیر تخلیقی فن کے لئے انگریزی کی دو اصطلاحیں Creation اور Production استعمال کرتا ہوں۔ لیکن غیاث کی نظر میں ان کے لئے دو اور اصطلاحیں

تھیں:Art اور Craft: چنانچہ وہ مشاعروں میں تک بندی اور قافیہ پیمائی کرنے والے شاعروں کو دیکھ کر کہتا تھا کہ پیارے آؤ کچھ دیر کرافٹنگ کرنے والوں کی بھی سن لیں۔

یوں تو مجھے غیاث متین کی پوری شاعری پسند ہے لیکن اس وقت صرف دو شعروں کا ذکر کروں گا۔ پہلا شعر اس نے احباب کے لئے کہا تھا اور دوسرا شعر خود اپنے لئے۔ پہلا شعر یوں ہے۔

مجھ پہ الزام ہے آہستہ خرامی کا متینؔ
تیز چلتا ہوں تو احباب کی رسوائی ہے

وہ آہستہ خرام ضرور تھا لیکن کسے معلوم تھا کہ اپنے سارے دوست احباب کو پیچھے چھوڑ کر یوں تیزی کے ساتھ آگے نکل جائے گا۔ اس کا دوسرا شعر ہے۔

پرانے کپڑوں کا جوڑا ہے ایک کھونٹی پر
اب اور کیا کسی گرتے مکان میں رکھنا ؟

میں نے یہ شعر سن کر اس سے پوچھا تھا کہ تمھارے اس شعر میں "گرتے مکان" کی ترکیب کہیں تمھارے اپنے وجود کا استعارہ تو نہیں ہے؟ کہنے لگا: تم ٹھیک سمجھے لیکن میری مراد جسم سے ہے، روح سے نہیں۔ وہ میری طرح اپنے شعر کی تشریح کا قائل نہیں تھا لیکن اساتذہ کے اشعار کی کئی پہلوؤں سے نہایت عمدگی کے ساتھ تشریح کرتا جس کے لئے تمام شاگرد اس سے مطمئن تھے۔

تنقید و تبصرے کی کتابوں کا مطالعہ کرنا اور اچھے شاعروں کا کلام پڑھنا، انھیں خط لکھنا (حالانکہ خط لکھنے میں وہ کاہل واقع ہوا تھا) اس کا اور میرا مشترکہ مشغلہ تھا۔ قرۃ العین حیدر کے مشہور ناول "آگ کا دریا" میں شعور کی رو کے عمل کے بارے میں ہم نے قرۃ العین صاحبہ کو خط تو نہیں لکھا لیکن بالمشافہ پوچھا ضرور تھا جب کہ وہ برسوں پہلے شعبۂ اردو عثمانیہ یونیورسٹی میں بطور مہمان ادیبہ تشریف لائیں تھیں۔

اسی طرح مجھے یاد ہے، برسوں پہلے غیاث نے اخترالایمان کی مشہور نظم "سبزۂ بیگانہ" پر اپنے ستائشی کلمات، خط کی شکل میں اخترالایمان کو لکھ بھیجے تھے۔ خط بھیجنے سے پہلے ہم دونوں کے

درمیان نظم کی لفظیات، اس کے موضوع اور طرزِ بیان کے بارے میں طویل گفتگو ہوئی تھی۔ مذکورہ نظم اردو "بلٹز" ممبئی میں شائع ہوئی تھی۔ مجھے یہ بھی یاد ہے کہ اختر الایمان نے غیاث متین کو طویل جواب دیا تھا اور شکریہ بھی ادا کیا تھا۔ غیاث نے وہ خط مجھے دکھایا تھا اور سنبھال کر بلکہ سینت کر رکھا تھا۔ مجھے یقین ہے وہ خط اس کی کتابوں کے ذخیرے میں اب بھی محفوظ ہوگا۔ ادبی زندگی کی پانچ دہائیاں گذار دینے اور غیاث کو کھو دینے کے بعد زندگی بڑی بے مزہ اور اچاٹ لگتی ہے۔

غیاث متین کو کوئی دس سال سے شوگر کا عارضہ تھا۔ جس کو وہ آخری وقت تک جھیلتا رہا۔ اگر میں کہوں کہ شوگر ہی اسے لے ڈوبی تو بے جا نہ ہوگا۔ مرنے سے دو دن پہلے ہسپتال کی اس شام کو پتہ نہیں کس موڈ میں اس نے میرؔ کے دو شعر سنائے تھے۔ میرے برابر بیٹھا میرا لڑکا معظم، جس کا ادبی ذوق کافی اچھا ہے، تاڑ گیا کہ کچھ انہونی ہونے والی ہے۔ وہ دو شعر یہ تھے۔

دیکھ دل سے کہ جاں سے اٹھتا ہے
یہ دھواں سا کہاں سے اٹھتا ہے
گور یہ کس دل جلے کی ہے اے فلک !
روز شعلہ سا یاں سے اٹھتا ہے

اس نے بستر علالت پر پڑے پڑے کوئی آٹھ دن گذارے۔ وہ اپنے گھر میں پھسل کر گر پڑا تھا اور اس کی بائیں پنڈلی کی ہڈیاں ٹوٹ گئی تھیں۔ ڈاکٹر منتظر تھا کہ شوگر نارمل ہو تو اس کا آپریشن کیا جائے لیکن اس کی نوبت ہی نہ آئی۔ ۲۱؍ اگسٹ ۲۰۰۷ء کو ٹوٹی ہڈیوں کے زخم نے Cardiac Arrest یعنی دل پر حملہ کیا۔ اس نے زور زور سے سانسیں لیں اور اپنے خالق حقیقی سے جاملا۔

بہت سی باتیں ہیں لیکن ان کو سننے کا آپ کو یارا نہیں۔ میری کوشش رہے گی کہ اس کے فرزند ارجمند آفاق متین، جو آئرلینڈ سے آئے ہوئے ہیں اور ادب کا اچھا ذوق رکھتے ہیں کے تعاون سے غیاث کا باقی ماندہ کلام جو کوئی (۱۲) سال کے عرصے پر محیط ہے، اکٹھا کر کے شعری مجموعے کی شکل میں شائع کرا سکوں۔

ربِ العزت سے دعا ہے کہ اسے اپنے جوارِ رحمت میں جگہ دے اور اسکی مغفرت فرمائے۔بقول شاعر

دنیا میں سدا رہنے کو آتا نہیں کوئی
تم جیسے گئے ، ایسے بھی جاتا نہیں کوئی

۵/اگست ۲۰۰۷ء کی شب حیدرآباد کے ایک مشاعرے میں جس کا اہتمام جدہ سے آئے ہوئے ہمارے مشترکہ دوست یعقوب اسد نے کیا تھا، غیاث متین نے اپنی جو تازہ غزل سنائی وہ اتفاقاً اس کی "آخری غزل" ثابت ہوئی، ملاحظہ ہو

کئی برسوں کا ہے یہ زخم ، بھرنے دن لگیں گے
سنبھلتے ہی میں سنبھلوں گا ، سنبھلنے دن لگیں گے

جہاں اشکوں کی بارش کو یہ کاغذ جذب کرلے
قلم کی چشم نم کو کھل کر ہنسنے دن لگیں گے

ابھی لفظوں سے طوطا اور مینا ہی بنے ہیں
ابھی ان کے بدن میں روح بھرنے دن لگیں گے

ابھی تو آسمان خموش ہے ، پھر رنگ دیکھو
زمیں کو اک نئی کروٹ بدلنے دن لگیں گے

بچھڑتے وقت آنسو روک کر وہ ہنس رہا تھا
یہ منظر آنکھ کے پردے سے ہٹنے دن لگیں گے

کتابِ زندگی الٹی اگر تھامے رہو گے
سمجھنا دور کی ہے بات پڑھنے دن لگیں گے

ابھی تو بس کنارے ہی کنارے تیرتا ہوں
مجھے گہرے سمندر میں اترنے دن لگیں گے

عجب لہجہ ہے میرؔ و غالبؔ و ناصرؔ کا لہجہ
ہمیں تو گرد تک اس کی پہنچنے دن لگیں گے

چلو چل کر دریچوں سے ذرا باتیں ہی کرلیں
متینؔ اس کی گلی سے پھر گذرنے دن لگیں گے

(اگست ۲۰۰۷ء)

☆☆☆

(۱۸)

جدت آمیز کلاسیکی اسلوب کا شاعر: مسعود عابد

۶۰ء کی دہائی میں اردو شاعروں اور ادیبوں کی جو نسل سامنے آئی وہ اگرچہ ترقی پسند تحریک کے بعض "صالح" عناصر کو اپنے اندر سموئے ہوئے تھی۔ تاہم اس لحاظ سے "باغی" کہلائی کہ اس نے نئے تجربات، نئی فکر اور بدلے ہوئے ڈکشن کو نمایاں طور پر اپنانا شروع کر دیا۔ اظہار و بیان میں جدت طرازی کی نمائندگی کرنے والوں میں خورشید احمد جامی، شاذ تمکنت، وحید اختر، شہریار، قاضی سلیم، ندا فاضلی، بشیر بدر وغیرہ (فہرست نامکمل) پیش پیش تھے۔ اسی لہر کے زیر اثر حیدرآباد کے چند اور شعرا کے نام بھی تیزی کے ساتھ ابھرے جن میں حکیم یوسف حسین خاں، رؤف خیر، مصحف اقبال توصیفی، تاج مہجور، رؤف خلش، حسن فرخ، غیاث متین، علی ظہیر، علی الدین نوید وغیرہ شامل ہیں (یہاں فہرست بنانا مقصود نہیں) مسعود عابد (اصل نام: سید علی مسعود، پیدائش: ۱۰/ ستمبر ۱۹۴۳ء) کا تعلق بھی اسی گروہ سے ہے۔

مسعود عابد کے نانا نہ صرف حاذق طبیب تھے بلکہ ایک کہنہ مشق شاعر اور علم عروض پر اتھارٹی تھے۔ ان کے برادر خورد سید علی منظور کا نام نصف صدی قبل کے کلاسیکی شعرا میں معتبر اور مستند مانا جاتا ہے۔ علاوہ ازیں مسعود عابد کے عم زاد بھائی نور محمد نور جو مخدوم و اریب کے ہم عصر تھے، نہ صرف ایک اچھے ترقی پسند شاعر تھے ماہر مسکوکات (سکے پڑھنے میں ماہر) بھی تھے۔ مسعود عابد کے مزاج و فن میں اپنی خاندانی روایات کے ساتھ عصری رجحانات کا نہایت خوشگوار امتزاج ملتا ہے۔

مسعود عابد کی شاعری کی ابتدا نظم سے ہوئی۔ ان کی چند نظموں کا انتخاب ادارۂ مصنفین

نو، حیدر آباد کی پہلی انتھالوجی "آبگینے" میں شامل ہے جو کہ کوآپریٹو اساس پر ۱۹۶۶ء میں شائع ہوئی۔ تلنگانہ کا زرخیز علاقہ ظہیر آباد، مسعود عابد کا وطن ثانی ہے جہاں وہ ۱۹۶۵ء میں منتقل ہوئے اور حکیم جمالی مرحوم و دیگر رفقائے کے ساتھ "بزمِ سخن ظہیر آباد" کی بنیاد ڈالی اور روایتی شور و غوغا سے ہٹ کر ادبی معیار کو ملحوظ رکھتے ہوئے کئی یادگار مشاعرے اور ادبی اجلاس منعقد کئے۔

۱۹۶۷ء میں سجاد ظہیر کی دعوت پر جو نوجوان قلم کار ترقی پسند مصنفین کی کانفرنس میں دلی گئے تھے ان میں مسعود عابد بھی شریک تھے۔ مسعود عابد کا پہلا شعری مجموعہ "سورج پگھلے لفظوں میں" ۱۹۸۳ء میں شائع ہوا۔ وہ پر گو شاعر ہونے کے باوجود "مقدار" کے بجائے "معیار" کو اہمیت دیتا ہے۔ اس کی شاعری اپنا سامع بھی رکھتی ہے اور قاری بھی۔ گنجلک اور ژولیدہ الفاظ سے گریز کرتا ہے۔ تراکیب میں بھی دو اضافتوں سے زیادہ ترکیبیں اس کے ہاں کم کم ہی ملتی ہیں۔ نظموں کے تیئں اختصار کو طوالت پر ترجیح دیتا ہے۔ غزل میں کفایت لفظی اور استعاراتی پہلو کا خاص خیال رکھتا ہے۔ طبعاً ہنسوڑ اور درگذر کرنے کی عادت سے متصف ہے۔ گروہ بندی اور سازشی ماحول کے اس دور میں اس کی شخصیت کبھی نزاعی نہیں رہی۔ اس نے پہلا شعر (۱۵) سال کی عمر میں موزوں کیا تھا لیکن اس کے فن کو جلا بخشی، حیدر آباد کے ۶۰ء اور ۷۰ء کی ادبی دہائی کے ماحول نے۔

مسعود عابد کا اگلا شعری مجموعہ "لفظوں کا اجالا" زیر ترتیب ہے اور امید کیا یقین ہے کہ یہ مجموعہ اپنے متنوع موضوعات، مخصوص لفظیات اور ایمائیت کے باعث ادبی حلقوں سے داد تحسین حاصل کرے گا۔

حروفِ سنگ

یہی بہتوں سے میں نے بھی سنا ہے
کہ خواہش، خواب، موسم
لکیریں ریت کی ہیں
شکستہ پا ہیں جذبے

مگر بیساکھیاں ہیں
یہ سہمی بولتی آنکھوں کے لہجے
یہ کیا ہے
یہ ریزہ ریزہ دل
کیونکر سمٹتا جارہا ہے
کوئی مورت
دھند لکے سے نکل کر
حروفِ سنگ بنتی جارہی ہے
پڑھو اس کو کہ آثار و قرائن کہہ رہے ہیں
تہہ گل کوئی کتبہ
صدی کا غم چھپائے سو رہا ہے
جھڑی ساون کی اس کو دھو چکی ہے
مرے جذبے کسی کے ہاتھ لگ کر
حنائی نقش بنتے جارہے ہیں

نئے سال کی سچی نظم

جانے کتنے ہی برس بیت گئے
ہر نئے سال کی آمد سے ادھر
اپنے اس پیارے وطن کی خاطر
میں نے کچھ گیت لکھے
اور نظمیں بھی لکھی تھیں کئی یکجہتی پر

امن کے خواب بھی دیکھے تھے کئی

سال جب ختم ہوا

خواب سب چور ہوئے

اور مجھ کو یہ لگا

میرا دیکھا یا لکھا

سب کا سب جھوٹ ہی تھا

پھر نئے سال پر دہر تاہوں اپنا وہ عمل

ہے دعا میرے خدا اب کے برس!

امن کے خواب کی تعبیر بھیانک نہ بنا

میرے گیتوں کو فقط گیت ہی رکھ

ان کو نوحہ نہ بنا!

ہے دعا میرے خدا اب کے برس!!

مجھ کو جھوٹا نہ بنا!!!

(اگست ۱۹۹۹ء)

☆☆☆

(۱۹)

علی الدین نوید: شخصیت و فن کے آئینے میں

علی الدین نوید کو ہم سے بچھڑے ہوئے ایک سال ہونے کو آیا۔ جبر و قدر کی اس دنیا میں اس کا ۴۰ سالہ شعری سفر دشوار گذار راہوں کے پیچ خم سے گذرتا، تحسین ناشناس و سکوتِ سخن شناس کے تھپیڑے کھاتا آگے بڑھ رہا تھا کہ چرخِ کج رفتار نے ایک موڑ پر دنیائے دوں سے اس کا رابطہ منقطع کر دیا۔ "چرخِ کج رفتار" کی ترکیب یہاں اصطلاحاً استعمال کی گئی ہے، نہ کہ عقیدتاً۔

اس سے قبل کہ اس کی شاعری پر گفتگو کی جائے، مناسب ہوگا کہ اس کی شخصیت کے بعض پہلوؤں کا ذکر کیا جائے جو اس کے شعری سفر پر اثر انداز ہوئے۔ نوید ان لوگوں میں سے نہیں تھا جو زید کی رائے بھی احسن اور بکر کی رائے بھی احسن سمجھتے ہیں۔ وہ صائب الرائے تھا۔ حلف سے اس کی اور ہماری وابستگی کی بنیاد اس ادبی دیانتداری پر مبنی تھی جسے بقول اختر الایمان، مذہب کے ماننے والے ایمان کا درجہ دیتے ہیں۔ نوید نے کہیں لکھا ہے کہ اس کی زندگی تیز و تند ہواؤں میں جلتا اک چراغ ہے اور یہ کہ روزِ اوّل ہی سے تشنگی، اس کے حصّے میں آئی۔ یہی وجہ تھی کہ نوید کے کلام میں شیرینی کے ساتھ تلخی بھی تھی۔ شاعری اس کے نزدیک نہ تو صناعی تھی اور نہ ہی تبلیغ۔ عجیب بات ہے کہ خوشحال، متوسط نجی و ازدواجی زندگی جینے کے باوجود نوید کے مزاج میں ایک بے اطمینانی اور ایک جھنجھلاہٹ جھلکیاں دکھاتی رہتی تھی۔ شعور و لاشعور کے درمیان اس کی رفاقتیں اور چاہتیں شکوؤں اور شکایتوں کے درمیان جھولتی رہتی تھیں۔ شاید یہی وجہ تھی کہ کبھی کبھی وقتی طور پر وہ دوستوں کی ناراضیاں مول لیتا تھا۔ اس کی سائیکی میں ٹوٹنے اور بکھرنے اور بننے بگڑنے کا عمل مسلسل جاری و ساری رہا۔

نوید کی زندگی سے دو بڑے حزنیے لپٹے ہوئے تھے جو تا حیات اس کے ساتھ لپٹے رہے۔ پہلا حزنیہ اس کے کمسن لختِ جگر تنویر کی حادثاتی موت کا تھا جس پر ایک بہت ہی خوبصورت نظم "خداوند میں راضی ہوں" میں وہ کہتا ہے۔

کھلونا کیسے ٹوٹا ، کیا بتاؤں
نہ کانوں تک کوئی آواز آئی
نہ آنکھوں سے لہو کا بیل بوٹا
افق سے صف بہ صف نکلی فرشتوں کی سواری
منّور ساعتوں میں رات اتری

(اس سطر میں شبِ قدر کی طرف اشارہ ہے جب اس کے لڑکے نے آخری سانس لی)، آخری بند ملاحظہ ہو۔

مِرا کیا ، میں ازل ہی سے
نئے زخموں کا عادی ہوں
خداوند میں راضی ہوں !

اس نظم میں اہم نکتہ یہ ہے کہ "راضی بہ رضا" ہونا انسان کی وہ علوی صفت ہے جس سے بہت کم تخلیق کار متّصف ہوتے ہیں۔ دوسرا بڑا حزنیہ نوید کی زندگی کا یہ تھا کہ وہ برسہا برس ریڑھ کی ہڈی کے ایک مرض میں مبتلا رہا جس نے آخری عمر تک اس کا پیچھا نہ چھوڑا۔ اپنی ایک نظم "یہ درد ہی دوا بنے" میں وہ کہتا ہے۔

بچھّو کہاں سے آگئے گردن میں ، پیٹھ میں
پھنکار سی ہے ریڑھ کی ہڈی میں ہر گھڑی
جیسے نخائی ڈور نہیں سانپ ہے کوئی
اعصاب ہیں کہ تار ہیں بجلی کے اے خدا!

کیسی دہکتی آگ میں بہنے لگا ہوں میں
کس جرم کی سزا ہے جو سہنے لگا ہوں میں

ناکردہ گناہوں کی جو حسرت تھی اس کی داد بے شک مرزا غالب طلب کرتے تھے لیکن ناکردہ گناہوں کی سزا بھوگنا شاید آج کے انسان کا مقدر رہے۔ نوید ہم سب کی طرح خواب دیکھتا رہا اور اپنے خوابوں کی تعبیر ڈھونڈنے آج سے کوئی دو سال قبل مارچ ۲۰۰۳ء میں بحیثیت اسکول ہیڈ ماسٹر، جاب ویزے پر سعودی عرب کے شہر حائل چلا گیا۔ لیکن ریڑھ کی ہڈی کی دیرینہ بیماری نے وہاں بھی سر اٹھایا اور وہ صرف (۴) ماہ قیام کے بعد بغرض علاج حیدرآباد واپس آگیا۔ چھ سات ماہ گوشہ نشین رہا اور پھر پچھلے سال ۲۶ر فبروری ۲۰۰۴ء کو تقریباً ۶۰ برس کی عمر میں ایسی جگہ چلا گیا جہاں سے لوٹ کر کوئی نہیں آتا۔

موت تو بہر حال برحق ہے اور قدرت کا نظام ہے۔ اس سے کسی کو مفر نہیں۔ ہماری میراث تو نوید کا وہ ادبی سرمایہ ہے جو وہ ہمارے لئے چھوڑ گیا ہے۔ نوید کے اب تک دو شعری مجموعے شائع ہوئے ہیں۔ پہلا مجموعہ "صدف تمام ریت ریت" (اشاعت: ڈسمبر ۱۹۷۹ء)، دوسرا مجموعہ "دھواں دھواں چراغِ جاں" (اشاعت: ڈسمبر ۱۹۹۳ء)، دونوں مجموعوں کے نام ہی خود اس کے شعری مزاج کو متعین کرتے ہیں دونوں مجموعوں پر ایک اجمالی نظر ڈالی جائے تو اس میں غزلوں کی تعداد، نظموں کے مقابلے میں زیادہ نظر آئے گی۔ جو اس بات کو ظاہر کرتا ہے کہ نوید کا دل غزل میں زیادہ لگتا تھا لیکن اس نے غزل گوئی کے پیمانے مقرر کر رکھے تھے۔ مثلاً ایک جگہ وہ کہتا ہے ۔

رہے خیال کہ نازک بہت سخن ہے غزل
سخن کے پردے میں شیشہ گری کا فن ہے غزل

بچائے رکھنا زمانے کی بے حسی سے نویدؔ
دیارِ سنگ میں شیشے کا اک بدن ہے غزل

نوید کی غزل میں کم از کم دو رویّے صاف نظر آتے ہیں۔ پہلا رویّہ احتجاجی ہے، دوسرا

رومانی۔ میں اپنی بات کو دو دو مثالوں سے واضح کرتا ہوں۔ پہلی مثال احتجاجی رویّے کی۔

یارب ترے مہاجر و انصار کیا ہوئے
ہر گام پر کھڑے ہیں کئی بولہب یہاں
اس شہر بے اماں میں سلامت نہ تم نہ ہم
شیشے کے بند کمروں میں سب جاں بلب یہاں

رومانی رویّے کی دو مثالیں۔

جاگتی آنکھوں کی ساری تازگی آنکھوں میں ہے
دن نکل آیا ہے لیکن چاندنی آنکھوں میں ہے
بند پلکوں کے جھروکوں میں ہیں میرے روز و شب
کھول دے آنکھیں کہ میری زندگی آنکھوں میں ہے

اس کے باوجود نوید شاعری میں فکر کی آمیزش کو مقدم جانتا تھا۔ اس کا ایک طنزیہ شعر ہے۔

تمھاری فکر کا چہرہ بھی کھل گیا ہم پر
فقط کتاب کی وہ رسمِ رونمائی نہ تھی

کہا جاتا ہے کہ اپنی شاعرانہ دھونس جمانے کے لئے اکثر شعراء، اساتذہ کے کلام کو اپنی پسند ٹھہراتے ہیں لیکن نوید کا شمار ایسے شعراء میں ہرگز نہ تھا۔ اس نے اپنی ترجیح اور جھکاؤ کا اظہار کس انداز میں کیا ہے، دیکھئیے۔

میر و غالب کی تو عظمت دل میں ہے میرے نویدؔ
فیض و ناصر کاظمی کی شاعری آنکھوں میں ہے

اسی طرح ایک اور جگہ کہتا ہے۔

شکیب و ناصر و بانی کے جیسا
نویدؔ اب نام اپنا دیکھنا ہے

اس ترجیح اور جھکاؤ کے ساتھ ساتھ نوید کو اپنے فکر و فن پر اس قدر اعتماد تھا کہ ایک جگہ وہ کہتا ہے۔

میں گردِ ماہ و سال میں کھو جاؤں بھی تو کیا ؟
دیکھے گا اک زمانہ مِرے فکر و فن کا رنگ

نظموں کے ضمن میں کچھ تفصیل اوپر بیان ہو چکی۔ صرف ایک مختصر ترین نظم بعنوان "عشرتِ قطرہ" کا ذکر یہاں ضروری ہے۔ واضح رہے کہ یہ ترکیب غالب کے اس مشہور مصرعے سے لی گئی ہے۔

"عشرتِ قطرہ ہے دریا میں فنا ہو جانا"

اب دیکھئے نوید کے ذہن میں فنا و بقا کا جو تصور تھا وہ کیا تھا۔

اگر ہر طرف
تو ہی تو ہے
تو پھر
میں کہاں ہوں؟

جہاں موضوعات کے انتخاب میں تنوع ملتا ہے، وہیں لفظیات میں تازہ کاری کا رجحان بھی ہے۔ نوید کے بارے میں یہ بات بالکل بجا و درست ہے کہ اس کی شاعری میں جدید طرزِ اظہار اور کلاسیکی رچاؤ کا ایک حسین امتزاج موجود ہے۔ مشاعروں میں پسند کی جانے والی شاعری کا معیار عموماً اونچا نہیں ہوتا لیکن نوید مشاعروں کا ایک کامیاب اور مقبول شاعر تھا۔ اس کی وجہ شاید نوید کے لب ولہجہ کا وہ توازن و اعتدال ہے جو نہ معیار کو اتنا اونچا کرتا ہے کہ شاعری چیستاں بن کر رہ جائے اور نہ اتنا پست کہ گھٹیا اور عامیانہ ہو جائے۔ فلم اور ٹی۔ وی کے لئے بھی نوید نے گیت لکھے اور کامیاب

طریقے سے لکھے۔

آخر میں اپنی گفتگو کو اس بات پر ختم کرتا ہوں کہ ہم نوید کو اور اس کے کلام کو ایک زندہ و توانا کی صورت، یادوں میں بسائے رکھیں۔ بقول خود نوید۔

پتھروں کی بستیوں میں آئینے بو کر گیا
کیسا دیوانہ تھا، کس انداز میں رو کر گیا

(فبروری ۲۰۰۵ء)

☆☆☆

(۲۰)

اعتماد صدیقی: شخصیت و فن کے آئینے میں

اپنا کوئی چہیتا ہمیشہ کے لئے ہمیں چھوڑ کر چلا جاتا ہے تو لگتا ہے جیسے ہم جینے کی رسم نبھا رہے ہیں اور پھر یوں ہوتا ہے کہ ہم اس کی تمام یادوں کو سمیٹ کر دل کی بستی میں بسا لیتے ہیں اور اس کے بغیر جینے کی عادت ڈال لیتے ہیں۔ اعتماد صدیقی میرا ایسا ہی چہیتا دوست تھا، ابھی ایک ماہ قبل ۱۸/جولائی ۲۰۰۲ء کے دن ۵۸ سال کی عمر میں اس نے آخری سانس لی۔ اس کی میری دوستی کی عمریوں تو ۳۰، ۳۵ سال سے زیادہ پرانی تھی لیکن پچھلے بیس سال کے دوران کم از کم ۱۵ سال ہم دونوں نے سعودی عرب کے بین الاقوامی شہر جدہ میں گذارے (۱۹۸۱ء تا ۱۹۹۶ء) جہاں ہم نے ادبی، علمی و تہذیبی سردیوں کے موسم میں باشندگان شہر کو پٹرو ڈالر کی آگ تاپتے دیکھا۔

ہم جو کئی بدلتی قدروں کے عینی شاہد رہے، یہ کہنے کے موقف میں تھے کہ تنہائی و محرومی کے بعض مفاہیم بڑی حد تک ہمارے دل و دماغ پر یہیں منکشف ہوئے۔ ایسے تجربوں سے ہم پہلے نہ گذرے تھے۔ ایسے منظر ہمارے مشاہدے میں پہلے نہ آئے تھے۔

حیدرآباد کے جن احباب سے اعتماد کے ادبی و دوستانہ مراسم رہے ان میں میرے علاوہ جناب مصلح الدین سعدی، رشید انصاری، سید جمیل احمد، سلیم مقصود، عزیز حسین عزیز اور بیکس نواز شارق قابل ذکر ہیں۔

پچھلی ربع صدی سے تیل کے چشموں سے مالا مال ملک، سعودی عرب میں اپنی قسمت آزمانے والے بیشتر نوجوان اپنے مسائل کی جھولی اپنے شانوں پر لادے، دولت کمانے کا خواب

آنکھوں میں لئے برسوں سرگرداں رہے۔ بہت سوں نے اپنے خوابوں کی تعبیر پالی اور بہت سوں نے اپنے خوابوں کو چکنا چور بھی ہوتے دیکھا۔

اعتماد صدیقی نے اپنی عمر کے (۲۲) سال اس "ہرے بھرے صحرا" میں گذارے۔ اس کی شاعری ریگِ قدیم کے بالکل مختلف ماحول میں نئی رفاقتوں، تشنگیوں اور نئے محسوسات کا منظر نامہ ہے۔ جس میں اس تصادم کی داستاں رقم ہے جو پہلے سے آباد اور نَو آباد نفوس کے درمیان پیدا ہوا۔ جدیدیت کے حوالے سے اکثر عصری حسیت اور کربِ آگہی کی بات کی جاتی ہے لیکن میں سمجھتا ہوں کہ اپنے وطن برصغیر ہندو پاک کے بجائے دیارِ غیر میں آگہی اور حسیت کی کیفیتیں زیادہ کھلی ہیں۔ شاعری پر بات کرتے ہوئے نئے رجحانات اور جدید طرزِ اظہار کا ذکر بہت کیا جاتا ہے لیکن وطن کے اندر ہوں کہ وطن کے باہر، صرف ایسے ہی شعرا نے ان خصوصیات کو اپنے شعر میں سمویا ہے جنھوں نے روایات پر اکتفا نہیں کیا بلکہ اپنے اطراف و اکناف میں پھیلی ہوئی زندگی سے رشتہ جوڑے رکھا اور جو درد کی آنچ میں الفاظ کو پگھلانے کے فن پر یقین رکھتے ہیں۔ ایسے ہی شاعروں میں اعتماد صدیقی کا نام لیا جا سکتا ہے۔

اعتماد کی شاعری کا گراف جدہ پہنچنے کے بعد اوپر ہی اوپر چڑھتا رہا۔ اس نے ہمیشہ معیار کو مقدار پر ترجیح دی اور اس بات کی بھی ممکنہ کوشش کی کہ جدید لہجے اور مخصوص لفظیات کو اپنائے جو بعد میں اس کا مزاج ہی بن گیا۔ اس نے کلیتاً روایت سے بھی انحراف نہیں کیا کیونکہ اس کا یقین تھا کہ روایت سے مکمل طور پر علحدہ ہو کر اچھا، سچا اور تخلیقی ادب وجود میں نہیں آ سکتا۔

جب تک وہ حیدرآباد میں رہا ان محرکات و عوامل کا راست مشاہدہ نہ کر پایا جو غریب الوطنی نے تارکِ الوطنوں کو عطا کئے۔ خود، اعتماد کے الفاظ میں غریب الوطنی ایک بہت بڑا المیہ ہے جس سے ایک حساس فنکار متاثر ہوئے بغیر نہیں رہ سکتا۔ تنہائی، اپنے پیاروں کی یاد اور دولت سے متاثرہ کلچر کے مشاہدات و تجربات نے اسے اپنے شعری رویوں کا از سر نو جائزہ لینے پر مجبور کر دیا۔ وہ تمام موضوعات جو پہلے اس کی شاعری کا حصّہ نہ بن سکے تھے وہ اب اس کے شعری اظہار میں در آئے۔

ملاحظہ ہوں۔

رہ گیا میں اجنبی صحرا میں سائے ڈھونڈتا
میرے آنگن کے شجر کتنے تناور ہو گئے

ہجرت کی تمنا میں کیا شام و سحر رہنا
اک گاؤں بسا لینا اور چین سے گھر رہنا

چلے تھے اعتمادؔ آسائشوں کی آرزو لے کر
نہ جانے کون سا صحرا مقدر بن گیا اپنا

جلا وطنی کا ادب (exile literature) درحقیقت نقلِ مکانی سے پیدا ہونے والے کرب، وطن کی یاد اور ہجرت کی نئی معنویت کے استعاراتی اسلوب سے بھرا پڑا ہے۔ پچھلی نصف صدی میں ہندوستان دو بڑی ہجرتوں سے دوچار ہوا ہے۔ ایک تو سن ۴۷ء کی برصغیر کی تقسیم، دوسرے بیسویں صدی کی سن ۷۰ء کی دہائی میں لاکھوں افراد کی خلیجی ممالک کی طرف روزگار کی تلاش میں ہجرت۔ سن ۴۷ء کے خروج کو سیاسی ہجرت اور سن ۷۰ء کو معاشی ہجرت کا نام دیا جاسکتا ہے۔ یہاں لفظ "ہجرت" کو اس کے تاریخی، معاشرتی اور عمرانی مفہوم میں لیا گیا ہے نہ کہ مذہبی مفہوم میں کیونکہ مذہبی مفہوم میں ہجرت تو ۱۴۳۱ سو سال قبل پیغمبر اسلامؐ کی مدینہ کی ہجرت کے بعد ختم ہو جاتی ہے۔ بہرکیف مفہوم اوّل کے پسِ منظر میں اعتماد کی شاعری تفصیل کے مقابل جامعیت، بیانیہ کے مقابل ایمائیت اور روایت کے مقابل جدت طرازی کی حامل نظر آتی ہے۔

اعتماد نے اپنی پچیس سالہ شاعری کا نچوڑ صرف ایک شعری مجموعے "ریت کا دریا" کی شکل میں دیا۔ ڈیمائی سائز کے (۱۲۸) صفحات پر مشتمل اس شعری مجموعے کا بہ نظر غائر مطالعہ کیا جائے تو ہم پر یہ بات منکشف ہوتی ہے کہ شاعر نے اظہار کے نئے پیمانے دریافت کئے ہیں۔ اس کے شعر ایک تازہ کاری وہ پرکاری کا احساس دلاتے ہیں۔ جدید شعریات کی جب بھی کوئی تاریخ لکھی جائے تو لکھنے والا اعتماد صدیقی کے شعری مجموعے "ریت کا دریا" کو کبھی فراموش نہ کرسکے گا۔ اعتماد

کی طبعی کم گوئی اور کم آمیزی اس کے اشعار میں بھی جھلکتی ہے۔ کسی "کرم فرما" نے شاید تفنن طبع کی خاطر کہیں یہ لکھا تھا کہ اعتماد اپنے ایک ایک مصرعے کو گھستے چمکاتے رہتے ہیں۔ ہو سکتا ہے ایسا کہہ کر وہ شاعر کا خاکہ اڑانا چاہتا ہو لیکن میرا ذوق کہتا ہے کہ اگر کوئی شاعر اپنے ایک ایک مصرعے کو گھستا یا چمکاتا ہے تو یہ عمل اس کے حد درجہ حساس ہونے کی دلیل ہے اور یہ ثابت کرتا ہے کہ شاعر کو خوب سے خوب تر کی تلاش ہے، بقول حالی۔

ہے جستجو کہ خوب سے ہے خوب تر کہاں ؟
اب دیکھئے ٹھہرتی ہے جا کر نظر کہاں !!

ہجرت اور عصری حسیت کے تناظر میں ہمیں یہ نہ بھولنا چاہئے کہ کسبِ معاش کی خاطر نقلِ مکانی کرنا اور مالی آسودگی حاصل کرنا، ایک عمومی بات ہے لیکن اس کے نتیجے میں جو نئے تجربات و مشاہدات حاصل ہوتے ہیں اور کسی بین الاقوامی شہر میں مخلوط تہذیبوں کا ٹکراؤ جن نئی محرومیوں اور قدروں کا باعث بنتا ہے، اس کشمکش اور ردِّ عمل کا ادراک واحساس ایک علٰحدہ بات ہے۔ اعتماد کا یہ شعر دیکھئے۔

شاید وہاں بھی ریت کا دریا تھا اعتمادؔ
تو عمر بھر کی پیاس لئے جس نگر گیا

اعتماد اپنے تخلیقی و شعری سفر میں ان تغیرات و رجحانات سے گزرتا رہا ہے اور اس طرح "ریت کا دریا" اس کے لئے ایک معنٰی خیز استعارہ بن گیا ہے۔

اعتماد کی شاعری ایک طرف مشرقِ وسطٰی میں دولت کے عذاب اور پٹرو ڈالر کے جبر و قدر کی داستان ہے تو دوسری طرف اس "نو دولت ماحول" اور مہاجرت کی کیفیات کا شعری اظہار بھی۔ آخر میں، اعتماد کے ان دو شعروں پر اپنی گفتگو کو ختم کرتا ہوں۔

مجھ کو اس شور کے جنگل میں کہاں لے آئے
میرے حصّے میں فقط عمر ہے تنہائی کی
کوئی تحریک نہ ملتی تو غزل کیا کہتا ؟
مجھ کو عادت ہی نہیں قافیہ پیمائی کی

(ستمبر ۲۰۰۲ء)
☆☆☆

(۲۱)

ہمارے بزرگ دوست: صفدر حسین

وہ جب تک تھا، بہت ناقدریاں تھیں
گیا تو اک زمانہ ڈھونڈتا ہے!

یقین نہیں آتا کہ ہمارے بزرگ دوست جناب صفدر حسین ۲۹؍جون ۲۰۰۳ء کو اس طرح چپ چپاتے ابدی سفر پر نکل جائیں گے۔ پچھلے سال اکٹوبر ۲۰۰۲ء میں وہ اپنی پچھترویں سالگرہ اس جذبے کے تحت منانے والے تھے کہ دکھ بھری اس دنیا میں جو بربادیوں کے دہانے پر کھڑی بارود کی بو سے آلودہ ہے، وہ پون صدی جی گئے، بڑی بات ہے۔ پھر ایسا ہوا کہ سالگرہ کی تاریخ سے کوئی ڈیڑھ ماہ قبل اپنے مکان میں پھسل کر گر پڑے۔ ان کے ٹخنے کا آپریشن ہوا۔ نتیجتاً وھیل چیر پر آگئے اور آخر وقت تک وھیل چیر پر رہے۔ "ٹخنے کی واپسی" کے عنوان سے فکاہیہ لکھا جو روزنامہ "منصف" حیدرآباد دکن کے "زیروزبر" کالم میں شائع ہوا۔

انھوں نے اپنے شب و روز ریاض و حیدرآباد کے قیام میں تقسیم کر لئے تھے۔ تین ماہ سعودی عرب میں تو تین ماہ حیدرآباد میں اور اس طرح ان کی حیات کا سفر بے مروتی کی کڑی دھوپ میں خلوص کے سائے تلاش کرنے میں سرگرداں رہا۔ لگتا تھا ریگزاروں میں شاخِ صنوبر ڈھونڈ رہے ہیں۔ ان کے احباب کا ریاض اور حیدرآباد میں ایک مخصوص حلقہ تھا جن سے ہم سب واقف ہیں۔ انھوں نے اپنے گھر کو "خانقاہِ صفدریہ" اور دوستوں کی بیٹھک کو "فری اسٹائل بیٹھک" کا نام دے رکھا تھا۔ جہاں گفتگو کے لئے موضوعات کی کوئی قید نہ تھی بجز یاوہ گوئی کے۔

صفدر حسین صاحب ہمارے "بزرگ دوستوں" میں سے تھے۔ دوستی کے تذکرے میں

پہلی ملاقات کی بڑی اہمیت ہوتی ہے۔ ہمیں یاد نہیں کہ ان سے ہماری پہلی ملاقات کب اور کہاں ہوئی؟ البتہ اتنا یاد ہے کہ ان سے غائبانہ تعارف، بالمشافہ ملاقات سے بہت پہلے ہوا تھا۔ تعارف کروانے والے تھے، صفدر حسین کے عزیز اور ہمارے مرحوم دوست محمود انصاری۔ صفدر صاحب سے یہ دوستی کم و بیش چار دہائیوں پر محیط رہی۔ لیکن ملاقاتوں میں برسوں کے وقفے حائل ہوتے رہے۔ اس کے باوجود، ان کی ہماری انسیت اور لگاؤ میں کوئی فرق نہیں آیا۔

اسّی اور نوّے کی دہائی کے پندرہ برسوں میں جب ہم جدہ میں اور وہ ریاض میں مقیم تھے ان سے مستقلاً سلسلہ جنبانی برقرار رہا۔ دوستیوں میں کچھ "مشترک نسب نما" ہوتے ہیں۔ ان کے اور ہمارے درمیان جو "مشترک نسب نما" تھا، وہ ہے ایک ادبی خلوص اور انسانی رشتوں کی پاسداری۔ ایک ہنسوڑ، خوش مزاج، خوش اطوار اور باغ و بہار شخصیت کے مالک تھے۔ طنز کی کاٹ ان کی گھٹی میں پڑی تھی۔

وہ اس مقولہ پر کامل یقین رکھتے تھے: A little knowledge is a dangerous thing چنانچہ آخری عمر تک بھی پڑھنے پڑھانے کا سلسلہ جاری رہا۔ انھیں اردو، فارسی اور انگریزی پر عبور تھا۔ عربی بھی اچھی خاصی جانتے تھے۔ وہ اپنے قلم سے ہمہ اقسام کے موضوعات کو اپنی نشتر زنی سے ضربِ کاری لگاتے تھے۔ 'خوش طبعی" اور "ظرافت" ان کے مزاج کا خاصہ تھی۔ اطراف و اکناف میں پھیلی ہوئی محرومیوں اور نا آسودگیوں کا مشاہدہ کرنے کے باوجود ان میں کبھی "قنوطیت" کے جراثیم پرورش نہیں پائے۔

صفدر صاحب ادب اور صحافت دونوں میدانوں میں اپنی چومکھی لڑائی سے نہ صرف قارئین کو چونکایا بلکہ ایک لمحۂ فکر پیدا کر دیا۔ ان کا کمال یہ تھا کہ اردو صحافت کی اس "کساد بازاری" میں بھی وہ (۴۵) کتابوں کے منصف یا مولف تھے۔

کتابوں کے موضوعات میں حد درجہ تنوّع تھا۔ صفدر صاحب نے زیادہ تر کتابیں بچوں کے لئے لکھی تھیں۔ وہ بچوں کی خصوصی تعلیم و تربیت کے حامی تھے۔ انھوں نے اپنا ایک شعری مجموعہ "تابوت" بھی شائع کیا تھا جو تمام تر پیروڈیوں یا طنزیہ کلام پر مشتمل تھا اور بعد میں بھی منہ کا ذائقہ

بدلنے منظوم پیروڈیاں کہا کرتے تھے، نمونتاً یہ پیروڈی دیکھئے، پاکستان کے ایک شاعر قمر حیدر قمر کا ایک مصرعہ تھا۔

"کبھی ہوا ، کبھی دیا ، چراغ سا وہ آدمی"

انھوں نے اس کی پیروڈی کی تھی۔

خود اجنبی تھا اپنے گھر ، چراغ پا وہ آدمی
مرے لئے تھا دردِ سر ، نڈھال سا وہ آدمی

شناخت اس کی کیسے ہو ؟ جھنجھوڑ کر ، ٹٹول کر
ہے پل میں مادہ ، پل میں نر ، بھرا پرا وہ آدمی

وہ سگرٹوں کا تھا رقیب ، بیڑیوں کا تھا حبیب
جلا جلا بجھا بجھا ، سگار سا وہ آدمی

وہ شہد سے لذیذ تھا ، حیات سے عزیز تھا
وہ شیریں لب وہ سرخ رو ، انار سا وہ آدمی

پلنگ سے چمٹ گیا ، تو کھٹملوں سے پٹ گیا
وہ مبتلائے پیچ و خم ، نواڑ سا وہ آدمی

شرابِ غم نچوڑ کر ، تکلفات چھوڑ کر
نشہ بدن میں بھر گیا ، خمار سا وہ آدمی

وہ ہاتھیوں کا تھا کفیل ، ڈولتا چنگھاڑتا !
وہ توپ کا بھی باپ تھا ، پہاڑ سا وہ آدمی

وہ پنڈلیوں پہ ٹک گیا ، تو گھٹنوں سے لپٹ گیا
کبھی جلا ، کبھی بجھا ، چراغ سا وہ آدمی

وہ صفدروں کا ہم وطن ، وہ بندروں کا ہم نشیں
جو بھپکیوں میں آگیا ، ڈرا ڈرا وہ آدمی

دراز قد، گوراچٹّا رنگ، چھریرا بدن، کھڑا چہرہ، آنکھوں میں جھانک کر دیکھئے تو ان میں دنیا کی ناہمواری پر ہنسنے کے ساتھ ساتھ خود اپنے آپ پر ہنسنے کا حوصلہ دکھائی دیتا۔ ایک زمانہ تھا جب وہ بھیس بدلنے اور حلیہ بدلنے پر ید طولیٰ رکھتے تھے۔ بعد میں انھوں نے اس مشغلہ کو ترک کر دیا تھا۔ اختر حسین مرحوم نے ان کے بارے میں بالکل صحیح کہا تھا کہ

"ہمیں صفدر صاحب کے اندر ایک شریر اور چلبلے لڑکے کی صفات نظر آتی ہیں۔"

ان کے حلقۂ احباب میں ہر نوع کی شخصیتیں شامل تھیں اور سبھوں سے ان کے مراسم یکساں شدتِ احساس کے تحت جاری وساری تھے۔

صفدر صاحب زندگی کے ہر شعبہ میں واضح نقطۂ نظر رکھتے تھے۔ ان کی نجی بیٹھکوں سے استفادہ کرنے والے جانتے ہیں کہ وہ اعتدال کے قائل تھے۔ اندھی عقیدت کے مقابل عقل پسندی کو ترجیح دیتے تھے۔ بچوں کی کردار سازی کی اہمیت کا ان پر اتنا گہرا اثر تھا کہ وہ عملاً بچوں کا اسکول چلاتے تھے اور کوشاں تھے کہ نئی نسل میں وہ "ادّعائیت" نہ آنے پائے جو پچھلی نسل کی کمزوری کا باعث بنی۔

جس عمر میں آدمی گوشہ نشین ہو جاتا ہے، اس عمر کو پہنچنے کے باوجود صفدر صاحب اسی طرح چاق وچوبند رہتے تھے جس طرح نوجوانی کی عمر میں آدمی عموماً ہوتا ہے۔ تنہائی کی کئی اقسام میں سے ایک قسم ہے "ہجوم کی تنہائی"۔ صفدر صاحب اسی تنہائی کا شکار تھے۔ درگذر کرنے کی صفت کے باوصف وہ زندگی کی کج روی پر خاموش نہیں بیٹھتے بلکہ "احتجاج باللسان" کی منزل تک پہنچ جاتے تھے۔ "عورت اور جنس" ان کا موضوع ضرور تھا لیکن وہ "جنس زدہ ذہنیت" کا شکار نہیں رہے۔ اصولی طور پر وہ اس قول کے قائل تھے کہ آدمی آزاد پیدا ہوا ہے لیکن ہر جگہ زنجیروں میں جکڑا ہوا ہے، وہ غموں پر کڑھنے کے بجائے ہنسی میں اڑانے پر یقین رکھتے تھے۔ سچ پوچھئے تو غموں کو خواہ مخواہ

اوڑھے رہنا بھی نہیں چاہتے تھے۔ یہ وصف ایسا ہے جو انسان کو حوصلہ مندی کا ہنر بخشتا ہے۔ اس کے باوجود دردمندی ان کے مزاج میں موجود تھی۔

انسان کے اپنے سوچنے کا ڈھنگ اسے بصیرت بھی عطا کرتا ہے اور تنگ نظری بھی۔ صفدر صاحب تنگ نظری سے بہت دور تھے۔ "مراسلہ نگاری" ان کا محبوب مشغلہ تھا۔ کسی بھی غیر متوازن بات پر ان کا قلم چپ نہیں رہتا۔ وہ اپنے زاویۂ نظر سے (جو یقیناً چند دوامی اقدار کا پروردہ تھا) زیر بحث مسئلہ پر قلم اٹھاتے اور پتہ کی بات کہہ جاتے۔ صفدر صاحب اس معنی میں ماڈرن مولانا تھے کہ وہ کٹھ ملائیت کے مخالف اور اجتہاد کے قائل تھے اور مذہبی رویوں میں انتہا پسند نہ تھے۔

ادھر کچھ عرصے سے صفدر صاحب نے طنز و مزاح کو ترجیحی حیثیت دے رکھی تھی۔ ان کے نظر انتخاب کی داد دینی پڑتی ہے کہ انھیں طنز و مزاح نے بھی اپنی طرف مائل کیا تھا اور دوسری اصناف نے بھی لیکن قرعۂ فال طنز و مزاح کے نام نکلا۔ سنجیدہ ادب پر بہت سوں نے توجہ دی ہے لیکن طنز و مزاح پر لوگ اس لئے قلم نہیں اٹھاتے کہ اسے بہت سے نقادانِ ادب دوسرے درجہ کا ادب مانتے ہیں۔ بات درجہ بندی کی نہیں معیار کی ہے۔ تجزیہ کیا جائے تو طنز و مزاح ایک ایسا نشتر ہے جو انسان کی محرومیوں اور ناہمواریوں کے زخموں پر ضربِ کاری لگا کر جینے کا ڈھنگ سکھاتا ہے۔ صفدر صاحب کی ظریفانہ تحریروں نے غیض و غضب کے اس ماحول میں تبسم زیرِ لب کا کام کیا۔ مجھے قوی امید ہے کہ ہم ان کی تحریروں کے حوالے سے ان کو ایک تودۂ خاک کے بجائے زندہ و توانا ہستی کی شکل میں ہمیشہ یاد رکھیں گے۔ ورنہ بقول ناصر کاظمی۔

چلے دل سے امیدوں کے مسافر
یہ بستی آج خالی ہو رہی ہے

(اکتوبر ۲۰۰۳ء)

☆☆☆

(۲۲)

ہمارے سعدی بھائی اور سعودی عرب کی یادیں

ہمارے سعدی بھائی (المعروف بہ سید مصلح الدین سعدی) کو ہم سے بچھڑے ہوئے دو برس ہونے کو آئے۔ ۹/ اور ۱۰/ جنوری ۲۰۰۳ء کی درمیانی شب، دل کا دورہ پڑنے سے وہ اس دارِ فانی سے کوچ کر گئے۔ کچھ شخصیتیں ایسی ہوتی ہیں جن کے نقوش قرطاسِ دل پر رقم ہو جاتے ہیں اور مٹائے نہیں مٹتے۔ سعدی بھائی بھی ایسی ہی ایک شخصیت تھے۔ قلندر مزاج، جنوں صفت، یار باش، پیکر مہر و الفت، وہ انا پرست نہیں تھے لیکن مزاج میں خودداری بہت تھی۔ چاہتوں کے مارے تھے لیکن روٹھنا و منانا بھی جانتے تھے۔ ان کی اپنی دلچسپیوں کے سینکڑوں موضوعات ان کی راہ میں آنکھیں بچھائے کھڑے رہتے اور وہ والہانہ انداز میں ان کو گلے لگاتے اور مرکز گفتگو بناتے۔

علامہ اقبال، ان کی کمزوری بھی تھی اور طاقت بھی۔ سعدی بھائی کی زندگی کا سفر گوناگوں پیچ و خم کی اٹکھیلیوں سے عبارت تھا اور علامہ اقبال کا کلام اور ان کی فکر و فن زادِ راہ کی حیثیت رکھتا تھا اور اسی کو لے کر سعودی عرب کی سرزمیں جدہ ۱۹۸۴ء کے اوائل میں جا پہنچے۔ مقصد تھا روزگار کا غم غلط کرنا۔ غم غلط تو کیا کرتے ان کی افتادِ طبع اس کے لئے موزوں ہی نہیں تھی۔ البتہ جب تک رہے ریگ قدیم کے اس ادب آشنا شہر کو اپنی بوقلمونیٔ فکر و فن سے "ادب شناس" بنا گئے۔ وہ اپنی گفتگو میں، جو اقبال سے شروع ہو کر اقبال پر منتج ہوتی، کہا کرتے کہ اقبال کو سمجھنے کے لئے خدا شناس، زمانہ شناس اور خود شناس ہونا ازحد ضروری ہے۔

جدہ کی ادبی ٹولیاں ان دنوں محافل شعر تک محدود تھیں چاہے وہ ہندوستانیوں کا حلقہ ہو چاہے پاکستانیوں کا، یہ سعدی بھائی ہی تھے کہ جنھوں نے مشاعرہ بازی سے ادبی نشستوں کو نکالا اور

نثری اجلاسوں اور خصوصاً تنقیدی استدراک کی اہمیت کو تسلیم کرواتے ہوئے شعر و سخن کی سرگرمیوں کو لا محدود کر دیا۔ پاکستانیوں میں بھی ان کی پہنچ بہت آگے تھی۔

مجھے اچھی طرح یاد ہے کہ سعدی بھائی نے میرے پہلے شعری مجموعہ "نئی رتوں کا سفر" پر محمد طارق غازی سے (جو ان دنوں انگریزی روزنامہ "عرب نیوز" کے مینجنگ ایڈیٹر تھے) ایک مبسوط اور عمدہ مضمون لکھوایا اور ایک تنقیدی نشست کا اہتمام کر ڈالا۔ یہ جولائی ۱۹۸۴ء کی بات ہے، احباب نے تین گھنٹے کی اس نشست کو نہایت انہماک اور دلچسپی سے سنا بلکہ سننے والے بہت سے سینئیر ادبأو شعرأ نے اسے جدہ کی ادبی تاریخ کی پہلی اور کامیاب تنقیدی نشست کا نام دیا۔ اس کا تمام تر کریڈٹ سعدی بھائی کو جاتا ہے۔

پتہ نہیں سعدی بھائی علم کے پیچھے بھاگتے تھے یا علم ان کے پیچھے بھاگتا تھا۔ ہر موضوع یا ہر فن کی کتاب جو ان کے ہاتھ لگتی اردو کی ہو یا انگریزی کی، بالاستیعاب اس کا مطالعہ کئے بغیر نہ چھوڑتے۔ یہ کہا جائے تو غلط نہ ہو گا کہ لکھنا پڑھنا ان کا اوڑھنا بچھونا تھا۔ لیکن یہ اہل ادب کی بدقسمتی ہے کہ سعدی بھائی اپنی تقریروں اور تحریروں کو کتابی شکل میں محفوظ نہ کر پائے۔ یہ ان کی طبعی بے نیازی تھی یا زیادہ بے تکلفانہ انداز میں کہا جائے تو "لا ابالی پن" تھا کہ انھوں نے کبھی اپنی تقاریر و تحریروں کو کتابوں میں ڈھالنے کی طرف سنجیدگی سے توجہ نہ کی۔ یہی حال ہمارے ایک اور اہل قلم پروفیسر عالم خوندمیری کا تھا۔

ان کے علمی و ادبی تبحر کے اعتراف میں انھیں بین الاقوامی ماہ نامہ "قافلہ" مدیر اعزازی برائے سعودی عرب مقرر کیا گیا تھا۔ سعودی عرب کے ادبأو شعرأ سے انھوں نے تخلیقات و مقالے اکٹھے کئے اور "قافلہ" میں شائع کروائے۔ یہ رسالہ نہایت اہتمام کے ساتھ بنکاک سے شائع ہوا کرتا تھا۔ تنوع اور مواد کے اعتبار سے اپنے ہم عصر ایک اور بین الاقوامی پرچہ "رابطہ" سے کسی طرح کم نہ تھا۔ افسوس کہ بوجوہ چند "قافلہ" کی حیات زیادہ عرصہ تک برقرار نہ رہی۔

سعدی بھائی کا حافظہ غضب کا تھا۔ علم و ادب کے مسائل ہوں، دینی مسائل ہوں یا تہذیبی و ثقافتی مسائل ان کا اپنا نقطۂ نظر ہوتا اور ان کی رائے "صائب الرائے" کی رائے ہوتی۔

اختلافی امور میں الجھنا ان کی عادت نہ تھی۔ قائل کرانے کا ان کا اپنا انداز ہوتا۔ مخالف یا سامنے والے کو بغور سنتے، اس کو بولنے یا اپنی بات کہنے کا موقع دیتے اور پھر اپنی بات مدلل طور پر بیان کرتے۔ جدہ میں تو خیر اس قسم کی ہر محفل کی صدارت وہ کرتے بلکہ صدارت کرنے پر مجبور کئے جاتے، جدہ سے باہر سعودی عرب کے دوسرے مقامات مثلاً ریاض، مدینہ منورہ، تبوک، دمام اور ینبع میں بھی بلائے جاتے۔ جدہ میں اہل حیدرآباد نے بیشتر انجمنیں قائم کر رکھی تھیں۔ جن میں سب سے قدیم انجمن "حلقہ ارباب ذوق" زیادہ کارکرد رہی۔ جو غالباً ۱۹۷۹ء میں قائم ہوئی تھی۔ اس کے چلانے والوں میں اعتماد صدیقی، بیکس نواز شارق و عبدالمقتدر وقار کے نام اہم ہیں۔ راقم الحروف ۱۹۸۱ء میں اس سے وابستہ ہوا۔ دیگر انجمنوں میں خاک طیبہ ٹرسٹ، بزم اتحاد، بزم اردو، ادارۂ ہم قلم اور حلم وغیرہ کے نام لئے جاسکتے ہیں۔ سعدی بھائی ان تمام انجمنوں کے لئے لازم وملزوم تھے۔ اقبال اکیڈمی بھی قائم کی گئی تھی جس کے کرتا دھرتا سعدی بھائی تھے اور لندن کے بیرسٹر رشید شیخ ان کے دست راست۔ اس کا مقصد ہر سال ماہرین اقبالیات کو ایوارڈ عطا کرنا تھا۔ اس سلسلہ میں پہلے سال یہ انعام محترم خلیل اللہ حسینی کو اور دوسرے سال ایک پاکستانی خلیل بن عرب شکیب کو دیا گیا۔

سعدی صاحب نے کوئی (٦٧) سال کی عمر پائی (پیدائش: ۱۹۳۶ء، وفات: ۲۰۰۳ء) وہ مجھ سے عمر میں کوئی ۵، ٦ سال بڑے تھے اور اسی لحاظ سے بڑے بھائی کی سی شفقت سے پیش آتے تھے۔ جدہ میں مقیم حیدرآباد کے جن ادیبوں اور شاعروں سے ان کے قریبی تعلقات تھے ان کی فہرست خاصی طویل ہے لیکن اہم ناموں میں رشید انصاری، اعتماد صدیقی، سید جمیل احمد، سلیم مقصود، رشید الدین رشید، عزیز حسین عزیز، بے کس نواز شارق، مہتاب قدر، علیم خان فلکی اور راقم الحروف وغیرہ نمایاں تھے۔

جدہ میں سعدی بھائی کی ادبی مصروفیت کا احاطہ سید جمیل احمد نے اپنے طویل تر مضمون بعنوان "مصلح الدین سعدی مرحوم: جدہ کی رفاقتوں کی یادیں" (مطبوعہ: روزنامہ منصف، حیدرآباد۔ مورخہ ۸/جون ۲۰۰۳ء بروز اتوار) میں تفصیلی طور پر کیا ہے۔ جو اس موضوع پر قطعی ہے۔ میں یہاں ان تمام باتوں کو نہیں دہراؤں گا البتہ ان باتوں کا ضرور ذکر کروں گا جو اس مضمون

میں نہ آسکیں۔ اگر اک آدھ بات دہرائی بھی گئی ہو تو اس بات کی اہمیت کے پیش نظر ایسا کیا گیا ہے۔

عبد اللہ ناظر صاحب یمنی جو اصلاً یمنی ہیں مگر حیدر آبادی ماحول کے پروردہ ہیں، ۱۹۸۸ء میں حیدر آبد کو خیر باد کہا اور ان دنوں جدہ میں مقیم ہیں۔ اردو کے اچھے شاعر ہیں۔ ایک شعری مجموعہ ان کا چھپ چکا ہے۔ خیرات ندیم اور ابن احمد تاب کے رفقائیں سے رہے ہیں۔ ان کا جدہ کا گھر بھی سعدی صاحب کی ادبی سرگرمیوں کی آماجگاہ بنا رہا۔ ہوتا یہ تھا کہ کسی جمعرات کو سعدی بھائی ہم شعرا کو ان کے گھر جمع کرتے اور کسی بھی ادبی موضوع پر گفتگو کرتے۔ ہر ایک سے ان کی اپنی رائے طلب کرتے۔ پھر ہونے یہ لگا کہ ہم میں کوئی نہ کوئی کتاب تقسیم کرکے یہ کہتے کہ آپ کو ایک ہفتہ کے اندر اس کا فلاں باب پڑھنا اور اس پر اپنے خیالات کا اظہار کرنا ہے۔ شاعر کا مجموعہ ہوتا تو ایک غزل کے مطالعہ کی بات ہوتی۔ مثال کے طور پر کسی کو شمس الرحمٰن فاروقی کی کتاب "درسِ بلاغت" دی جاتی، کسی کو مولانا حالی کی "مقدمۂ شعر و شاعری" اور کسی کو علامہ اقبال کی "بانگ درا" دے کر کہتے کہ اس میں سے صرف "شکوہ، جوابِ شکوہ" پر بات کرنا ہے۔ ان محفلوں کی جو افادیت ہوتی، وہ سب پر عیاں ہے۔ مجھے اعتراف ہے کہ ان محفلوں سے میں نے بہت کچھ سیکھا، بہت کچھ پایا اور بہت کچھ جانا۔

مخصوص شعری نشستوں کے بارے میں سعدی بھائی کا یہ خیال بالکل درست تھا کہ ایسی نشستیں بڑے بڑے مشاعروں پر بھاری ہوتی ہیں اور جی کو لگتی ہیں اور ان میں ذہن و دل یکسوئی کے ساتھ شریک رہتے ہیں، بکھرے بکھرے نہیں ہوتے۔ اسی قسم کی ایک محفل کی اس وقت یاد آرہی ہے۔ نشست جدہ میں میری قیام گاہ پر تھی۔ سعدی بھائی نے مضمون پڑھا تھا جس کا عنوان تھا "کیا شعر کے لئے وزن ضروری ہے!" انھوں نے اس فقرے کو مولانا حالی کے "مقدمۂ شعر و شاعری " سے اٹھایا تھا لیکن بادی النظر میں وہ نثری شاعری کے قائل نہ تھے۔ اس پر بڑی بحث بھی ہوئی لیکن اتنی پر لطف کہ کیا کہیں۔ سعدی بھائی بہت خوش ہوتے کہتے کہ نظریاتی اختلاف ہونا چاہیئے کیونکہ کوئی بھی نظریہ آخری نہیں ہوتا۔ لیکن خیال یہ رکھنا چاہیئے کہ دل میں رنجش نہ آنے پائے۔

جدہ میں ہر چہار شنبہ بعد نماز عشا ضیاالدین نیر کے ہاں اور ہر جمعہ کی نماز کے بعد محمد مجاہد

سید کے ہاں مطالعۂ قران کی محفلیں پابندی سے ہوتیں۔ سعدی بھائی کی شرکت سے ان محفلوں میں جان پڑ جاتی۔ ترجمانی و تفسیر تو علی الترتیب ضیأالدین نیر اور محمد مجاہد سید بیان کرتے مگر محاکمہ کا فریضہ سعدی بھائی انجام دیتے جو اتنا جچا تلا ہوتا کہ باید و شاید۔

آخر میں کچھ باتیں ان کی شاعری کے بارے میں۔ جتنے اچھے وہ مقرر تھے، انشأپرداز تھے، ماہر اقبالیات تھے، اتنے ہی اچھے شاعر بھی تھے۔ وہ بڑے مشاعروں میں تو نہیں مخصوص گھریلو شعری نشستوں بڑی دلجوئی سے اپنا کلام پیش کرتے۔ مقدار میں ان کی شعری تخلیقات اتنی ہیں کہ بہ آسانی ایک اچھا خاصا شعری مجموعہ شائع ہو سکتا ہے۔ حافظہ سے کچھ شعر پیش خدمت ہیں۔

دنیائے دوں سے ربط حریفانہ کب نہ تھا
یعنی میرا مزاج شریفانہ کب نہ تھا

یہ اور بات ہے نہیں چکھی کبھی شراب
لیکن عزیز مسلک رندانہ کب نہ تھا

دل والوں کی بستی میں تو دلدار بہت تھے
اس شہر کے ماحول میں دو چار بہت تھے

کیا ہم کو ڈرائے گی یہ صحراؤں کی وحشت ؟
یادوں میں مہکتے ہوئے گلزار بہت تھے

اقبال اکیڈمی، حیدرآباد نے حال ہی میں اقبال پر سعدی بھائی کے مضامین کتابیہ شکل میں شائع کئے۔ کیا ہی اچھا ہو کہ ان کی شعری تخلیقات پر مبنی ایک شعری مجموعہ بھی منظر عام پر آجائے اور ہم اس طرح سے سعدی بھائی کو صحیح انداز میں خراج عقیدت پیش کر سکیں۔

(جنوری ۲۰۰۵ء)

☆☆☆

(۲۳)

ستار صدیقی کی غزلیں: پسندیدہ بحریں اور شعری مزاج

ستار صدیقی، حیدرآباد کے شعری افق پر ایک معتبر نام ہے۔ بقول خود موصوف نے ۱۹۷۹ء میں اپنی عمر کے ۴۷ویں سال میں شعر گوئی کا آغاز کیا۔ گویا ۲۰۰۶ء میں ان کی شاعرانہ عمر ۲۷ سال قرار پاتی ہے۔ جب کہ ان کی طبعی عمر اس وقت ۷۴ سال ہے۔ بالکل یہی صورتحال ہمارے ایک اور شاعر حکیم یوسف حسین خاں کی بھی تھی جب کہ انھوں نے اپنی عمر کے پچاسویں سال میں شعر کہنا شروع کیا تھا۔ خیر یہ تو ایک جملۂ معترضہ تھا۔ شعر گوئی ہو کہ کوئی اور فن بڑی ریاضت، ذہنی و فکری تربیت اور شدتِ احساس چاہتا ہے اور ستار صدیقی نے بہت کم مدت میں یہ سارے ہفت خواں طے کئے ہیں۔

ان کا پہلا شعری مجموعہ "حرفِ خط کشیدہ" سن ۲۰۰۰ء میں اشاعت پذیر ہوا تھا۔ نام کی ندرت کے لحاظ سے انھوں نے "حرفِ خط کشیدہ" کی ترکیب کو اپنے ایک شعر میں بھی استعمال کیا ہے۔

شہر غالب کا آفریدہ ہوں
حرف بھی ہوں تو "خط کشیدہ" ہوں

شعر کی تشریح کرتے ہوئے وہ بتاتے ہیں کہ ان کے اجداد ۱۸۵۷ء میں ہجرت کر کے دلی سے دکن آگئے تھے۔ ستار صدیقی کے بارے میں اپنی رائے دیتے ہوئے ایک جگہ میں نے کہا تھا کہ ستار صدیقی، میرؔ کی خوشگوار روایت کے حامل جدید شاعر ہیں۔ موصوف کا زیر نظر دوسرا مجموعۂ کلام "حرف سایہ دار" جو ۲۰۰۶ء میں رونما ہوا ہے، اس میں بھی وہ اپنی غزلوں میں حکایت جاں کو حکایت غمِ کائنات بناتے ہیں اور سادہ بیانی اور کفایت لفظی کے ساتھ اپنی بات کہنے کی کوشش کرتے

ہیں۔یوں توان کے دوسرے شعری مجموعہ "حرف سایہ دار" میں حمد و نعت بھی ہے، کچھ نظمیں بھی ہیں اور کوئی ۱۵۰ کے قریب ہائیکو ہیں۔ غزلوں کی تعداد ۶۴ ہے۔ معتد بہ تعداد میں ہائیکو کہنے کے باوجود ستار صدیقی کی شناخت ان کی غزل سے قائم ہوتی ہے۔لہذا ہائیکو کے بارے میں اظہار خیال کو کسی اور مبصر کے لئے چھوڑتے ہوئے فی الحال ان کی غزلوں کی حد تک اپنی بات کو پیش کروں گا۔

شاعر نے اپنے پہلے شعری مجموعے میں (۸۲) غزلیں شریک کی تھیں۔ دوسرے مجموعے میں (۶۴) غزلیں شامل ہیں۔ غزلوں میں کمی کی وجہ دونوں مجموعوں کی مدت میں کمی بھی ہوسکتی ہے۔ ان غزلوں کا تفصیلی مطالعہ ہمیں یہ محسوس کراتا ہے کہ شاعر روایات یا کلاسیکی طرز کو پسند نہیں کرتا۔ بجز چند ایک شعروں میں لسانی استبداد سے بغاوت کا جذبہ رکھتا ہے۔ شاید مغنی تبسم نے کہیں لکھا ہے کہ ستار صدیقی کا نمایاں وصف معروضیت ہے اور یہ رائے بالکل درست ہے۔ اوپر کہیں میں نے روایتی زبان کا ذکر کیا ہے۔ بطور نمونہ ستار صدیقی کا یہ مطلع ملاحظہ ہو۔

کشتہ زیست ہوں ، پابند شکیبائی ہوں
ہوں تو موجود مگر خاک کی انگڑائی ہوں

اسی طرح ایک اور شعر میں مروجّہ محاورے سے انحراف ملتا ہے۔ شعر یوں ہے۔

بڑے جتن سے ، بڑی "جہد و جستجو" کر کے
"جلوس" بن گئے ہم راستہ ہے ہو کر کے

شاعر نے شاید بحر کی مجبوری کے باعث "جد و جہد" کے بجائے "جہد و جستجو" کا استعمال کیا ہے جو محلِ نظر ہے۔ ایک پوری غزل میں لفظ "نیں" کو "نہیں" کی جگہ ردیف بنائی گئی ہے۔ ہو سکتا ہے تجربے کے بطور ایسا کیا گیا ہو لیکن ٹکسالی اور سنجیدہ زبان کے مقابلے میں لفظ "نیں" بول چال کی زبان ہی قرار پاتی ہے۔

ستار صدیقی کا شعری مزاج اپنے اندر ایک مخصوص لفظیات رکھتا ہے۔ ان کی شعری فکر اپنے اظہار رائے کے لئے جس اسلوب کا انتخاب کرتی ہے، اس کے پیچھے جو عوامل یا محرکات کار فرما ہیں اس کا تجزیاتی مطالعہ خاصا دلچسپ ہے۔ اس مطالعہ کے لئے ان کی پسندیدہ بحروں کا ذکر بہت

ضروری ہے۔ کوئی اس سے اتفاق کرے یا نہ کرے، میں سمجھتا ہوں کہ شاعر جن بحور کا انتخاب کرتا ہے وہ اس کے شعری مزاج کی عکاسی کرتا ہے۔ یہی وجہ ہے کہ شاعر طرحی مصرعوں میں بھی اکثر انہی مصرعوں کو چنتا ہے جو اس کے دل کو لگتے ہیں۔

(۶۴) غزلوں کے مجملہ شاعر نے جن چار بحروں میں زیادہ سے زیادہ غزلیں کہی ہیں ان کی تفصیل اس طرح ہے۔

۱۔ بحر مجتث (ارکان): مفاعلن فعلاتن مفاعلن فعلن۔ اس میں شاعر نے (۱۵) غزلیں کہی ہیں۔
۲۔ بحر رمل (زحافی شکل) ارکان: فاعلاتن فعلاتن فعلاتن فعلن۔ اس میں (۱۱) غزلیں کہی گئی ہیں۔
۳۔ بحر خفیف (زحافی شکل) ارکان: فاعلاتن مفاعلن فعلن۔ اس میں (۱۰) غزلیں کہی گئی ہیں۔
۴۔ بحر ہزج (زحافی شکل) ارکان: مفاعیلن مفاعیلن فعولن۔ اس میں (۹) غزلیں کہی گئی ہیں۔

یہ انکشاف بڑا دلچسپ ہے کہ ستار صدیقی کے شعری مزاج کا نصف آہنگ متوسط بحروں میں ہے اور نصف آہنگ چھوٹی بحروں میں ہے۔ چاروں متذکرہ بحور میں میدانی دریاؤں جیسی روانی محسوس ہوتی ہے۔ یہ ایک بالکل نیا تجزیاتی مطالعہ ہے جو بہت سوں کو شاید اجنبی سا محسوس ہو یا ہو سکتا ہے بہت سوں کو اختلاف بھی ہو۔ ستار صدیقی نے سہ غزلہ اور دو غزلہ بھی کہی ہیں جن کے اشعار کی تعداد علی الترتیب ۳۲ اور ۲۱ ہے۔ ایک غزل ایسی ہے جو بحر رمل کی زحافی شکل میں ہے لیکن ایک رکن کے اضافہ کے ساتھ مطلع ملاحظہ ہو۔

رام کے دیس میں راون کی ہے سرکار چلو گھر لوٹیں
ڈھونڈتے کیوں ہو جہانگیر کا دربار ، چلو گھر لوٹیں

ستار صدیقی قافیوں کی جھنکار یا جذبات کے اتار چڑھاؤ کو اہمیت نہیں دیتے، زیرِ لب بات کہہ جانے میں یقین رکھتے ہیں۔ کبھی کبھی خود کلامی ان کی اونچی سوچ کا ساتھ نہیں دیتی تاہم وہ اپنے مخاطب سے جو بات کہنی ہے وہ بات کہنے میں کامیاب ہو جاتے ہیں۔ اس لحاظ سے وہ معروضی انداز میں مقبول عام شاعری کی نفی کرتے ہیں اور یہی چیز ان کے شعری مزاج کو منفرد بناتی ہے۔ میں اپنی بات کے ثبوت میں ان کے حسب ذیل شعر پیش کرتا ہوں۔

جھٹک جھٹک کے وہ رکھتا ہے ، اپنا سبز لباس
ذرا سی گرد بھی ، تن پر "شجر" نہیں رکھتا !

یہ میرا "جہل" بھی اب چپ نہیں رہنے والا
عقل نے آج بہت شور مچا رکھا ہے

بام پر اڑ کے جا نہیں سکتے
اور ٹوٹے ہوئے ہیں زینے بھی

منتقل کب زمین پر ہوگا
ذہن میں اک مکان سا کچھ ہے

حقیقت کو بھی چل کر آزما لیں
ہمیں خوابوں سے فرصت ہو گئی ہے

تری دنیا کی حالت کچھ دنوں سے
ہمارے دل کی حالت ہو گئی ہے !

الغرض ستار صدیقی کی غزلوں کا دھیما دھیما لیکن سلگتا ہوا، گمبھیر لیکن پر سکون لہجہ واضح کرتا ہے کہ ان کا صوتیاتی آہنگ رومانوی تخئیل پرستی یا عاشقانہ مبالغہ آرائی کی بالکل ضد ہے۔ ستار صدیقی اپنی غزلوں میں اپنے اظہار کو نئ جہتیں دینے میں غیر شعوری طور پر سر گرداں نظر آتے ہیں۔ نیچے درج کردہ ان کے اپنے ہی اس شعر کے مصداق وہ کسی کی پرواکئے بغیر آگے ہی بڑھتے رہیں گے۔ اس کا مجھے یقین ہے۔

پیچھے پڑی ہے "تین دھوں" سے یہ شاعری
اب اس غریب سے بھلا پیچھا چھڑانا کیا ؟

(ستمبر ۲۰۰۶ء)

☆☆☆

(۲۴)

ملٹی میڈیا کا کامیاب شاعر: احمد وصی

ایسا بہت کم ہوتا ہے کہ ایک شاعر بیک وقت مشاعروں، رسالوں، فلم، ریڈیو اور ٹی۔وی۔ کے شائقین کو مطمئن کرسکے۔ اتر پردیش کے متوطن شاعر احمد وصی (جو کسبِ معاش کی خاطر اپنے وطن سے ممبئی چلے آئے اور اسی کو اپنا وطنِ ثانی بنالیا) کو ہم ان شاعروں میں شمار کرسکتے ہیں جو ملٹی میڈیا کے کامیاب شاعر ہیں۔ زیر نظر شاعری مجموعہ "جگنو میرے ساتھ ساتھ" (مطبوعہ جولائی ۲۰۰۴ء) ان کا دوسرا مجموعہ ہے جس میں نظموں اور غزلوں کی تعداد تقریباً برابر برابر ہے۔ جس سے پتہ چلتا ہے کہ وصی کا شعری رجحان دونوں اصناف میں مساوی حیثیت کا حامل ہے۔ اس مجموعے میں دوہے بھی ہیں، قطعات ورباعیات بھی ہیں اور متفرق اشعار بھی لیکن احمد وصی کا میلان نظموں اور غزلوں کی طرف زیادہ ہے۔

یہ تو نہیں کہا جاسکتا کہ ان کی مشقِ سخن کتنے برس پرانی ہے۔ البتہ آج سے کوئی ۳۵، ۳۰ سال برس پہلے ماہ نامہ "پیکر" حیدرآباد کے مارچ ۱۹۷۲ء میں جب ان کی جدید رنگ میں ایک غزل اور کچھ دوہے "نئے دوہے" کے عنوان سے شائع ہوئے تو یہ احساس ہوا تھا کہ ایوانِ شعر و ادب میں ایک اچّھا شاعر داخل ہوا ہے۔

ٹھیرے ٹھیرے جل کے اوپر جمی ہوئی ہے کائی
اوپر سے کچھ سمجھے دنیا، ندیا کی گہرائی!

(یہ دوہا ان کے دوسرے مجموعے میں شامل ہے)، غزل کے دو شعر:

ساری خوش فہمیاں مٹا دے گا
وہ مجھے ایک دن بھلا دے گا
اپنی ہستی پہ غم کو چھانے دے
زندگی بھر تجھے مزہ دے گا !

ان کا پہلا مجموعہ "بہتا پانی" ۱۹۸۳ء میں شائع ہوا تھا جو فی الحال ہمارے پیش نظر نہیں ہے۔ احمد وصی کو یہ بھرپور اندازہ ہے کہ کن بلند پایہ شعراء کی تخلیقات کو دائمی حیات نصیب ہوتی ہے۔ ان کا یہ شعر دیکھئے:

میرے جیسے لاکھوں شاعر نظمیں غزلیں کہتے ہیں
لیکن میر و غالب بن کے کتنے زندہ رہتے ہیں

اس کے علاوہ تخلیقی کرب کی اہمیت کو وہ اپنی ایک نظم "گیت کار" میں یوں بیان کرتے ہیں۔

عشق کی یہ ٹریجڈی کب ہے
غمزدہ میرے زندگی کب ہے
میں نے خود ہی یہ روپ دھارا ہے
اس لئے میرا رنگ پھیکا ہے
مجھ کو اک غم کا گیت لکھنا ہے

یہ سطریں ثابت کرتی ہیں کہ احمد وصی، تخلیقِ شعر کو، کوئی میکانیکی عمل نہیں سمجھتے بلکہ اسے ایک اندرونی اپج (INNER URGE) قرار دیتے ہیں۔

کچھ لوگ مزاجاً شاعر ہوتے ہیں اور کچھ عادتاً۔ جو لوگ مزاجاً شاعر ہوتے ہیں ان کی شعری حسیت اپنے اندر اچھی اور سچی واردات قلبی کے امکانات رکھتی ہے۔ احمد وصی کا شمار مزاجاً شاعروں میں کیا جاسکتا ہے۔ کتاب کے سرورق کی پشت پر تعارف میں لکھا ہے کہ انھوں نے لٹریسی

ہاؤس، لکھنؤ سے رائٹرس کورس کیا ہے۔ شاید یہی کورس اپنی عملی زندگی میں وِودھ بھارتی، آل انڈیا ریڈیو، فلموں اور ٹی۔ وی۔ کے لئے گیت یا فیچر وغیرہ لکھنے میں ان کے لئے معاون ثابت ہوا ہو، تاہم اس پورے تخلیقی عمل میں وصی نے جو زبان اور لب ولہجہ اختیار کیا اس کا پرتو ان کے شعری مزاج پر بھی پڑا اور یہی سادہ، سلیس، ژولیدگی اور گنجلگ پن سے مبرا اندازِ بیان ان کی انفرادیت ٹھہرا۔ جدید طرز اظہار کی یہ بھی ایک خصوصیت ہے۔ جس کا اثر مثال کے طور پر ندا فاضلی، محمد علوی، پرکاش فکری اور عادل منصوری وغیرہ کے کلام میں دیکھا جا سکتا ہے۔

ہم اپنی بات کی تصدیق کے لئے پہلے ان کی نظموں اور پھر غزلوں کی طرف رجوع کرتے ہیں۔

یوں دیکھا جائے تو احمد وصی نہ کوئی فلسفیانہ یا روحانی نظام تشکیل دیتے ہیں اور نہ ہی انسانی عروج وزوال کی توجیہ کا رونا روتے ہیں۔ وہ اپنے ماحول سے موضوعات چنتے ہیں اور اپنے آپ کو غیر مامون وغیر محفوظ پا کر شاعرانہ احتجاج کرتے ہیں۔ آج کے سلگتے ہوئے تازہ ترین موضوع "دنیا ایک عالمی گاؤں ہے" کے ضمن میں ان کی پہلی ہی نظم "دنیا کتنی سمٹ گئی ہے" کی یہ سطریں دیکھئے۔

برقی تاروں کے گھیروں میں
دنیا کتنی سمٹ گئی ہے
کیونکہ سارا فاصلہ پل میں
"ہیلو" کہا تو مٹ جاتا ہے
خط لکھ کر بھیجو تو اس کا
کوئی جواب نہیں آتا ہے

اسی طرح نظم "بادل نے کہا" میں انسانی ارتقا کی اتنی منزلیں طے کرنے کے باوجود یا زمین سے جڑے رہنے پر بھی صورتِ حال کتنی گمبھیر ہے اور یہ درد کتنا ستاتا ہے۔ ملاحظہ ہو۔

ہوائیں اب مجھے بھولے سے بھی کندھا نہیں دیتیں
زمیں پہلے بھی مجھ سے دور تھی اور دور ہے اب بھی

مِرے ہاتھ آسماں کی انتہا تک جا نہیں سکتے

شہری بے مروتی یا بے رخی کو تلمیحاتی علامت بنا کر ایک خوبصورت نظم "الف لیلیٰ کی کتاب کا ایک ورق" اس مجموعے میں ملتی ہے جس کی آخری دو سطریں ایک اخلاقی رویّے پر ختم ہوتی ہیں۔

نہ جانے کس کی دعاؤں سے ہے بچا ورنہ
یہ شہر کب کا زمیں دوز ہوگیا ہوتا !

نظم "کیوں" میں آپس کے ذہنی ہم آہنگی کا فقدان شاعر سے یہ سطریں کہلواتا ہے۔

پہلی سی وہ بات نہیں ہے
ہم دونوں ہیں ایک ہی گھر میں
ایک ہی چھت کے نیچے ہیں پھر بھی
ہم دونوں کا ساتھ نہیں ہے

اس سے قبل کہ ہم احمد وصی کی غزلوں کے بارے میں کچھ کہیں، وصی کی ایک نظم "بڑی چھوٹی زندگی" کی آخری دو سطریں نقل کرتے ہیں جو ندا فاضلی کی دو سطروں کی یاد دلاتی ہیں۔ دونوں کا موضوع تھکا دینے والی زندگی ہے۔

تمام ذہن میں فکریں بھری ہیں دفتر کی
ڈھلے بدن کو ضرورت ہے صرف بستر کی

(احمد وصی)

تھکے بدن کو فقط چارپائی بھاتی ہے
بجائے یاد کے ، اب مجھ کو نیند آتی ہے

(ندا فاضلی)

دونوں شاعروں میں یہ مماثلت نہ تو استفادہ کی ہے، نہ ہی توارد بلکہ زندگی کی وہ یکسانیت

اور سوچ کا وہ ڈھنگ ہے جو ٹیلی پیتھی کے عمل کا خاصہ ہے اور دونوں شاعروں میں مشترک ہے۔ جہاں تک غزلوں کا تعلق ہے، ان میں بھی وہی کیفیات ملتی ہیں جو نظموں کی خصوصیت ہے۔ فرق صرف ہئیت کا ہے۔ بطور نمونہ چند شعر ملاحظہ ہوں۔

ہو سکے تو کھول رکھو ذہن و دل کی کھڑکیاں
کیا پتہ کس سمت سے تازہ ہوا آنے لگے

آواز کی دکان پہ شعروں کو بیچنا
قسمت کا اک مذاق ہے احمد وصی کے ساتھ

ڈری ڈری ہوئی، سہمی ہوئی ہیں دیواریں
گھروں میں گھوم رہی ہیں بلائیں جنگل کی

ہم بہت کامیاب تاجر ہیں
اپنی قدریں بھی بیچ ڈالی ہیں

کہنے والے اپنی باتوں سے کتابیں بھر گئے
لکھنے والے ہر ورق پر حاشیہ لکھتے رہے

کتاب بہت خوبصورت و دیدہ زیب ہے، عمدہ گیٹ اپ، ۹۶ صفحات، ڈیمائی سائز، قیمت ۱۲۵ روپے، ملنے کا پتہ: مکتبہ جامعہ لمیٹیڈ۔ ممبئی، دہلی، علی گڑھ؛ بمکان شاعر:K-304، ہنجر نگر پمپ ہاؤس، اندھیری (مشرق) ممبئی ۴۰۰۰۹۳

(اگست ۲۰۰۶ء)
☆ ☆ ☆

(۲۵)

عابد معز: دیدہ و شنیدہ

سب سے پہلے ہم یہ واضح کر دیں کہ ہم ان "شرفا" میں سے ہیں جو فکاہیہ ادب کو دوسرے درجہ کا ادب نہیں مانتے۔ ادب کی درجہ بندی موضوع سے نہیں، معیار سے ہوتی ہے۔ چاہے وہ سنجیدہ ادب ہو، مزاحیہ ہو، جاسوسی ہو کہ جنسی ادب ہو۔ خیر یہ تو ایک جملۂ معترضہ تھا۔ حیدرآباد کی سرزمین کے باشندے اپنے جلو میں سنجیدگی کے ساتھ ظرافت کا خمیر بھی رکھتے ہیں۔ عابد معز بھی حیدرآبادی ہیں اور ہماری طرح سادات گھرانے سے تعلق رکھتے ہیں۔ موصوف کا پورا نام ہے سید خواجہ معزالدین۔ کشمیر اور توران میں خواجہ، سادات گھرانے کا لقب رہا ہے۔ خواجگان میں اولیاً کا سلسلہ بھی رہا ہے۔ لیکن ہمیں اس وقت خواجہ احمد عباس، مشفق خواجہ (پاکستان کے) اور ریاض میں مقیم حیدرآبادی خواجہ نظام الدین واصف یاد آرہے ہیں، کے۔ این۔ واصف جن کا مخفف ہے اور کے۔ این۔ سنگھ سے ان کا کوئی تعلق نہیں۔

"کس چیز کی کمی ہے خواجہ تیری گلی میں"

خواجہ معزالدین نے اپنا ادبی نام "عابد معز" رکھا ہے۔ عابد کے معنی ہیں عبادت گذار، متقی اور پرہیز گار اور معز کے معنی ہیں عزت دینے والا۔ لوگ کہتے ہیں کہ نام میں کیا رکھا ہے۔ ہمارا ایقان ہے کہ نام کا اثر شخصیت پر ضرور پڑتا ہے۔ عابد معز ہمارے بہت ہی پیارے اور عزیز دوست ہیں۔ ان کی ہم سے پہلی ملاقات کب اور کس طرح ہوئی ہم کو یاد نہیں۔ ممکن ہے، عابد معز کو بھی یاد نہ ہو۔ اتنا یاد ہے کہ ان کے طنز و مزاح کے مضامین رسالوں میں پڑھ کر ان سے ملنے کی خواہش جاگ اٹھی تھی۔ جب ہم ان سے ملے تو مضامین کی طرح موصوف بھی ہم کو اچھے لگے اور

پھر ۸۰ء کی دہائی میں جب ہم بسلسلۂ ملازمت سعودی عرب کے شہر جدہ میں (۱۵) سال مقیم رہے تو خلیجی جنگ کے دوران شاید ۹۰ء میں ایک سال ریاض میں بھی ہمارا قیام رہا۔ عابد معز ریاض میں کسی ہاسپتال میں تغذیہ کے ڈاکٹر تھے اور تاحال ہیں۔ ہم دونوں کی خوب گاڑھی چھننے لگی۔ ہماری کمپنی کو جمعرات کے دن نصف یوم کی اور جمعہ کو پورے دن کی تعطیل ہوتی۔ حارہ، ریاض میں ایک ایسا علاقہ ہے جو سچ پوچھئے تو حیدرآبادیوں اور بنگالیوں کا گڑھ ہے۔

جمعرات اور جمعہ کی ملاقاتوں کو ہم کبھی "ہاتھ" سے جانے نہ دیتے۔ ہمارا قیام حارہ میں ہی تھا۔ ہندوستانی اور پاکستانی احباب کا جمگھٹا کسی نہ کسی دوست کے ہاں ہوتا۔ عابد معز کسی دوسرے علاقے میں اپنے افرادِ خاندان کے ساتھ مقیم تھے۔ بعد میں انھوں نے اپنی فیملی کو حیدرآباد بھیج دیا اور ہماری طرح تنہائی کا کرب جھیلنے لگے۔

حیدرآباد میں ان سے ملاقات دفتر شگوفہ (مارکٹ معظم جاہی) پر ڈاکٹر سید مصطفیٰ کمال اور زندہ دلان حیدرآباد کے دیگر احباب کے ساتھ ہوتی جن میں طالب خوندمیری، حمایت اللہ، مصطفیٰ علی بیگ اور محمد علی رفعت وغیرہ کے علاوہ سید داؤد اشرف اور سید جمیل احمد صاحبان بھی موجود ہوتے۔ آپ کو ہم بتا دیں کہ دفتر شگوفہ، مجرد گاہ (عمارت کا نام) کی چوتھی منزل پر ہے اور (۹۷) سیڑھیاں چڑھ کر جانا پڑتا ہے۔ سیڑھیاں چڑھتے وقت ہم کو اپنا ہی ایک شعر یاد آجاتا۔

اک حوصلہ ہے ، کیا ہے ، بلندی پہ پہنچنا
زینے تو بس اپنی جگہ موجود رہے ہیں

اور جب ہم دفتر پر پہنچتے تو ہمارا حوصلہ "ہانپنے" لگتا اور احباب سے علیک سلیک کرنے میں کچھ وقت لگتا۔ ہاں تو بات ہو رہی تھی عابد معز کی اور ہم نے اس مضمون کا نام رکھا ہے "دیدہ و شنیدہ" یعنی کس طرح ہم نے عابد معز کو دیکھا اور سنا۔ دوست اگر ادیب ہو تو دوستی میں لکھنے اور پڑھنے کا عمل جڑ جاتا ہے۔ گویا دیکھنا، سننا، لکھنا اور پڑھنا ادیب دوستوں کے درمیان قدر مشترک بن جاتا ہے۔

تاحال عابد معز کے قلم سے دو کتابیں نکلی ہیں۔ ایک تو "واہ حیدرآباد" ہے جس میں نام کے لحاظ سے ہر مضمون کا تعلق حیدرآباد سے ہے۔ حیدرآباد فرخندہ بنیاد ایسا شہر ہے، جو یہاں بس گیا،

یہیں کا ہو گیا۔ باہر بھی جائے تو اسے حیدرآباد نہیں بھولتا۔ عابد معز کے فن کے بارے میں ہم کیا کہیں۔۔۔؟ ہم کوئی نقاد یا محقق نہیں، لیکن ادب کے اچھے قاری ضرور ہیں۔ عابد معز کے قلم میں طبعاً ظرافت کی گلکاریاں موجود ہیں اور وہ اپنا جلوہ صفحۂ قرطاس پر بکھیرتی رہتی ہیں۔ لیکن ظرافت کا عمل شدید نہیں ہلکا پھلکا ہے۔ جیسے کوئی دھیمے دھیمے کچوکے لگا رہا ہو۔ ان کی دوسری کتاب مضامین کا مجموعہ ہے جس میں "کتّے" کے موضوع پر بھی مضمون ہے جسے بابائے ظرافت پطرس بخاری چھو چکے ہیں۔ لیکن عابد معز کا اپنا الگ انداز ہے۔

پچھلے کچھ عرصے سے عابد معز روزنامہ "اعتماد" سنڈے انڈیشن میں مزاحیہ کالم" پھر چھڑی۔۔۔۔" لکھ رہے ہیں۔ جو موجودہ حالاتِ زندگی کے چنندہ واقعات کا احاطہ کرتا ہے۔ اس قبیل کے کالم فکر تونسوی اور مجتبیٰ حسین بھی لکھ چکے ہیں۔ تقابل مقصود نہیں تاہم عابد معز کی انفرادیت اپنی جگہ برقرار ہے۔ وہ تقلید کی بوالعجبیوں سے بہت دور ہیں اور یہی صفت کسی بھی ادیب کو اپنی شناخت بنانے میں کارکرد ہوتی ہے۔

عابد معز کا سن پیدائش ۱۹۵۵ء ہے۔ اس لحاظ سے وہ ہم سے کم و بیش (۱۴) سال چھوٹے ہیں۔ ان کے لکھنے لکھانے کا سلسلہ کوئی ربع صدی سے زیادہ عرصہ سے جاریہ ہے۔ ہماری دوستی بھی اسی مدت سے رواں دواں ہے۔ ڈاکٹر مصطفیٰ کمال نے بالکل صحیح لکھا ہے کہ پیشۂ طب سے وابستہ ہونے کے باعث وہ نبض پر ہاتھ رکھ کر مرض پہچاننے کا فن خوب جانتے ہیں۔ اس میں ہم اتنا ضرور اضافہ کریں گے کہ عابد معز کے قلم اور مزاج کو جہاں تک ہم نے سمجھا ہے، ان میں خود احتسابی کا عمل بھی ہے اور ہر معاملے کے منفی اور تاریک گوشوں کو اجاگر کرنے کی صفت بھی موجود ہے۔ یہ وہ چیزیں ہیں جو کسی بھی ادیب کو نہ صرف اپنا بلکہ دوسروں کا جائزہ لینے میں بھی جائزہ لینے میں ممد و معاون ثابت ہوتی ہیں۔ دوسرے معنوں میں ان میں خود شناسی اور زمانہ شناسی کی نظر پیدا ہو جاتی ہے۔

جن دنوں ہم ریاض میں تھے، ڈاکٹر ستیہ پال آنند جیسے بلند پایہ ادیب و شاعر کے نیاز بھی حاصل ہوئے۔ آنند صاحب نے "واہ حیدرآباد" میں عابد معز پر بڑا اچھا فکاہیہ مضمون لکھا ہے جس کا عنوان ہے "شہر میں گھومتا ہوا آئینہ" جس میں وہ رقم طراز ہیں:

"عابد معز مائیکر و لیول کے بلدیاتی آئینہ ساز ہیں جن کا چلتا پھرتا آئینہ صرف حیدر آباد کو ہی دیکھتا ہے۔ خوبصورتی اس آئینے کی یہ ہے کہ لینس (LENS) بدلتا چلا جاتا ہے اور قاری کو یہ احساس تک نہیں ہوتا کہ اس سے ساتھ کھلواڑ ہو رہی ہے!"

ہم ستیہ پال آنند کی اس بات سے متفق ہیں کہ عابد معز خاموش طبع اور کم گو ہیں لیکن اس خاموش طبعی اور کم گوئی میں بلاشبہ پر گوئی مضمر ہے۔ بقول شاعر۔

یہ اور بات کہ منبر پہ جا کے کچھ نہ کہیں
خموش لوگ بلا کے خطیب ہوتے ہیں

پیشۂ طب سے وابستہ ہونے کے باعث وہ فکاہیہ تحریروں کے علاوہ طبی مضامین بھی لکھتے رہتے ہیں جو مختلف رسالوں اور اخباروں میں شائع ہو چکے ہیں۔ اتنا کچھ لکھ دینے کے بعد ہم یہ دعویٰ نہیں کر سکتے کہ ہم عابد معز کو اچھی طرح جانتے اور پہچانتے ہیں کیونکہ انسان خود اپنی ذات کی گہرائیوں میں جھانک کر اپنے آپ کو پانے کی آرزو میں ناکام رہتا ہے۔ پھر بھی کسی دوست کے بارے میں اتنا کچھ تاثر ہم چھوڑتے ہیں تو بہت کافی ہے۔ بقول اصغر گونڈوی۔

"اصغر سے ملے لیکن اصغر کو نہیں جانا!"

(اپریل ۲۰۰۸ء)

☆☆☆

(۲۶)

شعر و ادب کا زوال

ادب کبھی عوام کی دلچسپی کی چیز نہیں رہا کیونکہ جو "ابتدائی اہلیت" اس کے لئے درکار ہے وہ عوام میں کبھی موجود نہیں رہی۔ البتہ جس سطح پر عوام کا ایک بڑا طبقہ ادب، آرٹ اور فنونِ لطیفہ سے لطف اندوز اور محظوظ ہوتا ہے، اس کا مظاہرہ ہماری فلموں اور مقبول عام لٹریچر میں صاف نظر آتا ہے اور وہ سطح اتنی نچلی ہے کہ صحیح طور پر ادب عالیہ تک پہنچ نہیں پاتی۔ ہم جس شعر و ادب کی بات کررہے ہیں وہ خالصتاً عوام کی پسند نہیں بلکہ منتخب قارئین، ناظرین اور سامعین کا شعر و ادب ہے۔ لہذا اس میدان میں متوازی طور پر دو دھارے چل رہے ہیں۔ پہلا دھارا "پاپولر لٹریچر" کا ہے، دوسرا دھارا "آرٹسٹک لٹریچر" کا۔ اردو میں اس کے لئے بالترتیب "مقبول عام ادب" اور "فنکارانہ ادب" کی اصطلاح رائج ہے۔

یہ بات اہم نہیں کہ ادب عوام سے جڑا ہوا ہے یا نہیں؟ یا یہ کہ اس میں عام آدمی کے مسائل و مصائب اپنی جھلک دکھاتے ہیں یا نہیں؟ اہم بات پیشکشی کی ہے۔ اردو ادب کی چار سو سالہ تاریخ میں (اگر ہم دکنی شاعر قلی قطب شاہ کو اردو کا شاعر مان کر چلیں!) بلحاظ موضوع جن باتوں کو دہرایا جاتا رہا ہے۔ ہم ان باتوں کو آج بھی دہرا رہے ہیں۔ فرق صرف یہ ہے کہ کہنے کا انداز بدل گیا ہے۔ کچھ الفاظ متروک ہوگئے ہیں۔ کچھ الفاظ کو نئے معانی پہنا دیئے گئے ہیں۔

ترقی پسند تحریک ہو یا کہ جدیدیت، دونوں کا کارنامہ یہ ہے کہ مواد اور ہئیت کے اعتبار سے دونوں نے جدت طرازی اختیار کی اور ادب کے جسدِ ناتواں میں نیا خون دوڑایا۔ اب یہ اور بات

ہیکہ جب باڑھ آتی ہے تو کچرا بھی ساتھ لاتی ہے۔ چنانچہ ترقی پسندی اور جدیدیت کی باڑھ میں کچرا بھی در آیا اور مخالفوں نے اس کچرے کو اس تحریک یا رجحان بنا کر پیش کرنے کی غلطی کی اور نتیجہ میں طعن و تشنیع کا ایک غیر ضروری دفتر کھل گیا۔ صاف گوئی سے کام لیا جائے تو ہم یہ کہہ سکتے ہیں کہ اردو شعر و ادب کو جتنا نقصان ان بالشتیوں، چھٹ بھئیوں اور گھس پٹیوں نے پہنچایا، جو ایوان ادب میں بلا شرکت غیرے شہرت و ناموری کے تمغے اپنے سینوں پر لگاتے پھرے، اتنا نقصان ان بے لوث، سادہ دل قلم کاروں نے نہیں پہنچایا جن کے اذہان استحصال اور منفعت بخشی کے احساسات سے خالی تھے۔

جہاں تک اردو مشاعروں کا معاملہ ہے، ہمارا خیال ہے کہ مشاعرے اپنا تاریخی رول ادا کر چکے ہیں اور اب اس ادارے کو چھوٹی چھوٹی نجی شعری نشستوں میں تبدیل ہو جانا چاہیئے کیونکہ یہ نام نہاد مشاعرے اس لحاظ سے اردو شعر و ادب کو نقصان پہنچا رہے ہیں کہ ان میں سیاسی گٹھ بندیوں کے باعث گلے بازوں اور نچلی سطح کے مشاعروں کی بن آئی ہے۔

بقول احمد ندیم قاسمی آج کل مشاعرہ، بیشتر تماشہ بن کر رہ گیا ہے اور لوگ مشاعروں میں یوں جاتے ہیں جیسے سرکس میں جا رہے ہوں۔ اس رجحان میں اصلاح کی ضرورت ہے ورنہ مشاعرے کا ادارہ "زوال پذیر" ہو جائے گا۔ احمد ندیم قاسمی کا یہ تاثر ہمارے لئے لمحۂ فکر ہے۔

اس گمبھیر صورتحال کا ذمہ دار کون ہے؟ شاعر، ادیب؟ نقاد، نظریہ ساز؟ ہم سمجھتے ہیں کہ بڑی حد تک اس کی ذمہ دار وہ مکروہ ذہنیت ہے جو ادبی پینترہ بازیوں اور ادبی گروہ بندیوں میں متبلا ہے۔ یہ دونوں چیزیں ادب کے لئے زہر قاتل کا حکم رکھتی ہیں اور فی الحال ان "مکروہات قبیحہ" کے انسداد کی سخت ضرورت ہے۔ لیکن ایک سوالیہ علامت بھی ابھرتی ہے کہ "بلّی کے گلے میں گھنٹی کون باندھے؟"

ہمارا یہ پر خلوص مشورہ ہے کہ وہ دردمند احباب (جن میں شاعر، ادیب، صحافی، سامع، قاری و ناظر سبھی شامل ہیں!) اور جو یہ سمجھتے ہیں کہ اس گمبھیر صورتحال کی روک تھام نہایت ضروری

ہے، کمر باندھ لیں اور ابتدائی مرحلہ کے طور پر ان بالشتیوں، چھٹ بھئیوں اور گھس پیٹیوں کو پہچانیں اور ہر سطح پر ان کا مقاطعہ کریں تاکہ ان کی بری طرح حوصلہ شکنی ہو اور پھر دوبارہ سر نہ اٹھا سکیں۔ تبھی اس ادب کے لئے گنجائش فراہم ہو گی جس کے لئے اقبال نے کہا تھا کہ "جہاں کوئی اچھا شعر سنو تو یقین کر لو کہ کوئی نہ کوئی عیسیٰ مصلوب ہوا ہے!!!"

(جنوری ۱۹۹۸ء)

☆☆☆

(۲۷)

'پیکر': ایک رجحان ساز جریدہ

یہ ایک زندہ داستاں ہے ادبی افق کی' زمانہ ہے بیسویں صدی کا' دہائی ہے ۶۰ء کی' منظر نامہ ہے ایک فلمی و ادبی کلچر کا' جب فلموں کے ساتھ ساتھ ادبی جریدے بھی علی الترتیب اپنے اپنے ناظرین و قارئین کا وسیع حلقہ رکھتے تھے۔ صحیح معنوں میں مداحوں کی مدح سرائی کا رواج عام تھا۔ ایسے میں اردو دنیا' حیدرآباد سے شائع ہونے والے ایک ایسے ماہ نامے سے متعارف ہوئی جو اپنے جلو میں نئے لکھنے والوں کی ایک کھیپ ساتھ لایا تھا اور ایک مکمل ماہ نامے کا دعویٰ اس نے ایوان ادب میں نہایت خود اعتمادی سے کر دیا تھا۔

یہ ماہنامہ تھا "پیکر" جس کے مدیر تھے اعظم راہی۔ صورت گری میں ساتھ دینے والے تھے بدر افسر' خان معین' ساجد اعظم' محمود انصاری' رؤف خلش' حسن فرخ' رفعت صدیقی' احمد جلیس' ہادیہ شبنم (جو بعد میں راہی کی رفیقۂ حیات بن گئیں!)' غیاث متین' مسعود عابد' انور رشید' اور جگدیش بمل وغیرہ۔ بعد میں تنظیمی سطح پر اکمل حیدرآبادی بھی ان میں شامل ہوئے۔ پیکر نے اپنی زندگی کے کئی دور دیکھے۔ پہلا دور مارچ ۱۹۵۸ء سے شروع ہوا' جبکہ پیکر کا پہلا شمارہ حیدرآباد سے شائع ہوا۔ دوسرا دور ۱۹۶۰ء میں شروع ہوا۔ یہ دور جدیدیت کے رجحان اور نئے لکھنے والے ادیبوں اور شاعروں کی یلغار کے طور پر یاد رکھا جائے گا۔ پیکر نے بت شکن کے قلم سے ہمارے اصنامِ ادب کے زیر عنوان تنقیدی جائزے کا ایک سلسلہ شروع کیا اور نئے لکھنے والوں کی طرف سے اس کی خوب پذیرائی ہوئی۔ بقول شخصے اس تنقیدی روّیئے میں نو مسلموں کا سا جوش نظر آتا ہے۔ لیکن بہر حال پر سکون فضا میں ہلچل پیدا ہوئی اور "ادبی دیوزادوں" نے محسوس کر لیا کہ ادب کے

" جسمِ ناتواں " میں نئے خون کی شمولیت نہایت ضروری ہے۔ سچ کہا جائے تو پیکر کا سب سے بڑا کارنامہ یہ ہے کہ اس نے نہ صرف باصلاحیت تخلیق کاروں کی حوصلہ افزائی کی بلکہ ان کی تخلیقات کو رڈی کی ٹوکریوں میں ڈالنے کے بجائے پیکر کے صفحات کی زینت بنایا۔ پیکر نکالنے والوں نے نوشتۂ دیوار پڑھ لیا تھا کہ آنے والے ادبی افق پر یہی نئے لکھنے والے کہکشاں بننے والے ہیں۔

چنانچہ بیسیوں فنکار اس رجحان کے باعث اپنی ادبی شناخت بنانے میں کامیاب رہے۔ گویا پیکر نے ادبی اجارہ داری کو ضرب لگائی۔ پیکر کا تیسرا دور ۱۹۷۰ء میں شروع ہوا۔ تمام ادوار میں پیکر نے اپنی خصوصی پہچان برقرار رکھی۔ پیکر ' ہندوستان کے اہم شہروں کے علاوہ بیرون ہند بھی بھیجا جاتا تھا۔

جناب منظور الامین کے بقول ماہنامہ "شبِ خون" الٰہ آباد کی اشاعت کی تحریک جناب شمس الرحمٰن فاروقی کو "پیکر" دیکھ کر ہی پیدا ہوئی تھی۔ انھوں نے ایک مرتبہ کہا تھا کہ جب وہ(منظور الامین) لکھنؤ دوردرشن پر ڈپٹی ڈائرکٹر تھے تو اس وقت فاروقی وہیں سپر نٹنڈنٹ پوسٹل سروس کے عہدے پر فائز تھے۔ یہ ۱۹۶۵ء کا زمانہ تھا۔ جناب فاروقی نے ایک ادبی اجلاس میں کہا تھا کہ حیدرآباد میں کچھ اینگری ینگ مین (برہم نوجوان) پیدا ہوئے ہیں اور وہ ادب کی اسٹابلشمنٹ کو بھرپور انداز میں چیلنج کررہے ہیں۔ سوال کرنے پر جناب فاروقی نے بتایا تھا کہ انھیں حیدرآباد کا ماہنامہ " پیکر " دیکھنے کا موقع ملا ہے جس کے مدیر اعظم راہی ہیں۔ جو اس رسالے کے ذریعہ نئی باتوں اور نئے رجحانات کی نشو نما کررہے ہیں۔ ان باتوں کا انکشاف منظور الامین نے پچھلے دنوں بزمِ احبابِ دکن کے زیرِ اہتمام " اعظم راہی کے ساتھ ایک شام " کے ادبی اجلاس میں کیا تھا۔

یہ ایک اہم حقیقت ہے کہ جدیدیت کی پہلی کل ہند کانفرنس کے دو روزہ جشنِ پیکر کا حیدرآباد میں انعقاد اپریل ۱۹۷۱ء کے دوران عمل میں آیا تھا۔ جس میں ملک بھر کے جدید شاعروں اور ادیبوں نے شرکت کی تھی۔ کہنہ مشق اہلِ قلم میں سے قاضی سلیم ' بشر نواز ' عزیز قیسی ' جوگندر پال ' عصمت جاوید اور اندرا دھن راج گیرجی نے اپنی شرکت سے اس جشن کی اہمیت کو دوبالا کردیا تھا۔

جشن کی تیاری کمیٹی میں شامل راقم الحروف (رؤف خلش) نے چار ایسے موضوعات پر ماہرین سے انٹرویو لئے تھے جو بالکلیہ فنّی نوعیت کے حامل تھے اور اردو دنیا اس کی افادیت سے ناآشنا تھی۔ وہ خصوصی موضوعات اور ماہرین اس طرح تھے:

۱۔ اردو الفاظ شماری (ڈاکٹر حسن الدین احمد ' آئی۔ اے۔ ایس۔)

۲۔ اردو نستعلیق ٹائپ (عبد القادر)

۳۔ اردو خوشنویسی (غوث محمد)

۴۔ اردو انگریزی لغت (یعقوب میراں مجتہدی)

یہاں اردو نستعلیق ٹائپ سے متعلق ایک وضاحت ضروری ہے۔ یہ درست ہے کہ نظام سابع (نواب میر عثمان علی خان) کی حکومت اپنے دور میں (۱۹۱۱ء تا ۱۹۴۸ء) اردو کا لیتھو اور مونو ٹائپ ایجاد کرچکی تھی جو (۵۰۰) جوڑ پر مشتمل تھا اور جامعہ عثمانیہ کی بیشتر درسی اور غیر درسی کتابیں اس میں شائع ہوچکی تھیں لیکن عبد القادر نے ہینڈ کمپوزنگ میں اردو نستعلیق کا ٹائپ (۲۵۴) جوڑ میں تیار کرلیا تھا۔ تاہم پولیس ایکشن (ستمبر ۱۹۴۸ء) کے بعد یہ مشینیں ضائع کردی گئیں اور اس سلسلہ کا سارا کام بھی ضائع ہوگیا جو اردو زبان کا ایک المیہ ہے۔

مذکورہ بالا موضوعات پر ماہریں سے لئے گئے یہ انٹرویو "پیکر" میں شائع ہوئے۔ پیکر کا یہ شمارہ پاکستان میں بھی پہنچا اور وہاں کے ادبی حلقے انگشت بدنداں رہ گئے کہ حیدرآباد دکن میں ایسے بھی فنّی موضوعات پر کام ہوئے ہیں۔

اس سچائی سے کون انکار کرے گا کہ اردو شعر و ادب کو جتنا نقصان بالشتیوں، چھٹ بھیوں اور گھس پیٹیوں نے پہنچایا، اتنا نقصان اردو دشمنوں نے بھی نہیں پہنچایا۔ "پیکر" اپنے پورے ادبی سفر میں ان نام نہاد شہرت پسندوں کے خلاف ہوتا رہا ہے لیکن ساتھ ہی ساتھ باصلاحیت اور ذہین تخلیق کاروں کو متعارف کرانے میں ہمیشہ پیش پیش رہا ہے۔

اس میں شک نہیں کہ وہ دور ارزانی کا دور تھا۔ زندگی اتنی گراں نہیں تھی۔ اس کے باوجود ادب پڑھنے والوں کی خاصی تعداد ترجیحاً رسالے اور جریدے خرید کر پڑھتی تھی۔ آج یہ دور

ہے کہ باوجود کہ لوگوں میں "قوتِ خرید" موجود ہے لیکن وہ کتابیں اور پرچے خرید کر پڑھنے کو ترجیح نہیں دیتے۔ الکٹرانک میڈیا کے اس عہد نے پریس میڈیا کو ضربتِ کاری لگائی ہے۔ نتیجہ یہ ہے کہ کل کا قاری آج کا ناظر یا سامع بن گیا ہے۔ وہ ادب کو راست کتاب کے ذریعہ پڑھنے کے بجائے اس کی "ویڈیو فلم" دیکھ لیتا ہے جو کسی افسانے یا ناول پر مبنی ہوتی ہے۔ شاعری کی قرأت مجموعہ کلام سے کرنے کے بجائے "آڈیو کیسیٹ" پر سن لیتا ہے۔

صورتِ حال جب اس قدر سنگین ہوگئی ہو تو اقبال کی زبان میں یہی کہا جاسکتا ہے۔

آخرِ شب دید کے قابل تھی بسمل کی تڑپ
صبح دم کوئی اگر بالائے بام آیا تو کیا؟

(جولائی ۲۰۰۵ء)

☆☆☆

(۲۸)

قاضی سلیم کی نظم 'دوسری کربلا' ایک تجزیاتی مطالعہ

قاضی سلیم، ہماری اردو شاعری کے نظم گو شعرا میں نمایاں اہمیت کے حامل شاعر ہیں۔ انھوں نے اپنی نظموں میں جدید حسیت، جدید لفظیات اور جدید استعاروں کو نہایت خوبی سے اور نہایت کامیابی سے برتا ہے۔ زیر بحث نظم "دوسری کربلا" جو فلسطینی مجاہدوں کے نام منسوب کی گئی ہے اپنے موضوع کا از خود تعین کر دیتی ہے۔ فلسطین کی تاریخ اپنے اندر جدوجہد اور شہادت کی ایک ناقابل فراموش داستان رکھتی ہے۔ قاضی سلیم کی کامیابی یہی ہے کہ انھوں نے اپنے ذہنی و قلبی انسلاک کے ساتھ نظم کی ہر سطر میں (نظم میں مصرع نہیں ہوتا، سطر یا line ہوتی ہے) اس درد انگیزی کو بھر دیا ہے جو اس موضوع کا تقاضا تھا۔ بات کو راست انداز میں بیان کر دینا شاعر کا منصب نہیں بلکہ بات کو استعاروں اور علامتوں میں بیان کرنا ہی اس بات کی گہرائی اور دروں بینی کو واضح کر دیتا ہے۔ چنانچہ نظم کا عنوان "دوسری کربلا" امام حسین کی شہادت کے مقام کربلا سے بطور علامت لیا گیا ہے۔ اس کے علاوہ بیشتر استعارے مثلاً کیکٹس (Cactus)، صحرا کی کوکھ، برقائے اعصاب، ریت کا دودھ، بگولوں کے پستان، کانٹوں بھری انگلیاں دراصل فلسطینی صحرا کے ماحولیاتی متعلقات کا حصہ ہیں جن کے بغیر شاعر ان شہیدوں کو بہتر انداز میں خراج پیش نہیں کر سکتا تھا۔

مرکزی خیال یہ ہے کہ سچائی اور انصاف کو کوئی جبر یا تسلط دبا نہیں سکتا۔ کوئی جابر یا ظالم چاہے جتنا زور لگا لے یا آواز حق کو جتنا ختم کرنے کی کوشش کرے، آواز لگانے والے جسم، کیکٹس کی مانند کٹے ہوئے جسم سے نئے جسم (نئے ہاتھ اور نئی انگلیوں کی شکل میں) پھوٹتے رہیں گے اور

اپنے احتجاج کو اس وقت تک زندگی کا لباس پہناتے رہیں گے جب تک اپنے خدا اپنے وعدے کی تکمیل کرتے ہوئے انھیں انصاف سے ہمکنار نہ کر دے گا۔ یہ نظم اپنی معنویت، اپنی اشاریت اور جدید اظہار بیان کے لحاظ سے ایک منفرد اور خوبیوں سے بھرپور نظم ہے۔ اردو میں ایسی نظمیں کم لکھی گئی ہیں پوری نظم میں ایک تخلیقی بہاؤ ہے جو شاعر کے قوتِ اظہار کے بغیر ممکن نہ تھا۔ اس کے علاوہ جس مترنم بحر متدارک کو استعمال کیا گیا ہے (جس کے ارکان ہیں: فاعلن فاعلن فاعلن فاعلن) وہ بحر اپنے موضوع کی تفصیلات کو موثر پیرائے میں نہایت حسن و خوبی کے ساتھ بیان کرتی ہے۔ غزل کے محدود ڈھانچے میں موضوع کی یہ تفصیلات بیان نہیں کی جاسکتی تھیں۔ تبھی تو مجبور ہو کر غالب کو بالاخر یہ کہنا پڑا۔

بقدرِ شوق نہیں تنگنائے ظرفِ غزل
کچھ اور چاہیئے وسعت مرے بیان کے لئے

نظم: دوسری کربلا

کوکھ صحرا کی کتنی ہری ہے
کیکٹس کے ابھرتے ہوئے ہاتھ
۔۔۔۔۔ہاتھوں میں
کانٹوں بھری انگلیاں
کانٹوں بھری انگلیوں سے
پھوٹتے ان گنت ہاتھ
۔۔۔۔۔ہاتھوں میں
کانٹوں بھری انگلیاں
کیا تم نے دیکھے ہیں
۔۔۔۔۔وہ پیڑ جو بے زمیں ہیں

اپنے ہی جسم میں دوڑتی
-----بے محابہ جڑیں
---------پتھروں کی رگیں
جانتی ہیں روئدگی کے خزانے
شہیدوں کے خون میں
چھپے دھاتوں کے بارود خانے
برقائے اعصاب
موت پر فتح پانے کے ارمان سے
ریت کا دودھ پیتے ہیں
بگولوں کے پستان سے

اے خدا!
سرزمین تیرے وعدے کی
-----شاید قریب آچکی ہے
ہجرتوں کی گھڑی ہے
کینہ پرور ہواؤں کی سازش سے واقف ہیں
-----شاید اسی واسطے
آج اتنا لہو جسم میں جوڑ رکھا ہے
جو چیر و تو رس زندگانی کا
-----ٹپ ٹپ گرے

کاٹتے جاؤ

کانٹوں بھری انگلیوں سے
جسم سالم ابھر آئیں
جسم سے پھوٹتے ۔ ان گنت ہاتھ
۔۔۔۔ہاتھوں میں
۔۔۔۔۔۔۔۔کانٹوں بھری انگلیاں

(مئی ۲۰۰۵ء)
☆☆☆

(۲۹)

مولانا جمیل الدین شرفی کا نعتیہ مجموعہ 'جوئے رحمت': ایک مطالعہ

زیر نظر نعتیہ مجموعہ "جوئے رحمت" مولانا جمیل الدین شرفی کی تصنیف ہے جس میں نعت کے علاوہ حمد و منقبت بھی شامل ہیں لیکن تعداد نعت کی زیادہ ہے۔ لغوی معنوں میں نعت دراصل مدح، ثنائ، تعریف و توصیف کہلاتی ہے مگر اصطلاحاً رسول اللہ صلی اللہ علیہ وسلم کی شان میں منظوم خراج کو کہتے ہیں۔ اس صنف ادب میں نعت گو شعرا نے یوں تو نعت گوئی کا حق ادا کر دیا ہے تاہم کہیں کہیں افراط تفریط یا غلو کا شکار بھی ہوئے ہیں۔ فی الحال اس بحث میں پڑے بغیر ہم آگے بڑھتے ہوئے "جوئے رحمت" پر گفتگو کا آغاز کرتے ہیں۔ کتاب بہت ہی نفیس اور دیدہ زیب شائع ہوئی ہے۔ ڈیمائی شائز اور پیپر بیاک ٹائٹل کے ساتھ (۱۶۰) صفحات پر مشتمل ہے۔ جس میں ایک حمد باریٔ تعالیٰ، (۴۱) نعتیں، "درود شریف" کے الفاظ کو ردیف بنا کر ایک منظوم پارہ، ایک غیر منقوط نعت اور ایک سلام بارگاہ خیر الانام شامل ہیں۔ اس کے علاوہ (۲۴) مناقب بھی شریک کتاب ہیں جو حسب ذیل ہستیوں پر کہی گئی ہیں: امہات المومنین، بی بی خدیجہ، خلفائے راشدین، امام حسین، امام ابو حنیفہ، شیخ عبد القادر جیلانی، خواجہ بندہ نواز اور وابستگان شرفی۔

مولانا جمیل الدین شرفی نے کتاب کے آغاز میں بعنوان "جوئے رحمت کے نام" دیباچہ لکھا ہے۔ جس میں وہ رقمطراز ہیں: "میرے نزدیک ہر وہ بات نعت کے زمرے میں آتی ہے جو آقاؐ کی طرف مودبانہ اشارہ کرتی ہے۔ خواہ وہ سیرتِ طیبہ کی ترجمانی کرتی ہو، اخلاق حسنہ و کردار معتبرہ ہوں۔ ان کی ثنا ہو، ان سے وابستگی کا اظہار، ان سے التجا ہو یا ان کے اصحاب کا تذکرہ ہو، ان کے محبان ہوں کہ ان کا گھر ہو، ان کا شہر ہو، ان کا در ہو، جہاں بھی اس پاکیزہ ہستی کی حقیقت کا شبہ بھی ہو، میں

اسے نعت شریف ہی سمجھتا ہوں۔"

مذکورہ بالا سطور کی روشنی میں مولانا نے جو موضوعاتی پھیلاؤ نعت کے تئیں مقرر کیا ہے، اس سے ان کی وسعت نظری کے علاوہ ان کے ذہنی و قلبی لگاؤ کا بھی پتہ چلتا ہے جو انھیں رسولِ اکرمؐ کے علاوہ اہل بیت سے ہے۔ اس کتاب کا بالاستعاب مطالعہ یہ ظاہر کرتا ہے کہ موصوف کا لب ولہجہ منجھا ہوا، رواں اور گمبھیر ہے۔ زبان و بیان میں کوئی ژولیدگی نہیں۔ روایتی نعت گوئی کی لفظیات کم کم ہی ملتی ہیں بلکہ اس کی جگہ ایک تازہ کاری اور اظہار خیال میں ایک والہانہ سپردگی ملتی ہے جو ایک سچے عاشقِ رسولؐ کی علامت ہے۔ خود کہتے ہیں ؂

وصف کیسے بیان کریں صاحب
سوکھ جاتی ہے جب زباں صاحب

ایک اور خاص بات جو نعتیہ مضامین میں بیان ہوئی ہے وہ ہے اس کا تلمیحاتی پہلو۔ تلمیحاتی معلومات ایک علاحدہ شئے ہے لیکن ان معلومات کی وساطت سے نتائج اخذ کرنا اور انھیں شعری پیکر میں ڈھالا ایک دوسری شئے ہے۔ مولانا موصوف نے تلمیحات سے نتائج اخذ کئے ہیں اور انھیں کامیابی سے بصری اور لمسی پیکر میں ڈھالا ہے بلکہ اس عمل سے حضور صلعم کے اسوۂ حسنہ کو ایک مثالی بنا کر پیش کیا ہے۔ چند مثالیں ؂

آپ فاقوں میں بھی نہ چاہیں گے
من و سلویٰ یا مائدہ صاحب

اشارے وہ کہ حکومت کریں جو سورج پر
جگر میں چاند کے لائیں شگاف یہ بھی ہے

کہیں براق حاضر ہے کہیں رف رف ہے خدمت میں
سرِ معراج ہوتا ہے وہ سامانِ سفر پیدا !

"اقرا" کی اک ہوا سے ہوئی کپکپی بہت

لاؤ خدیجہ اوڑھنے چادر بڑی بہت
تین دن تک معجزہ رستے میں ٹھیرا ہی رہا
بن کے اک ثابت قدم وعدہ مِرے سرکار کا

مولانا موصوف کی نعت گوئی میں جو خاص بات احتیاط کی ہمیں لگی وہ یہ ہے کہ موصوف عقیدت و عشق کی وارفتگی میں بھی مبالغہ آرائی سے بچ نکلے ہیں اور یہی بات قابل تحسین ہے۔ فرماتے ہیں۔

رحم و کرم میں مطلق و یکتا حضورؐ ہیں
اللہ نہیں ہیں بندۂ اللہ حضور ہیں

فن شاعری ایک ایسا فن ہے جس کی شرحوں میں جواز یا عدم جواز کی گنجائش نکل آتی ہے جس کی تحسین، تنقید بندھے ٹکے اصولوں یا دوٹوک انداز میں نہیں کی جاسکتی۔ اس اصول کی بنیاد پر ہم "جوئے رحمت" کا مطالعہ کرتے ہیں تو ذوق شعری کے علاوہ ایمان کو تازگی اور حبِ نبیؐ کی جلا ملتی ہے۔ اس ضمن میں موصوف کو حمد کا یہ مطلع معنٰی خیز ہے۔

الستی نے تری ہم کو وہ بخشی ہے انا یارب
ہوئے ہم خود شریکِ زمرۂ قالو بلیٰ یارب

یہ کتاب مکتبہ زاویہ قادریہ ٹرسٹ، ریاست نگر، حیدرآباد۔ ۵۹ سے حاصل کی جاسکتی ہے جس کا ہدیہ ۹۲ روپے ہے جو لفظ "محمد" کے ابجدی اعداد پر مبنی ہے۔

(جون ۲۰۰۵ء)

☆☆☆

(۳۰)

عزیز حسین عزیز کا نعتیہ مجموعہ 'مطلعِ حرا': ایک گفتگو

لفظ جب تک وضو نہیں کرتے
ہم تری گفتگو نہیں کرتے

نعت گوئی کے لئے جس شاعر نے بھی یہ شرط رکھی ہے اس سے نہ صرف ذاتِ گرامی حضورِ اکرمؐ کی عظیم المرتبت ہونے کا اعتراف ملتا ہے بلکہ نعت گوئی کا ایک اونچا معیار بھی متعین ہوتا ہے۔ مسلکِ، طریقت، شریعت و معرفت کی اصطلاحوں میں گئے بغیر یہ طئے ہے کہ نعت گوئی بہر حال ادب کی وہ صنفِ سخن ہے جو رسول اللہ صلی اللہ علیہ وسلم کی مدحت و ثنا، تعریف و توصیف میں کہی جائے۔ عاشقانِ رسولؐ نے تعریف کے اس دائرے کو نہایت ہی وسیع کر دیا ہے جو فی الحال ہمارا موضوع نہیں۔

ہمارے زیر نظر عزیز حسین عزیز کا نعتیہ شاعری مجموعہ "مطلعِ حرا" ہے جس پر اس محفل میں گفتگو کرنی ہے۔ اس سے قبل کہ گفتگو کا آغاز کیا جائے یہ وضاحت ضروری ہے کہ بعض ناگزیر حالات کے سبب ہمیں یہ مجموعہ ابھی تین دن پہلے باصرہ نواز ہوا۔ قصور کسی کا نہیں ہم نے مجموعے پر طائرانہ نظر ڈالی تو اکثر و بیشتر نعتیں ایسی ملیں جو خود عزیز حسین عزیز کی زبانی محفلوں میں سن چکے تھے اور دادِ سخن دے چکے تھے۔ تنگئی وقت اس کی اجازت نہیں دیتا کہ کوئی طویل گفتگو کی جائے لہذا اختصار کے ساتھ بات کو اہلِ نظر کے سامنے رکھتے ہیں اس وعدے کے ساتھ کہ آئندہ کسی موقع پر تفصیل کے ساتھ اس پر اظہار خیال کریں گے۔

عزیز حسین عزیز ہمارے دیرینہ دوست ہیں، ان کی ہماری رفاقت کوئی ربع صدی پر محیط

ہے۔ سعودی عرب کے پندرہ سال قیام کے دوران ان کا ہمارا ساتھ قربتوں اور چاہتوں کے ماحول میں ایسا رہا کہ ہم نے ادبی، علمی و تہذیبی سردیوں کے موسم میں بین الاقوامی شہر جدہ کے باشندوں کو پٹرو ڈالر کی آگ تاپتے دیکھا۔ ان دنوں عزیز بھائی نعت کم کم کہتے تھے اور بقول خود اپنے وطن حیدرآباد لوٹ آنے کے بعد حضرت شاہ محمد جمیل الدین شرفی سے ملاقاتوں نے انھیں نعت گوئی کی طرف راغب کیا۔ نتیجہ میں مسلسل پذیرائی وحوصلہ افزائی نے ان کے شوقِ نعت گوئی کو جلا بخشی اور اب اچھا خاصہ نعتیہ مجموعہ ہمارے سامنے ہے۔

ڈیمائی سائز کے (۱۹۲) صفحات پر مشتمل اس مجموعے میں (۶۵) نعتیں، (۱۴) موضوعاتی نظمیں(بشمول نعت غیر منقوط) اور (۲) حمد و مناجات مجموعے کی زینت ہیں جو (۱۵۰)صفحات پر پھیلی ہوئی ہیں گویا کتاب کا تین چوتھائی سے زیادہ حصہ ان اصنافِ سخن کا احاطہ کرتا ہے اور اسی لئے بلحاظ موضوع، قرین معدلت و مستحسن ہے۔مابقی ایک چوتھائی سے بھی کم حصے کا لیکھا جوکھا یہ ہے کہ (۳۰)صفحات حضرت جمیل الدین شرفی و جناب سردار سلیم کے مضامین اور خود عزیز حسین عزیز کے تحریر کردہ مضمون بعنوان "عاجز قلم اور یہ اعجازِ نعت گوئی" پر محیط ہیں۔ اس کے اور کچھ صفحات پر سید غوث علی شاہ قلندر قادری کے ارشادات شجرۂ معرفت نثری حمد و نعت کے موضوع پر مرقوم ہیں۔

عزیز حسین عزیز کی نعتوں کا بالاستیعاب مطالعہ ہمیں مسرت آمیز حیرت اور حیرت آمیز مسرت میں ڈال دیتا ہے۔ "مطلعِ حرا" ان کا پہلا نعتیہ مجموعہ ہے۔ کوئی سات سال قبل ان کا پہلا مجموعۂ غزل و نظم "صدائے کرب" ۱۹۹۸ء میں شائع ہوا تھا جس میں (۲) حمدیں، (۳) نعتین اور (۲) منقبتیں شامل تھیں۔ بطور نمونہ ایک ایک شعر علی الترتیب حمد و نعت کا ملاحظہ ہو۔ حمد کا شعر ہے۔

ہر اک رستہ پہیلی ہے ، ہر اک منزل معمّہ ہے
کسی رستے پہ کیا ڈھونڈوں ، کسی منزل سے کیا مانگوں ؟

اس حمد یہ شعر میں دنیا کی بے ثباتی کا اس سے بہتر کیا اظہار ہو سکتا ہے۔ نعت کا شعر ہے۔

اس کی بنیاد و بلندی کی نہیں ہے حد کوئی

اس عمارت ہی سے اندازہ ہوا معمار کا

یہ ہے تو نعتیہ شعر لیکن مصرعۂ ثانی میں خدائے واحد کی صفاتِ الوہیت کا اقرار بھی ہے جس سے رسول اکرمؐ کی صفاتِ بیکرانی کا اندازہ ہوتا ہے۔ دراصل سرورِ کونینؐ کی مدحت وہی کر سکتا ہے جو دیوانہ وار عشقِ نبیؐ سے متصف ہو، تبھی لفظیات کو برتنے کا سلیقہ بھی خود بخود پیدا ہو جاتا ہے اور انسیت کے تقاضے ان مضامین کی طرف خود بخود لے جاتے ہیں جو اس موضوع کی ندرت و انفرادیت کے لئے درکار ہے۔

"مطلعِ حرا" کی اکثر و بیشتر نعتیں طرحی مصرعوں پر کہی گئی ہیں۔ عام طور پر یہ خیال کہ طرح میں ایک طرح کی پابندی اور جکڑن پیدا ہو جاتی ہے، درست نہیں ہے کیونکہ مضمون آفرینی ہو کہ تمثیل نگاری، شاعر کی اپنی اندرونی اپج اس کے جذبہ کو مہمیز کرتی ہے اور ایسے شعر نکل آتے ہیں جن میں شاعر کا اپنا مخصوص رنگ ہوتا ہے۔ عزیز حسین عزیز کی نعتیہ شاعری کا رویہ بھی اسی وصف کی طرف اشارہ کرتا ہے۔ عزیز بھائی مزاجاً ٹھہراؤ اور نظم و ضبط کے آدمی ہیں۔ دیر سے روٹھتے ہیں اور جلدی مان جاتے ہیں۔ وضعداری اور رکھ رکھاؤ کا پاس و لحاظ بھی بہت رکھتے ہیں۔ یہ رویئے ان کی نعتیہ شاعری میں بھی موجود ہیں۔

موضوعات کے لحاظ سے عزیز حسین عزیز کے ہاں بہت تنوع پایا جاتا ہے۔ سیرت نبویؐ کے مضامین ہوں یا معجزات کا تذکرۂ کہ اظہار وارفتگی۔ سب میں ان کے نعتیہ کلام کی نمایاں خصوصیت یہ ہے کہ وہ محض واقعات کا بیان نہیں ہوتے ہیں بلکہ ان سے اخذ کردہ نتائج کو وہ اپنی فکر و فن کا جز بناتے ہیں۔ تلمیحات کے معاملے میں وہ تلمیح بیان کرنے پر اکتفا نہیں کرتے بلکہ اس تلمیح کے حوالے سے انسانی حیات پر جو اثر مرتب ہوتا ہے اس کا اظہار بھی کرتے ہیں اور یہی خوبی ان کے نعتیہ کلام کو خوب سے خوب تر کی منزل کی طرف لے جاتی ہے۔ کچھ نعتیہ اشعار ہماری بات کی تائید میں ملاحظہ ہوں۔

مصطفٰے حمدِ خدا میں ، نعت گوئی میں خدا
روز و شب ہے حمد و التحیات کا جاری شغف

تلاوت کررہا تھا میں حرم کے ایک گوشے میں
تمھاری آیتیں سب ہوگئیں وردِ زبان آقا
یاں چٹائی پر ہیں وہ ، مسند پر ہیں نعلین واں
عاجزی کی انتہا ہیں احمدؐ مختار تو !
کہاں یہ اور کہاں حسان بن ثابت کی وہ نعتیں
رمق بھر ہی سہی وہ بانکپن دے ، نعت لکھتا ہوں
تعلق کعبۂ اقدس سے اے قلبِ حزیں رکھنا !
اسی تقدیس کا پیکر ہے طیبہ میں ، یقین رکھنا !
شبِ اسریٰ کا وہ منظر مثالِ روزِ روشن تھا
وہ منظر دیکھنے صدیقؓ جیسی دوربیں رکھنا !
نقطہ نہیں ہے کلمۂ طیب میں ایک بھی
نکتہ یہ لا شریک کا اظہار ہو گیا

اک مثال نعت غیر منقوط سے۔

دم کی طرح وہ ہم سے سدا ہمکلام ہے
دل کی طرح کھلے کا کھلا ہے درِ رسولؐ

ایسی بیسویں مثالیں عزیز بھائی کے نعتیہ کلام سے دی جاسکتی ہیں لیکن ہم قارئین پر چھوڑتے ہیں کہ وہ بالا استیعاب "مطلعِ حرا" کا مطالعہ کریں اور اس وجدان، اس احساس اور اس محبت کی گرمی کو انگیز کریں جو خود شاعر کے ذہن و دل پر بوقت شعر گوئی وارد ہوئی تھی۔

المختصر عزیز حسین عزیز کا یہ نعتیہ مجموعہ "مطلعِ حرا" عاشقانِ رسولؐ کے لئے ایک نایاب ہدیہ ہے اور ہمیں امید کیا یقین ہے کہ وابستگان دینِ محمدی کے بیچ ضرور قبولیت کا درجہ پائے گا۔
ہماری طرف سے عزیز بھائی کو بہت مبارک اور نیک تمنائیں۔

☆☆☆

(۳۱)

یوسف اعظمی کی تصنیف 'اقبال - جہاں نو کی تلاش میں': ایک مطالعہ

شاعری سے لطف اندوز ہونے کے لئے دو شرطیں لازمی ہیں۔ ایک "ادبی ذوق" کی موجودگی، دوسرے وہ "ذہنی سطح" جو شاعر کی ذہنی سطح سے کم و بیش ہم آہنگ ہو۔ کسی بھی شعر کی مختلف شرحیں کی جاتی ہیں اور اپنے اپنے انداز میں اس سے لطف اٹھایا جاتا ہے۔ لیکن بعض اوقات شعر کی تشریح، شعر کا خون کر دیتی ہے لیکن اقبال کا معاملہ اس سے جدا ہے۔ اقبال، اپنے قاری کے لئے کچھ Qualifications چاہتے ہیں۔ چنانچہ ایک جگہ خود کہتے ہیں۔

" نظر نہ ہو تو مِرے حلقۂ سخن میں نہ بیٹھ "

زیر نظر کتاب "اقبال جہاں نو کی تلاش میں" ڈاکٹر یوسف اعظمی کی ایک ایسی کتاب ہے جو قارئین کو کئی لمحاتِ فکر عطا کرتی ہے۔ اعظمی کی زبان میں شاعرِ مشرق اقبال اپنی زندگی ہی میں Legend بن گئے تھے اور یہ بالکل درست ہے۔ اقبال یقیناً جہاں نو کی تلاش میں سرگرمِ عمل عظیم شخصیت تھے اور اعظمی کا کمال یہ ہے کہ ڈیمائی سائز کے (۱۳۶) صفحات پر اس اسلامی فکر کے بلند پایہ شاعر کی شاعرانہ عظمت کے وہ موتی بکھیر دیئے ہیں جن کے حصول کے لئے انھیں "ادبی کولمبس" بننا پڑا اور اقبال کے کلام کے دریا میں "شناوری" کرنی پڑی۔ یہ فقرہ محض توصیفی فقرہ نہیں، حقیقت یہ ہے کہ اعظمی نے روایت سے انحراف کر کے نئے نئے زاویوں سے اقبال کا مطالعہ کیا اور ان کے کلام سے وہ ادبی و فکری سرچشمے دریافت کئے جس سے نہ صرف اقبال کا "تصورِ انسان" سامنے آتا ہے بلکہ اکیسویں صدی میں شاعرِ مشرق کی معنویت بھی واضح ہو جاتی ہے۔

یونانی زبان کی قدیم تصنیف "POETICS" جس کا عربی ترجمہ "بوطیقا" کیا گیا ہے۔

"بوطیقا" میں شعریات کی مبادیات متعین کی گئی ہیں۔ اگر یہ کہا جائے کہ اقبال کے کلام کو بھی ایک "شعریات" کی ضرورت ہے تو بے جا نہ ہو گا۔ شرحیں تو بہت سی لکھی گئی ہیں اور مقدور بھر اقبال کے شعر کی تفہیم بہتر سے بہتر انداز میں کی گئی ہے لیکن یوسف اعظمی نے من حیث الکل جس انداز میں اقبال کے فکر و فن کا اجمالی انداز میں جائزہ لیا ہے وہ بہت خوب ہے۔

اقبال کی نظر میں شاعری محض "برائے تفنن طبع" نہیں تھی۔ وہ اس صنف سے قوم کی اصلاح خصوصاً نوجوان طبقہ کے ضمیر کو جھنجھوڑنا چاہتے تھے۔ اس نکتہ کو اعظمی نے مضمون بعنوان "نوجوانوں کا رول اقبال کی نظر میں" نہایت وضاحت کے ساتھ بیان کیا ہے۔ اعظمی کہتے ہیں کہ بقول حکیم الامت اقبال، نئی نسل کا المیہ نئی نسل کی اپنی ناامیدی اور غلط تربیت کی وجہ سے پیدا ہوا ہے اور اسی لئے اقبال خودی پر زور دیتے ہیں۔ خودی کا فلسفہ بے شک انسان کے اپنے وجود اور شخصیت کی تعمیر میں اہم رول ادا کرتا ہے۔ اعظمی نے اس ضمن میں اقبال کے بیشتر اشعار نوٹ کئے ہیں لیکن ایک اہم شعر بھول گئے ہیں اور وہ ہے۔

تِری دعا ہے کہ ہو تیری آرزو پوری
مِری دعا ہے تری آرزو بدل جائے

جب تک نوجوان کی آرزو میں اسلامی تاریخ اور کلچر کی شاندار روایات نہ بس جائیں اس کی آرزو محدود ہی رہے گی۔ اقبال کا اپنا استعاراتی اور علامتی نظام ہے جس کے تحت وہ اپنی بات کو نہایت شاعرانہ اور فلسفیانہ انداز میں بیان کرتے ہیں۔ کبھی شاعری غالب آتی ہے کبھی فلسفہ۔ مضمون بعنوان "فلسفہ حیات: شاعری کے حوالے سے" میں یوسف اعظمی نے اقبال کے اس انقلابی شعور کو اجاگر کیا ہے جس کے باعث مشرق و مغرب میں (جو خود اقبال کی نظر میں علحدہ علحدہ علامت قرار پاتی ہے) نظریاتی اختلاف کا فرق صاف صاف نظر آتا ہے۔

بقول اعظمی: "اقبال نے بہت خوبصورت انداز میں اس بات کا اظہار کیا ہے کہ قدرت نے انسان کو رازداں بنایا اور راز اس کی نگاہوں سے چھپایا لیکن انسان ان رازوں کا عرفان حاصل کرنے کے لئے جستجو کی راہوں پر محوِ سفر رہتا ہے!"

آخری مضمون "اکیسویں صدی میں شاعر مشرق کی معنویت" گویا اس کتاب کا نچوڑ ہے۔ یوسف اعظمی کے نزدیک یہ سوال اپنی جگہ اہم ہے کہ شعر و ادب میں عرفانِ ذات، انسان اور کائنات کے مسائل کو کس طرح پیش کیا جائے؟ اور یہ کہ وہ شاعری جس سے جذبہ اور فکر گھل مل نہ سکیں فنّی لوازمات کی تکمیل نہیں کرتی بلکہ وہ ایک خاص اعلان بن جاتی ہے۔ اس کلیہ کی روشنی میں اقبال کی شاعری نعرہ بازی کی شاعری (Sloganic Poetry) سے ہٹ کر ایک عظیم المرتبت فن پارہ بن کر ابھرتی ہے۔ جیسا کہ اعظمی نے اعتراف کیا ہے اقبال کی مسلسل جستجو کا محور "جہاں نو کی تلاش" تھی اور یہ کہ ان کے خیال میں زمانے کے دامن میں تغیر ہی کو ثبات ہے اور ان کا نقطۂ نظر "احیائی پرستی" کا ترجمان نہیں بلکہ تازہ بستیوں کے آباد کرنے کے احساس سے سرشار ہے۔

اب آیئے اس مضمون کے اہم نکتوں پر غور کریں:

ا۔ اقبال کی شاعری بیسویں صدی کی توانا شعری آواز ہے۔

۲۔ ایک طرف اقبال نے استعماریت اور سامراجیت کی خونخواری کے خلاف بھرپور آواز اٹھائی تو دوسری طرف نیشنلزم کے منفی تصورات پر ضرب لگائی۔

۳۔ اقبال نے مغربیت اور جدیدیت کے درمیان فرق واضح کیا۔

۴۔ "اسرارِ خودی" فرد کی اہمیت پر زور، رموزِ بے خودی اجتماعی خودداری کی آئینہ دار اور ضربِ کلیم دورِ حاضر کی کج رویوں کے خلاف اعلانِ جنگ ہے۔

مضمون کے آخر میں یہ فقرے گویا اقبال کی شعری فکر کی اساس کو "اقبال شناسی" کا اعزاز بخشتے ہیں:

"اس تیز رفتار عہد میں تصورات دھوپ چھاؤں کی طرح بیسویں صدی کی آخری سانسوں کی ڈور پر کئی نظریوں نے دم توڑ دیا۔۔۔۔ وقت اس بات کا شاہد ہے کہ بیسویں صدی میں ابھرنے والی اقبال کی توانا شعری آواز اکیسویں صدی میں بھی معنویت رکھتی ہے!"

ڈاکٹر یوسف اعظمی نے اپنی اس کتاب کا انتساب عاشقانِ اقبال، اردو بستیوں، انقلابی فکر سے سرشار لوگوں اور ان نوجوانوں کے نام کیا ہے جو فکرِ اقبال سے نئی توانائی حاصل کرسکتے ہیں۔ یہ

انتساب کس قدر عمدہ اور معنیٰ خیز ہے کہ اس کے لئے کچھ کہنے کے بجائے اقبال ہی کا ایک شعر نذر کیا جاسکتا ہے۔

جس میں نہ ہو انقلاب ، موت ہے وہ زندگی
روحِ امم کی حیات ، کشمکش انقلاب

المختصر ڈاکٹر یوسف اعظمی کی تصنیف "اقبال، جہاں نو کی تلاش میں "فکرِ اقبالیات کے ضمن میں کئی ابواب کھولتی ہے جن سے اس عہد آفریں شاعر کو سمجھنے میں بے پناہ مدد ملتی ہے۔ (۱۵۰) روپے میں یہ کتاب اقبال اکیڈمی، گلشن خلیل، حیدرآباد کے علاوہ ان مراکز سے بھی حاصل کی جاسکتی ہے:

۱۔ اردو بک ڈپو، انجمن ترقی اردو، حیدرآباد۔

۲۔ سب رس کتاب گھر، ایوانِ اردو، حیدرآباد۔

۳۔ مکتبہ جامعہ لمیٹیڈ، نئی دہلی۔

۴۔ انڈیا بک ہاؤس، دیوان، شکاگو۔

آخر میں ہم مصنف کو ایک اہم ترین کتاب کی تصنیف پر مبارکباد پیش کرتے ہیں۔

(فبروری ۲۰۰۷ء)

☆☆☆

(۳۲)

'گوپی کی سو(۱۰۰) نظمیں' اور غیاث متین کا اردو ترجمہ: تجزیاتی جائزہ

زیر نظر شعری مجموعہ "گوپی کی سو نظمیں" پروفیسر این۔ گوپی کی سو نظموں کا تلگو سے اردو میں ترجمہ ہے، جسے پروفیسر غیاث متین نے کیا ہے۔ کتاب کے پیش لفظ "گوپی کی شاعری، ترجمہ اور مَیں" میں لکھتے ہیں کہ انھوں نے گوپی کی شاعری کی روح کو اپنی گرفت میں لانے کی کوشش کی ہے۔ اردو زبان اور اس کی شعری روایات میں اتنی طاقت و توانائی ہے کہ وہ کسی بھی زبان کی شاعری کو اپنے قالب میں ڈھالنے کی بے پناہ صلاحیت رکھتی ہے۔ نظموں کا بالاستعاب مطالعہ غیاث متین کے اس دعوے کی تصدیق کرتا ہے۔ مترجم کا یہ کہنا بھی اپنے اندر وزن رکھتا ہے کہ یہ ترجمہ لفظی ہرگز نہیں بلکہ اسے شاعر کے خیال کی تجسیم کا نام دیا جاسکتا ہے۔

ہر زبان کی اپنی خصوصیات Pecularities ہوتی ہیں اور ترجمہ کرتے وقت مترجم کو خصوصاً تخلیقی سطح پر اس کا خیال رکھنا چاہئیے اور مترجم نے بدرجۂ اتم اس کا خیال رکھا ہے۔

ان نظموں کی خواندگی کرتے وقت ان کی دل پذیری اور لطف اندوزی کا احساس تو ہوتا ہی ہے، تاہم تجزیاتی نقطۂ نظر سے ہمیں ان میں کم از کم چار روّیئے واضح نظر آتے ہیں:

۱۔ مروجّہ اوزان سے عاری آہنگ

۲۔ موضوعاتی استدراک

۳۔ غیر روایتی طرز اظہار

۴۔ استعارہ سازی اور پیکر تراشی کا عمل

پہلا رویہ (مروجّہ اوزان سے عاری آہنگ): اس کے لئے انگریزی میں ایک

اصطلاح ہے "PROSE POETRY" اور اردو میں "نثری شاعری"۔ واضح ہو کہ شاعرانہ نثر سے اس کا کوئی تعلق نہیں۔ اس ضمن میں ایک اور اصطلاح بھی بیان کی جاسکتی ہے۔ وہ ہے "POETIC POETRY" یعنی "شاعرانہ شاعری"۔ یہ حقیقت اپنی جگہ بڑی دلچسپ ہے کہ بحر و وزن میں ہوتے ہوئے بھی شاعری کس قدر غیر شاعرانہ ہو سکتی ہے یا اسی طرح بحر و وزن سے عاری ہونے کے باوجود شاعری، کس قدر شاعرانہ ہو سکتی ہے۔ زیر نظر شعری مجموعے کی تمام نظمیں اپنی دل پذیری اور لطف اندوزی کا احساس دلانے کے ساتھ ساتھ کم از کم دو لہجوں کی حامل ہیں۔ ایک لہجہ ہے خود کلامی اور سرگوشی کا۔ مثال کے طور پر نظم "دو دنیائیں" کی یہ سطریں۔

اندر ایک چھوٹی سی دنیا اپنا روپ دھارتی ہے
انسانوں کے درمیان
جمی ہوئی شعور کی رو
جلد ہی دوستی کی جھیل بن جاتی ہے
رفتار کتنی عظیم ہے!!!

دوسرا لہجہ ہے کبھی دھیما کبھی تیز میلوڈرامائی۔ مثال کے طور پر نظم-08 "نہیں چاہئیے" کی یہ سطریں۔

ارے ارے آنسو ہیں رے وہ
ان سے کھلواڑ مت کرو
بانس کی سرنگ میں
دیوار گرنے پر
سوراخوں سے ابلنے والے
جھرنے ہیں وہ
ان میں زہر مت ملاؤ
ارے ارے غصّہ ہے رے وہ!!

دوسرا روّیہ (موضوعاتی استدراک): اس کے تحت شاعر نے ان چنندہ خارجی عوامل کو اپنا موضوع بنایا ہے جس شاعر کے اپنے اندرون اور اپنی شخصیت سے متحارب اور متصادم ہوتے رہتے ہیں۔ گوپی نے وسیلۂ اظہار کے لئے صرف مشاہدے کی آنکھ پر اکتفا نہیں کیا ہے بلکہ احساس اور تجربے کو بھی حصّہ دار بنایا ہے۔ بحیثیت مترجم غیاث متین نے اس روّیہ کو شروع سے آخر تک برقرار رکھا ہے۔ شاعر نے ماحولیاتی عناصر سے بھی اپنے لئے موضوعات اخذ کئے ہیں۔ چنانچہ شہری زندگی کے علاوہ دیہی مٹّی کی خوشبو بھی ان میں رچی بسی ہے۔

فن شاعری کے بارے میں شاعر کا اپنا مطمح نظر بھی اپنی جگہ ایک موضوع ہے نظم "شاعری: انجامِ شکست" میں کہتا ہے۔

تشبیہ کی کھونٹی سے لٹکا ہوا / میلا لباس ہے شاعر / تجربات کے اظہار کی کلبلاہٹ میں / شکست خوردہ خون کی علامت ہے شاعری!!

شاعر کے ذہن و دل نے ان موضوعات کو بھی چھوا ہے جو بالعموم عام شاعروں کے حیطۂ خیال میں نہیں آتے، دوسرے معنوں میں مرئی اور غیر مرئی اشیأ کے تئیں جزئیات نگاری کا عمل۔ مثال کے طور پر نظم "پسینہ" ملاحظہ ہو۔

تم کو مرے جسم پر، موتی ہی دکھائی دیتے ہیں / کیا تم نہیں جانتے / وہ مجھے چیونٹیوں کی طرح کاٹ رہے ہیں

اکیسویں صدی، انفارمیشن ٹیکنالوجی کی صدی ہے۔ پھر بھلا باشعور اور حساس شاعر کس طرح خاموش رہ سکتا ہے؟ اس ضمن میں دو مثالیں پیش ہیں، ایک نظم ہے "ویمنس کالج"۔

کتابوں سے چپکی ہوئی آنکھیں / کیا مستقبل کو دیکھ رہی ہیں / توجہ کی شدت سے / کیا کمپیوٹر کا اسکرین پگھل رہا ہے

ایک اور نظم "جہت" کا یہ انداز دیکھئے۔

ڈالر کی قسم سے کام کرنے والے / ورایکل بہادر دکھائی دیدتے ہیں / وہ لوگ گلوب کو / فاسٹ فارورڈ ریل کی طرح گھما رہے ہیں شاید!

تیسرا روّیہ (غیر روایتی طرز اظہار): مترجم نے ترجمہ کرتے وقت پرانی روایتی زبان سے گزیر کرتے ہوئے نئی زبان، نیا لہجہ اور نئی لفظیات کو اختیار کیا ہے جو ایسی شاعری کی ضرورت تھی۔ خود شاعر کا بھی اسٹائل رہا ہے۔ اس باب میں ایک نظم "بیت المعمرین" پیش کی جاسکتی ہے۔ جس میں پرانے اقدار کی موت اور نئے اقدار کی آمد کا اظہار ہے۔

ہمارا بچہ امریکہ میں ہے / گھر میں اب، نئی ٹیکنکی زبان سنائی دے رہی ہے / ہارڈ ویئر، سافٹ ویئر، وائرس / سنتے ہیں کہ ہمارا بیٹا / نئی فائل کھول رہا ہے / یہاں اکیلے پن میں / ہماری فائل / کب بند ہوگی / نہیں معلوم؟

غیر روایتی اظہار کی ایک اور نظم دیکھئے۔ عنوان ہے "سڑک رکتی نہیں"۔

سورج اپنے آپ کو / صبحوں میں انڈیل رہا ہے / سرخ قطرے جذب ہوکر / روپہلی جدت میں بدل رہے ہیں

غیاث متین نے اپنے ترجمے میں جابجا بعض انگریزی الفاظ کا استعمال برقرار رکھا ہے جسے خود شاعر نے روا رکھا تھا۔ یہ مخلوط زبان بھی آج کے معاشرے کی دین ہے۔ ہوسکتا ہے کہ انھوں نے معاشرے کی "بے اثری" یا "Futility" کو ظاہر کرنے کے لئے ان الفاظ کو برتا ہو۔ ان انگریزی الفاظ میں کنفیوز، اسٹریو، نیون لائٹ، آواز کا ولیوم، فیوڈل مجبوری، اسکور، کیچ وغیرہ وغیرہ شامل ہیں۔ یہ اور ایسے بیشتر الفاظ اور تراکیب ہماری جدید اردو شاعری میں بھی مستعمل ہیں۔

چوتھا روّیہ (استعارہ سازی اور پیکر تراشی کا عمل): اگر غیاث متین کی اس بات کو مان لیا جائے کہ "وقت" گوپی کی شاعری کی اہم علامت ہے تو پھر "وقت" واقعی بطور علامت، انسانی زندگی کا مرکز حصول بن جاتا ہے۔ ویسے گوپی کی شاعری میں علامتوں کا استعمال کم کم ہی ہوا ہے۔ نظم "وقت کو سونے نہیں دوں گا" کی یہ سطریں دیکھئے۔

وقت کو سونے نہ دینا ہی زندگی ہے / وقت کے کاغذ پر / کبھی نہ مٹنے والی روشنائی سے لکھتے وقت / ابھرنے والی تصویر کا نام / انسان ہے!!

ایک اور نظم "جنگ" میں چراغ کو انسانی زندگی کا استعارہ بنایا گیا ہے۔

ایک آمرانہ نظریہ / معصوم بچوں کے ہاتھ قلم کر رہا ہے / کیا تیل بھی چراغوں کو بجھاتا ہے / اب یہی تو ہو رہا ہے

یہاں تیل بھی ایک استعارہ ہے اس ایندھن کا جس کے حصول کے لئے آج مشرق و مغرب آپس میں دست و گریباں ہیں۔ "ایگل" جو ایک نظم کا عنوان بھی ہے اور امریکی نوآز سیاسی جبریت کا استعارہ بھی، کے یہ تیور دیکھئے۔

اڑتے ہوئے بے حیا "ایگل" کو دنیا / بہت چھوٹی دکھائی دے رہی ہے / اس کے پروں کو کاٹ کر / دکھانا ہے کہ / انسان کتنا عظیم ہے!

پیکر تراشی کی مثالوں میں یہ دو نظمیں ملاحظہ ہوں۔ پہلی نظم "گاؤں کا تالاب"۔

ان پتھروں سے کان لگاؤ / تو پانی کو سنوگے / ان گڑھوں کو دیکھو / آنسوؤں کے بغیر / کھوپڑی کے خول کی طرح دکھائی دیتے ہیں / دور دور تک پھیلے ہوئے / تالاب کی لاش پر / کیڑے مکوڑوں کی طرح کھڑی ہوئی عمارتیں

نظم نمبر (۲) "ہماری بیٹی" جس میں شاعر نے یہ دکھایا ہے کہ انسانی رشتوں کی چاہ میں درد و غم گھل کر کس طرح پھوٹ پڑتا ہے۔

کانٹوں جیسے لمحوں کے بستر پر / آسمان کو ہمارے سینے پر رکھ کر چلی گئی / اسے نہیں معلوم / اس کی موت ایک لمحہ ہے / تو ہماری موت ہر لمحہ ہے

المختصر۔۔۔ یہ نظمیں ایک تازہ کاری و پرکاری کا احساس دلاتی ہیں اور تفصیل کے مقابل جامعیت، بیانیہ کے مقابل ایمائیت اور روایت کے مقابل جدت کی حامل ہیں۔ یہ ترجمہ واقعی اپنے اندر "باز تخلیق" کی شان رکھتا ہے۔ چنانچہ این۔ گوپی اور غیاث متین یعنی شاعر اور مترجم دونوں ہماری مبارکباد کے مستحق ہیں۔

(اپریل ۲۰۰۶ء)

☆☆☆

(۳۴)

محسن جلگانوی کا شعری مجموعہ 'آنکھ سچ بولتی ہے': ایک مطالعہ

اردو شاعری نے روایت سے لے کر ترقی پسندی، جدیدیت اور پھر مابعد جدیدیت ایک لمبا تخلیقی سفر طے کیا ہے۔ آئے دن بازار میں بیسیوں شعری مجموعے منظر عام پر آتے ہیں لیکن کوئی کوئی ہی مجموعہ اپنی طرف توجہ کھینچ لیتا ہے۔ محسن جلگانوی کا تیسرا شعری مجموعہ "آنکھ سچ بولتی ہے" ایسا ہی ایک شعری مجموعہ ہے۔ میں نے کہیں لکھا ہے کہ محسن جلگانوی اردو شعری ادب کے جدید تر ادبی رویوں کا ایک معتبر نام ہے۔ ان کے پہلے دو شعری مجموعے "الفاف" اور "تھوڑا سا آسمان زمیں پر" علی الترتیب ۱۹۷۹ء اور ۱۹۹۶ء میں شائع ہوئے تھے اور اب یہ تیسرا مجموعہ ڈسمبر ۲۰۰۰ء میں سامنے آیا ہے۔ ہر مجموعہ ان کے شعری ارتقا کی واضح نشاندہی کرتا ہے۔

وہ غزل اور نظم دونوں اصناف میں یکساں قدرت رکھتے ہیں اور دونوں میں ان کی اپنی آواز، ان کا اپنا لب ولہجہ اور ان کے اپنے دستخط ہیں۔ یہ خصوصیت اور انفرادیت بہت کم شاعروں کو نصیب ہوتی ہے۔ البتہ اس تازہ مجموعے میں آزاد و پابند نظموں کے علاوہ موضوعاتی نظمیں بھی ہیں، ہندی رس گیت، ثلاثی اور ترائیلے وغیرہ بھی موجود ہیں۔ جب کہ محسن جلگانوی کا "امیج" اور ان کا تخلیقی مزاج بنیادی طور پر تازہ کار علامتوں، لفظیات اور استعارہ سازی سے عبارت ہے۔ بظاہر یہ کچھ تضاد سا معلوم ہوتا ہے لیکن نہیں ہے۔ وہ یوں کہ محسن کا تخلیقی شعور دراصل تنوع (VARIETY) کی راہ پر گامزن ہے۔ یہ رنگارنگی اور تبدیلی دراصل ان داخلی اور خارجی مشاہدات اور محسوسات کا نتیجہ ہے جن سے محسن آئے دن گذرتے رہتے ہیں۔ اسے آپ ان کی ہر صنف میں قدرتِ فن کی ایک مثال کہہ لیجئے۔ ویسے ہو سکتا ہے اگلے شعری مجموعے میں وہ اس کا اعادہ

نہ کریں کیونکہ اصناف کی اس بھیڑ بھاڑ میں ان کے اپنے شعری مزاج کے گم جانے کا اندیشہ ہے!

۱۹۷۰ء کے اوائل میں ابھرنے والی نسل کے درمیان محسن جلگانوی اپنی فکری و فنی جودتِ طبع کے لحاظ سے اپنی ایک واضح شناخت رکھتے ہیں۔ فنکار اپنے ماحول کا پروردہ ہوتا ہے اور اسی ماحولیاتی انسلاک سے وہ اپنی فنی انفرادیت متعین کرتا ہے۔ چنانچہ ریلوے کی ملازمت نے ان کی آواز میں ایک رفتار، ایک سمت اور ایک توانائی عطا کی ہے۔ خصوصاً جزئیات نگاری، پیکر سازی اور متعلقہ مصطلحات کی آمیزش سے وہ اپنے شعری اظہار کی ترسیل میں کامیاب ہو جاتے ہیں۔ ان کی نظمیں "THE SNAKE PIT"، "دیمک زدہ اثاثے کا مصرف"، "ریڈ لائٹ کی روشنی" اور "منگل سوتر" وغیرہ اس کی چند اچھی مثالیں ہیں۔

"موضوعاتی نظمیں" یہ عنوان پڑھنے کے بعد یہ نہ سمجھ لیا جائے کہ اس مجموعہ کی باقی نظمیں "غیر موضوعاتی" ہیں۔ دیکھا جائے تو ہر نظم کوئی نہ کوئی موضوع اپنے دامن میں سمیٹ لاتی ہے۔ غالباً محسن نے ان نظموں کو "موضوعاتی نظمیں" کے تحت اس لئے شامل کیا ہے کہ یہ خارجی واقعات پر محیط ہیں اور یہ کہ ہر نظم معاشرے کے کسی نہ کسی اجتماعی موضوع سے اپنا رشتہ جوڑے رکھتی ہے۔

مراٹھی کے مشہور شاعر دیوی پرساد مصرا کی مراٹھی نظم کی اردو توسیع بعنوان "وہ لوگ" ان قارئین کے لئے بھی کشش رکھتی ہے اور اثر انگیز نظر آتی ہے جنھوں نے اصل نظم مراٹھی میں نہ پڑھی ہو یا جو مراٹھی نہیں جانتے اور یہ کامیاب کاوش کی دلیل ہے۔

"ہندی رس" کے عنوان سے جو گیت دیئے گئے ہیں وہ شاعر کے "ہندی مزاج" کی غمازی کرتے ہیں۔ غالب نے کہا تھا۔

"اپنے پہ کر رہا ہوں قیاس اہل دہر کا"

محسن جلگانوی نے متنوع موضوعات کو لے کر مثلاً دیوالی، چاند، ساون کا موسم، سورج وغیرہ میں عورت کے جذبات کی ترجمانی کی ہے۔ کیونکہ گیت کا بنیادی وصف نسوانی احساسات کا اظہار ہے جو اردو میں عنقا ہے۔

کتاب کا عنوان "آنکھ سچ بولتی ہے" اس بات کی طرف اشارہ کر رہا ہے کہ شاعر زندگی کی سچائیوں کو بے کم و کاست منصّۂ شہود پر لانا چاہتا ہے۔ سچائی کڑوی بھی ہوتی ہے اور ناقابل برداشت بھی، تاہم اس کا دوٹوک اظہار اگر فنی دائروں میں رہ کر کیا جائے تو تلخی قابل برداشت ہو جاتی ہے اور سننے والوں تک پہنچانے میں کامیاب بھی ہوتی ہے۔

اب کچھ باتیں ان کی غزل کے سلسلے میں ہو جائیں۔ جیسا کہ میں نے پہلے لکھا ہے کہ محسن جلگانوی کامیاب نظم کے ساتھ ساتھ کامیاب غزل بھی کہتے ہیں۔ نظم کا اپنا میدان ہے اور غزل کی اپنی دنیا۔ ایجاز، ایمائیت اور جامعیت غزل کی جان ہیں۔ صنف غزل جہاں نو مشقوں کے لئے امتحان ہے وہیں کہنہ مشقوں کے لئے اپنے فنی اظہار کا ذریعہ، محسن جلگانوی ایک کامیاب اور بھرپور غزل گو کی صورت میں اس مجموعے کی ہر غزل میں نظر آتے ہیں۔ ان کی نظر میں غزل کے ضمن میں انہی کے یہ دو شعر خاصی توجہ کے لائق ہیں۔

سب قافیے ادق تھے ، زمینیں ثقیل تھیں
اس کی تمام غزلیں مزاجاً بخیل تھیں

مانگا ہوا اجالا تھے لفظوں کے حاشیے !
فکریں تمام خاک زدہ سنگِ میل تھیں !

نظم کی طرح غزل میں بھی محسن کا اپنا ایک استعاراتی نظام ہے اور کسی غزل گو کی انفرادیت کے لئے یہ بہت ضروری بھی ہے۔ لیکن وہ "جدیدیت" کے کلیشے سے پاک ہیں ورنہ ان کی انفرادیت خطرے میں پڑ جاتی۔ مثال کے لئے چند شعر ملاحظہ ہوں۔

کیوں جسم کے صحرا کا ، رستہ ہی نہیں کٹتا
ہر ایک قدم دل کی دھڑکن سے زیادہ ہے

ہوا کے ڈر سے ، دیئے کو بجھائے رکھتا ہے
وہ شخص درد کا چہرہ چھپائے رکھتا ہے

زندگی کی اک علامت بن کے لہراتی ہے ریل
کوئی بھی موسم ہو، بس دوڑی چلی جاتی ہے ریل

محسن جلگانوی ہیں تو جلگاؤں، مہاراشٹر اکے لیکن حیدرآباد ان کا وطن ثانی ہے اور پھر اگر "ارضِ دکن" میں جلگاؤں اور حیدرآباد دونوں کو شامل کر لیا جائے تو یہ دکنی ہی کہلائیں گے۔ ویسے بہ اعتبار فکری بصیرت اور شعری سوجھ بوجھ، محسن جلگانوی ساری اردو دنیا کے شاعر ہیں اور جہاں جہاں اردو شعر سمجھا جائے گا، وہاں وہ اپنا اعتبار قائم کرتے جائیں گے۔

(جنوری ۲۰۰۱ء)

☆ ☆ ☆

(۳۴)

یوسف روش کا نعتیہ مجموعہ 'کعبۂ عشق': اجمالی جائزہ

زیر نظر مجموعہ، یوسف روش کی حمد و نعت پر مشتمل گلدستہ ہائے رنگ و بو ہے جسے "کعبۂ عشق" کا نام دیا گیا ہے۔ ظاہر ہوا کہ حمد و نعت کہنے کے لئے "عشق" جزو لاینفک ہے، لیکن اقبال نے محبت کے لئے "ادب" کی شرط بھی رکھی ہے جو حمد سے زیادہ نعت پر لازم آتی ہے۔

بقول اقبال ۔

خموش اے دل ! بھری محفل میں چلانا نہیں اچھا
ادب پہلا قرینہ ہے محبت کے قرینوں میں !

فی الواقعی نسبت کے حساب سے دیکھا جائے تو خالقِ کائنات کے حضور میں والہانہ پن، دیوانگی اور سپردگی کسی بھی منزل میں روا اور درست ہے، لیکن نبیؐ کا عشق عبارت ہے ہوشمندی سے، حسبِ مراتب سے اور آدابِ گفتار سے۔ اسی ضمن میں کسی نے کہا ہے ۔

"باخدا دیوانہ باشد با محمد ہوشیار"

یوسف روش اہلِ سادات میں سے ہیں اور یہ نسبت ایسی ہے کہ عشق کی انتہا کے باوجود "تفاخر" کی باگوں کو تھامنا ضروری ہے ورنہ فخر و مباحات کی وادیوں میں گم ہو جانے کا اندیشہ ہے۔ میں نے یوسف روش کا کلام بہ نظر غائر دیکھا اور محسوس کیا کہ وہ نعت گوئی کے فن سے کماحقہ عہدہ بر ہوئے ہیں۔ مثالیں دینے سے گریز کرتے ہوئے میں چاہتا ہوں کہ آپ اس مجموعے کو بالتفصیل مطالعہ کے مرحلے سے گذاریں اور اس جذبے کا ادراک کریں جس سے شاعر خود گذر تا رہا ہے۔

روش نے اکثر و بیشتر حمد و نعتیں "طرح" میں کہی ہیں اور طرحی کلام میں اس بات کا امکان

زیادہ رہتا ہے کہ مصرعوں و قافیوں کے ٹکرانے کے ساتھ ساتھ مضامین اور موضوعات بھی ٹکرا جاتے ہیں لیکن یوسف روش کے ساتھ ایسا نہیں ہوا ہے وہ حتیٰ الامکان اس "تصادم" سے بچ کر نکلے ہیں اور نتیجتاً ایسا کلام وجود میں آیا ہے جو نہ صرف شاعر کے اخلاص و محبت کا غماز ہے بلکہ حمد و نعت گوئی کی صف میں ایک نکھرا ستھرا مجموعہ شائقین ادب کے سامنے پیش کرتا ہے۔

میں اس مجموعے کا دلی خیر مقدم کرتے ہوئے شاعر کو خوش آمدید کہتا ہوں اور مبارکباد دینے کے ساتھ ساتھ قوی امید رکھتا ہوں کہ اس نوع کا دوسرا مجموعہ جلد ہی منظر عام پر آئے گا اور یقیناً نقش ثانی نقش اول سے بہتر ہو گا۔

(جولائی ۲۰۰۳ء)

☆☆☆

(۳۵)

'گلدستۂ شخصیات' (خاکے اور تبصرے): نادر المسدوسی

زیر نظر کتاب نادر المسدوسی کے تحریر کردہ خاکوں اور تبصروں پر مشتمل ہے۔ مصنف نے کتاب کا نام "گلدستۂ شخصیات" رکھا ہے جو موضوع کے اعتبار سے سیدھا سادہ نام ہے۔ ڈیمائی سائز کے (۲۲۴) صفحات کی اس کتاب میں (۱۹۶) صفحات (۴۰) ادیبوں، شاعروں اور محبان اردو کے خاکوں سے آراستہ کئے گئے ہیں۔ لیکن مطالعہ سے واضح ہوتا ہے کہ ان شخصیتوں پر خاکے کم لکھے گئے ہیں، تعارف اور شخصی معلومات زیادہ ہیں۔ لہذا مناسب ہوتا کہ "خاکے اور تبصرے" کے بجائے "گلدستۂ شخصیات" کو "تعارف" ہی سے متعارف کرایا جاتا۔ "خاکہ نگاری" دراصل ایسا فن ہے جس میں شخصیت کے مختلف پہلوؤں کو تخلیقی سطح پر پیش کیا جاتا ہے۔ جب کہ اس کتاب میں اکثر جگہ انٹرویو میں سوال و جواب کے ذریعہ متعلقہ فرد کے علمی، ادبی، مذہبی اور سماجی کارناموں کے علاوہ سوانحی زندگی کا احاطہ کیا گیا ہے اور یہ چیز بھی شخصیت سے واقف ہونے کے لئے بہت کافی ہے اور اس سلسلہ میں نادر صاحب نہایت کامیاب نظر آتے ہیں۔ خصوصاً شخصیات کا مطالعہ کرنے والوں کے لئے یہ کتاب "نعمتِ غیر مترقبہ" کا درجہ رکھتی ہے۔

(۴۰) شخصیتوں میں سے نصف شخصیتیں مرحوم ہو چکی ہیں اور صاحبِ کتاب نے ہر شخصیت پر ذیلی عنوان قائم کر کے شخصیت کی نوعیت کا اظہار کر دیا ہے۔ مثال کے طور پر خورشید احمد جامی کو نئی غزل کا امام، سعید بن محمد نقش کو فن مصوری کے جادوگر، بشیر امجد کو وضعدار خوش گلو شاعر یا افسر فیضی کو درد مند، مخلص قائد و ادیب قرار دینا گویا نام کے ساتھ بہ اک نظر فن کی نشان دہی کر دینا ہے۔

ایک اور خاص بات مصنف کی یہ ہے کہ موصوف نے تمام کی تمام شخصیتیں "حیدر آباد فرخندہ بنیاد" سے منتخب کی ہیں جو کہ خود موصوف کی زبان میں اردو زبان و ادب کا گہوارہ رہا ہے اور یہ کہ بانیٔ شہر قلی قطب شاہ سے لے کر موجودہ دور تک یہاں اردو شعر و ادب کی روایات کا تسلسل بر قرار ہے۔ ہم ان کی اس بات سے کماحقہٗ متفق ہیں کہ انھوں نے اس کتاب کے ذریعہ انھیں خراج عقیدت و تحسین پیش کیا ہے۔ موصوف نے اس بات کی بھی نفی کر دی ہے کہ اردو صرف مسلمانوں کی زبان ہے کیونکہ اس "گلدستۂ شخصیات" میں غیر مسلم ادبأ و شعرأ کو بھی شامل رکھا گیا ہے اور ساتھ ہی ساتھ نئے لکھنے والوں کی بھی نمائندگی اس میں ملتی ہے۔ ڈاکٹر عقیل ہاشمی، صلاح الدین نیر، اور پروفیسر مجید بیدار نے اس کتاب کے آغاز میں اپنی رائے کا اظہار کیا ہے۔ یہ آرأ اگر شامل نہ بھی ہوتیں تو کتاب کی وقعت میں کچھ فرق نہ پڑتا کیونکہ ۔

"آفتابِ آمد دلیلِ آفتاب"

ڈاکٹر عقیل ہاشمی نے جو مضمون لکھا ہے اس کا عنوان ہے "گلدستۂ شخصیات کا آئینہ" جس سے ڈاکٹر صاحب نے مصرعۂ تاریخ ۲۰۰۷ نکالی ہے۔ اس حد تک تو ٹھیک ہے لیکن ابتدأ میں انھوں نے خاکہ نگاری کے تعلق سے تین صفحات مختص کر دیئے ہیں جب کہ "خاکہ نگاری" نادر صاحب کی اس کتاب میں کم کم ہی ملتی ہے جیسا کہ ہم نے شروع میں اس بارے میں لکھ دیا ہے۔ بہرحال ڈاکٹر ہاشمی کی اس بات سے کلیتاً اتفاق کیا جا سکتا ہے کہ یہ کتاب لائبریریوں کے لئے ناگریز ہوگی کہ مستقبل میں طلبأ، ریسیرچ اسکالرز اس سے استفادہ کریں گے۔ صلاح الدین نیر صاحب نے بجا لکھا ہے کہ "گلدستۂ شخصیات" ادبی حلقوں کے لئے ایک بہترین سوغات ہے۔ پروفیسر مجید بیدار کی یہ رائے بھی حتمی ہے کہ اس کتاب کی اشاعت حیدر آباد کے ادبی معماروں کے کارناموں کو سمجھنے اور ان سے تحریک حاصل کرنے کا ذریعہ ہے۔

نادر المسدوسی ایک اعلیٰ تعلیم یافتہ شخصیت ہونے کے ساتھ ساتھ ایک بہت اچھے قلم کار بھی ہیں۔ بہت کم ادبأ و شعرأ ایسے ہوتے ہیں جن میں یہ دونوں خصوصیات موجود ہوں۔ نادر

صاحب انہی میں سے ایک ہیں۔ موصوف کئی تصانیف کے مصنف ہیں جن میں کلام بیدل اور کلام قمر صابری کی ترتیب کاری بھی شامل ہے۔ المختصر زیر نظر کتاب "گلدستۂ شخصیات" اردو زبان اور حیدرآباد میں اردو کی ترویج و اشاعت کو ادیبوں اور شاعروں کے توسط سے معلومات آفریں مواد فراہم کرتی ہے۔ کتاب کی قیمت (۲۰۰) روپے ہے اور بمکان مصنف ۳۱۸۔ ۲۔ ۲۳، مغلپورہ، حیدرآباد۔ ۲ سے حاصل کی جاسکتی ہے۔

(مئی ۲۰۰۸ء)

☆☆☆

(۳۶)

سردار سلیم اور ان کی نظموں کے دو دھارے

سلیمان اریب نے کہیں لکھا ہے کہ " ایک شخص زندگی بھر قلم گھس کر بھی اچھا شاعر نہیں بن پاتا اور ایک شخص چند ہی برسوں میں اہم ترین شاعر بن جاتا ہے لیکن ایسا شاذ و نادر ہی ہوتا ہے اور بڑے سے بڑے شاعر کو بھی اپنا مقام بنانے کے لئے کچھ مدت ضرور درکار ہوتی ہے۔"

سخن ہائے گفتنی یہ ہے کہ آج ایک نو عمر شاعر سردار سلیم کے پہلے شاعری مجموعے "راگ بدن" کی تقریب رونمائی ہونے جارہی ہے۔ اس سے پہلے کہ ہم اس شعری مجموعے کے بارے میں گفتگو کو آگے بڑھائیں، کچھ کتاب کے نام کے تعلق سے عرض کریں۔ "راگ بدن" کی ترکیب چونکانے والی بھی ہے اور غور طلب بھی۔ ایک غیر مرئی چیز "راگ" کو ایک مرئی چیز "بدن" کے ساتھ منسلک کر کے یہ ترکیب بنائی گئی ہے۔ خود شاعر کو اس ترکیب کی تحریک جاں نثار اختر کے اس شعر سے ہوئی ہے۔

دم سادھ لیا کرتے ہیں تاروں کے مدھر راگ
جب رات گئے تیرا بدن بات کرے ہے

لیکن اس شعری مجموعے میں، اس ترکیب سے مماثلت رکھنے والی شاعری کا تناسب کم کم دیکھنے میں آتا ہے۔ کیا "راگ بدن" کو انگریزی ترکیب "باڈی لینگویج" کا ترجمہ سمجھا جائے یا شاعر نے "راگ " کے لفظ کو تجسیم یا personify کرنے کی خاطر "راگ بدن" کی اصطلاح وضع کی ہے؟ ہر دو صورتوں میں لگتا ہے شاعر نے اپنی کتاب کا انتساب جس پیکر خیال کے نام کیا ہے، اس کے لئے "راگ بدن" سے زیادہ موزوں ترکیب یا اصطلاح نہیں ہو سکتی کیونکہ شاعر نے خود اعتراف کیا

ہے کہ یہ پیکر خیال اس کے شعر میں اس سے زیادہ بولتا ہے۔

شاعر کے سوانحی تفصیلات کے مطابق شاعر کی طبعی عمر ۲۸ سال ہے۔ شعر گوئی اس نے ۱۴ سال کی عمر سے شروع کی یعنی سن ستّاسی سے، پہلا مشاعرہ سن نوّے میں پڑھا اور کلام کی اشاعت کا سلسلہ سن پچانوے سے جاری ہے۔ شاعر نے جب میدانِ شعر و ادب میں اپنا اشہبِ قلم دوڑایا تو خود شاعر کی زبان میں بعض لوگوں نے اس پر سرقاتِ شعری کی تہمتیں چسپاں کر دیں اس استدلال کے ساتھ کہ کسی متبدی میں ایسی ندرت اور فن پر ایسا عبور ہر گز نہیں ہو سکتا لیکن شاعر نے خود لکھا ہے کہ " احقر نے بہتوں کو فی البدیہہ طبع آزمائی کے ذریعہ قائل کر دیا مگر بیشتر افراد اب بھی بدگمان ہیں۔ "(unquote) ہم دعا گو ہیں کہ خدا انھیں نیک توفیق عطا فرمائے۔

سردار سلیم نے صرف (۱۴) برس کی مشق و مزاولت کے بعد ہی اپنا پہلا شعری مجموعہ شائع کر ڈالا۔ جو ڈیمائی سائز کے (۱۲۰) صفحات پر مشتمل ہے۔ جس میں سے (۱۲) صفحات پر مضطر مجاز، محمد علی اثر اور مسرور عابدی کے مضامین ہیں اور (۸) صفحات سب ٹائٹل، انتساب، اظہار تشکر اور اشتہار کے لئے مختص کئے گئے ہیں۔ شاعری کا مواد (۱۰۰) صفحات پر پھیلا ہوا ہے۔ ان (۱۰۰) صفحات پر اجمالی نظر ڈالی جائے تو مایوسی نہیں ہوتی۔ (۵۳) غزلیں، (۱۲) نظمیں، کچھ ماہیئے و ماہیا گیت، تروینی اور دوہوں میں ہمیں لب و لہجے کے دو واضح دھارے نظر آتے ہیں۔

پہلے دھارے میں زبان سنبھلی ہوئی، انداز بیان تازہ کاری لئے ہوئے اور لفظیات، جدت طرازی کی حامل ہیں۔ مثال کے طور پر یہ تین شعر ملاحظہ ہو۔

ترے بغیر بھی اب پرسکون رہتا ہوں
مرے مزاج نے تنہایاں پہن لی ہیں

مکان اگنے لگے ہیں بجائے پیڑوں کے
کہ جنگلوں نے بھی اب بستیاں پہن لی ہیں

تری نظر کا لبادہ ہے بے نیازی کا
مرے لبوں نے بھی خاموشیاں پہن لی ہیں

دوسرا دھاراقدرے ناہموار، غیر استوار اور غیر متوازن ہے۔ کھردرا، کرخت اور عامیانہ۔ لفظیات، غزل کے روایتی مزاج سے نامانوس اور کہیں کہیں رکاکت کی حامل۔ اس دوسرے لہجے نے غزل کے رسیا کو انگلی اٹھانے کا موقع فراہم کر دیا ہے۔ پتہ نہیں یہ ردّ عمل ہے یا روایتی اور لکیر کے فقیر شاعروں کے خلاف یا کیا ہے؟ حالانکہ شاعر نے ایک جگہ خود کہا ہے۔

وہ بولنے کے لئے بے تکان بولے گا
مگر کیا اہل زباں کی زباں بولے گا

اس کے علاوہ شاعر کو اس بات کا بھی شدید احساس ہے کہ اس کے اپنے اظہار کے لئے موزوں لفظ نہیں مل رہا ہے۔ کہتا ہے۔

سوادِ شوق نے صفحوں کے صفحے چھان ڈالے ہیں
مگر اک لفظ بھی اظہار کے قابل نہیں ملتا

اینٹی غزل کے باب میں سردار سلیم نے کچھ زیادہ ہی کُھل کھیلنے کی کوشش کی ہے جس کے نتیجے میں ایسے شعر معرض وجود میں آئے ہیں۔

چھینک سے لفظ بکھر جائیں گے
شعر کی ناک میں انگلی نہ گھسیڑ

گنگنا کر شاعری کرنے کا گر ہم میں نہیں
دیکھنا کتنی سریلی دھن میں ڈکراتا ہے بیل

ٹھیک ہے اچھے کام بھی کرنا
نفس کے بندروں کو ہانک تو لے

اس مجموعے کے بالاستیعاب مطالعے کے بعد ایک سوال ابھرتا ہے کہ لب ولہجے کے ان دو متضاد دھاروں میں شاعر کو کون سا لب ولہجہ اختیار کرنا چاہیئے؟ میری ناچیز رائے میں اینٹی غزل کی ٹامک ٹوئیوں میں پھنسنے کے بجائے بہتر ہوگا کہ شاعر اپنی فنی استعداد و وسیع تر مطالعے اور ذوقِ

شعری کو بروئے کار لاتے ہوئے شاعری کے اس لہجے کو اپنا لے جو اسے فکر وفن کے تیئں اعتبار بھی بخشے گا اور شعری ڈھانچے کو مثبت انداز کی انفرادیت بھی عطا کر سکے گا۔ شاعر نے ایک جگہ خود کہا ہے۔

کام اتنا تو مِری فکر رسا کرتی ہے
ذہن کو قیدِ روایت سے رہا کرتی ہے

"قیدِ روایت" سے تو وہ کبھی کا رہا ہو چکا ہے، اب باری ہے اس غیر معتدل اور غیر ثقہ، ژولیدہ بیانی سے چھٹکارہ پانے کی جس کے ہوتے ہوئے ممکن ہے شاعر درجۂ استناد کو نہ پہنچ سکے۔

"روایت گریزی" بہت اچھی چیز ہے لیکن شاعری بہر حال درد کی آنچ میں الفاظ کو پگھلانے کا فن ہے۔ مثال کے طور پر طنز و مزاح پر ظرافت کی کاٹ اگر پھکڑ پن اور ابتذال کا جامہ پہن لے تو ایوانِ ادب میں سبھی کو ناگوارِ خاطر محسوس ہو گا۔ میں یہاں کسی ناصح یا محتسب کا منصب نہیں ادا کر رہا ہوں بلکہ شعر و ادب کی خیر منا رہا ہوں۔ میری بات کی وضاحت خود سردار سلیم کے ان دو شعروں سے ہو جاتی ہے۔

نہ ڈالو خطرے میں ایک دوسرے کی خیریتیں
ہے دل میں بغض تو پھر روک دو مراسلتیں
یہ کیا تماشہ ہے اپنوں سے بیر رکھتے ہو
اماں ہٹاؤ ! بہت ہو چکیں مخالفتیں !

آخر میں ہم اپنی تمام تر نیک تمناؤں کے ساتھ مبارکباد دیتے ہوئے اس بات کے آرزومند ہیں کہ سردار سلیم کا یہ پہلا مجموعہ، جلد یا بدیر ان کے دوسرے مجموعے کا پیش خیمہ ثابت ہو۔

(اپریل ۲۰۰۱ء)

☆☆☆

(۳۷)

سید ریاض رحیم کا شعری مجموعہ 'جب تک منظر نہ بدل جائے': ایک مطالعہ

زیر نظر شعری مجموعہ "جب تک منظر نہ بدل جائے" سید ریاض رحیم کی ربع صدی کا دفتر شعر و سخن ہے جس کا بالا ستعیاب مطالعہ ہمیں مایوس نہیں کرتا بلکہ یہ احساس دلاتا ہے کہ ان دنوں شاعروں کی "فوجِ ظفر موج" کے شور و غوغا میں کوئی انفرادی آواز ہے جو اپنی الگ پہچان رکھتی ہے۔ حالانکہ غزل کی شاعری نے، روایات کی پاسداری بھی کی ہے اور شاعری استبداد سے بغاوت بھی کی ہے تاہم کچھ آوازیں مانوس لب و لہجہ کے درمیان نامانوس انداز کا احساس دلاتی ہیں۔ انہی نامانوس انداز میں ایک انداز ریاض رحیم کا بھی ہے۔ یہ وہ انداز ہے جو درد کی آنچ میں الفاظ کو پگھلاتا ہے اور حکایتِ جاں کو حکایتِ غمِ کائنات بنا کر پیش کرتا ہے۔ ریاض رحیم کا یہ شعر دیکھئے۔

ہم اپنے سکوں کو لے کر خالی ہاتھ ہی لوٹ آئے
دنیا کے ان بازاروں میں کھوٹے سکے چلتے تھے

جس شاعر کو اس بات کا ادراک ہو کہ اس کی حکایتِ نقد جاں کی پذیرائی، کم سخنوں کی بھیڑ بھاڑ میں مشکل ہو جائے گی وہ پھر بھی غزل کہے جاتا ہے اور اتنی غزلیں کہہ لیتا ہے کہ ایک مجموعے کی شکل میں پیش کر سکے تو اسے غالب کی زبان میں "جرأت رندانہ" ہی کہا جائے گا۔ لیکن یہ حقیقت بھی اپنی جگہ مسلّم ہے کہ عشق جب جنوں کی حد سے گذر جائے تو پھر کسی قید کی پروا نہیں کرتا۔ خود شاعر کے مطابق غزل سے اس کو جنوں کی حد تک عشق ہے۔

مجھے اس شعری مجموعے میں سب سے اچھی بات یہ لگی کہ شاعر نے کسی اور سے نہ تعارفی مضمون لکھوایا ہے اور نہ ہی اپنے فکر و فن کے بارے میں کسی مستند نقاد سے رائے لی ہے۔ اس سے

شاعر کی خود اعتمادی ظاہر ہوتی ہے۔ اسے اس بات کی بھی خبر ہے کہ وہ اپنے شعر سے کسی نئی بات کا انکشاف بھی نہیں کر رہا ہے۔ چنانچہ کہتا ہے ۔

جو ہزاروں سال سے میں کہہ رہا ہوں
پھر وہی اک بات کہنا چاہتا ہوں !

"منظر" کا استعارہ، ریاض رحیم کے ہاں کتاب کے نام سے لے کر غزل میں بار بار آیا ہے۔ کبھی وہ کہتے ہیں ۔

سوچ سمجھ کر ، سوچ سمجھ کر کام کرو
بدل نہ جائے جب تک منظر کام کرو

کبھی وہ شاعروں، ادیبوں اور دانشوروں کے نام ایک غزل معنون کرتے ہیں جس کا مطلع خوب ہے ۔

اے زندگی وہ پہلے سے منظر نہیں رہے
مقتل سجے ہوئے ہیں مگر سر نہیں رہے

اضافتیں، ترکیبیں، بھاری بھر کم اصطلاحیں ان سب سے ریاض رحیم نے کوئی کام نہیں لیا ہے۔ ان کی شعری اساس سادہ بیانی، عام بول چال کی زبان اور کم پیچیدہ طرزِ بیان سے سے اٹھی ہے۔ ریاض رحیم شاعرانہ دیوانگی کے ساتھ دانشورانہ سنجیدگی کو مقدم مانتے ہیں۔ سادگی، معصومیت اور غنائیت سے مملو شاعری انھیں زیادہ متاثر کرتی ہے۔ وہ رقم طراز ہیں:

"میں ایسی شاعری کو پسند کرتا ہوں جس میں ہندوستان کی تہذیب سانس لیتی ہے اور جو اپنے عہد کے سماجی، سیاسی، تہذیبی، معاشرتی، مذہبی اور معاشی حالات کی آئینہ دار ہے۔"

ان کی ایک طویل غزل کے پانچ شعر خاص طور پر نوٹ کرنا چاہوں گا جس میں جہاں زباں سلیس ہے وہیں مفہوم کے اعتبار سے معنویت بہت زیادہ ہے۔

ضرورت سے زیادہ بولتا ہے
وہ پیتل کو بھی سونا بولتا ہے

یہ کیسا شور ہے دنیا میں آخر
کہ سچا چپ ہے، جھوٹا بولتا ہے

کبھی تو چیخنا بیکار سب کا
کبھی تو اک اشارہ بولتا ہے

مسافر اب نہیں کوئی کہیں بھی
کہ ہم سے صرف رستہ بولتا ہے

سبھی کے بولنے کا وقت ہے یہ
مگر وہ شخص تنہا بولتا ہے

اس نوع کی کئی مثالیں اس شعری مجموعے میں جا بجا ہم کو ملتی ہیں۔ یہ سچ ہے کہ ہماری کلاسیکی شاعری میں رمز و ایمائیت بھی تھی اور ایجاز و استعارے بھی لیکن برسہا برس کی تقلید در تقلید کی چکّی میں پس کر سب از کار رفتہ ہو چلے تھے نتیجہ میں مضامین کی تکرار نے شاعری کو گھسے پٹے مضامین کا گورکھ دھندہ بنا کر رکھ دیا تھا۔ لہٰذا جدید طرز اظہار، اس کا لازمی نتیجہ تھا ترقی پسند ادب اور جدیدیت اس کی واضح مثالیں ہیں۔ ریاض رحیم کی شاعری موضوع کے اعتبار سے نئی نہ سہی، اندازِ بیان اور لب و لہجہ کے اعتبار سے انفرادی نوعیت کی حامل ہے۔ ہم اس شاعر کا دلی خیر مقدم کرتے ہیں اور امید کرتے ہیں کہ نقشِ دوم، نقش اول سے بہتر ہو گا۔

یہ شعری مجموعہ ڈیمائی سائز کے (۱۱۲) صفحات پر مشتمل ہے اور قیمت (۱۰۰) روپے زیادہ نہیں۔ کتاب اس پتہ پر دستیاب ہے: ریاض رحیم، ریحانہ ہاؤس، عقب کالینہ چرچ، کالینہ، سانتا کروز، ممبئی۔ ۴۰۰۰۲۹۔

☆☆☆

(۳۸)

مدحت آرائی میں ہے 'محوئے نعت'

سرورِ کائناتؐ، آقائے نامدارؐ اور حضور پر نورؐ حضرت محمد مصطفٰے صلی اللہ وعلیہ وسلم کی ذات گرامی اپنے کمالِ خلق، مقصد تعلیم و توحید اور معاملاتِ دینی و دینوی میں اس قدر بلندی پر فائز ہے کہ آپؐ کی جتنی بھی توصیف نثر و نظم میں کی جائے کم ہے۔ زیر نظر نعتیہ شعری مجموعہ "محوِ نعت" مولانا جمیل الدین شرفی کی تخلیق ہے جو بلحاظ موضوعاتی استدراک اور بلحاظ زبان و بیان، سلیقگی، شیفتگی و فریفتگی کا نادر نمونہ ہے۔ تخلیق کار دو قسم کے ہوتے ہیں۔ ایک تو عادتاً ہوتے ہیں دوسرے مزاجاً۔ حضرت جمیل کی گھٹی میں جہاں توفیقاً اللہ و رسول کی ثناؑ و مدحت پڑی ہے وہیں ان کا مزاج خالصتاً شاعرانہ ہے۔

"محوِ نعت" جناب والا کا تیسرا نعتیہ مجموعہ ہے۔ (۱) جوہر سیف ۱۹۹۵ء (۲) جوئے رحمت ۲۰۰۵ء اور اب (۳) محوِ نعت ۲۰۰۶، دوسرے اور تیسرے مجموعہ میں صرف ایک سال کا فصل ہے۔ اس پر مجھے غالب کا یہ شعر یاد آتا ہے۔

رَو میں ہے رخشِ عمر کہاں دیکھیئے تھمے
نے ہاتھ باگ پر ہے نہ پا ہے رکاب میں

"رخش عمر" کی ترکیب میں "رخش شعر" یا "رخش نعت" کی جزوی تبدیلی کرلی جائے تو ثابت ہوتا ہے کہ مولانا جمیل الدین شرفی کی "شعر گوئی" یا دوسرے معنوں میں "نعت گوئی" کی رفتار انتہائی تیز ہے۔

اس مجموعے میں حمد باریٔ تعالٰی کی تعداد صرف دو ہے جبکہ نعوت کی تعداد (۷۲) ہے جو

اس لحاظ سے معنٰی خیز ہے کہ دین محمدی میں (۷۲) مسالک ہیں، جنھیں آپ راہیں، راستے یا طریقہ کہہ لیجئے اختلافی بحث کے بغیر۔ حضرت جمیل کا ایک اور وصف جس کا ذکر شاید میں نے ان کے پچھلے مجموعہ "جوئے رحمت" میں بھی کیا تھا وہ ہے کہ موصوف کا عقیدت اور عشق کی وارفتگی میں مبالغہ سے بچ نکلنا۔ مثال کے طور پر یہ شعر۔

محمدؐ کو خدا کہنا نہیں ہے
محمدؐ عارفانہ اور ہی ہے!

ایک اور نعت کے مطلع میں "صاحبانہ" کا لفظ استعمال ہوا ہے۔ مطلع یوں ہے۔

محمدؐ صاحبانہ اور ہی ہے
محمدؐ مالکانہ اور ہی ہے

ویسے تو لفظ "صاحب" ایک کلمۂ احترام ہے جو نام کے بعد لکھا جاتا ہے لیکن اس مطلع میں "صاحبانہ" کہہ کر کلمۂ خطاب کے صفاتی درجہ کو اونچا کر دیا گیا ہے۔ اسی نعت میں اسی قبیل کا ایک اور لفظ بی بی خدیجہ کے بعد "عائشانہ" آیا ہے۔ پورا شعر یہ ہے۔

محمدؐ کے لئے حسن خدیجہ
محمدؐ عائشانہ اور ہی ہے

"محو نعت" میں ڈاکٹر عقیل ہاشمی نے بہت ہی مبسوط اور خاصا طویل مقدمہ لکھا ہے اور فی الواقعی صاحبِ کتاب کی قادر الکلامی کو صحیح معنٰی میں خراج تحسین پیش کیا ہے۔ خاص بات یہ ہے کہ مقدمہ کا عنوان "مرغوب القلوب محوِ نعت آباد باد" رکھا ہے، عنوان کے علاوہ مصرعۂ تاریخ بھی ہے۔

نعوت سے پہلے درج کردہ یہ شعر، تخلیقِ نعت سے پہلے کی کیفیت بیان کرتا ہے۔

با ادب با وضو قافیہ اور ردیف
اس سلیقے کی سب شاعری نعت ہے

اس شعر کو پڑھ کر ایک نعت گو کا شعر یاد آگیا جو یوں ہے۔

لفظ جب تک وضو نہیں کرتے
ہم تری گفتگو نہیں کرتے

مولانا جمیل الدین شرفی نے اپنی اس کتاب "محوِ نعت" کا انتساب جس طرح فرمایا ہے وہ نہ صرف موصوف کی حضور اکرمؐ سے والہانہ عشق کو ثابت کرتا ہے بلکہ یہ بھی ظاہر کرتا ہے کہ اپنی سرزمین کو جو ان کا وطن بھی ہے اس کو حضور اکرمؐ نے کس درجہ اعتبار بخشا ہے۔ ملاحظہ ہو۔

ہندوستان کی اس ٹھنڈی ہوا کے نام جس کی محبت بھری خنکی
مِرے آقا رحمت اللعٰلمین صلی اللہ علیہ وسلم نے محسوس فرمائی
(اللھم صل علے سیدی و مولائی و محمدی وبارک وسلم)

مجھے اس مجموعۂ نعت میں جو خاص بات محسوس ہوئی وہ یہ ہے کہ سینکڑوں برس سے جو نعتیں اردو میں کہی جاتی رہی ہیں، "محوِ نعت" کی نعتیں اس لحاظ سے ہٹ کر ہیں کہ ان میں "روایتی پن" اور غزل کے مانوس ماحول کے باوصف "پرانے پن" کا مطلق احساس نہیں ہوتا بلکہ تازہ کاری کے علاوہ بھینی بھینی سوندھی محبت کی مٹی مشامِ جاں کو معطر کر دیتی ہے۔ چند مثالیں۔

تمھاری ذات کا عرفان بھی ہے قراں میں
خلاصہ اس کا قیودِ سخن سے ہٹ کر ہے

تمھارے ہاتھ میں دستر ، تمھیں کو فاقے بھی
تمھاری فکر و فراغت بھی تن سے ہٹ کر ہے

جمیلؔ شاعری ، نعتِ شریف میں ہے گم
یہاں تو حکمت و دانائی ، فن سے ہٹ کر ہے

البتہ ایک نعت کا یہ شعر جو محل نظر سا لگتا ہے، شاید شاعر نے قافیہ کی مجبوری کے تحت کہا ہے۔

کفر کے انبار پر ٹھیری نظر
ہو گیا سب "کھلا بلّا" اور بس

حاشئیے میں "کھلا بلّا" کے تعلق سے درج ہے کہ مراد "کھل بلی"، یہ ایک اختراعی کوشش ہے۔ اس کے باوجود کہ میں اہل زبان کی اختراعی کوشش کو روا سمجھتا ہوں اور شاعر اہل زبان ہے اور بس۔ مولانا کے نعتیہ مضامین میں پچھلے نعتیہ مجموعے کی طرح زیر نظر مجموعہ میں بھی تلمیحاتی پہلو نمایاں ہے۔ لیکن اس خصوصیت کے ساتھ کہ تلمیحات کی وساطت سے نتائج اخذ کر کے انھیں شعری پیکر میں ڈھالا ہے۔ مثال کے لئے صرف ایک نعت کافی ہے۔ مطلع و مقطع پیش ہے۔

آیتوں کا سفر صرف تیئس سال
منزلوں تک گذر صرف تیئس سال
عمر بھر کوششوں کا نتیجہ جمیلؔ
میرے پیشِ نظر صرف تیئس سال

اس نعتیہ مجموعے میں قوسین کے مصرعوں کو اگر طرحی مصرعہ پر قیاس کریں تو گرہ خوب لگائی گئی ہے۔ صرف تین مثالیں پیش کی جاتی ہیں۔

سروں پر اوڑھ لیں اس کو پہن لیں جسموں پر
"ہماری عید بھی صدقہ شہہ انام کا ہے"
ہوش ساکت ، فکر حیراں ، کیا کروں مَیں کیا کرو ں؟
"بزمِ میلادالنبی میں آمد سرکارؐ ہے"
میرا مزاج پوچھتے رہتے ہیں آسماں
"عشق نبیؐ کا جب سے میں بیمار ہوگیا !"

الختصر یہ نعتیہ مجموعہ "محو نعت" خدمتِ اقدس رسول میں بہت خوب نذرانہ ہے۔

موصوف کے سن ۲۰۰۰ء میں کعبتہ اللہ کے طواف کے بعد دعا ہے کہ اور بھی اس مقدس سرزمین کی زیارتیں نصیب ہوں۔ آمین۔ انہی کے شعر پر گفتگو ختم کرتا ہوں۔

ساتوں چکر اس کے گھر کے سوچتے رہتے ہیں یہ
یعنی ہم بھی کر رہے ہیں آسمانوں کا سفر

(ستمبر ۲۰۰۶ء)

☆☆☆

(۳۹)

'ولی اورنگ آبادی' آغا مرزا بیگ کی تحقیقی تصنیف

آغا مرزا بیگ کی زیر نظر تصنیف "ولی اورنگ آبادی" تحقیق و تجسس کا ایک نادر الوجود نمونہ ہے بقول شاعر۔

دفن ہیں ملبوں میں کتنے ہی نوادر وقت کے
دیکھنا تاریخ کیا کیا ڈھونڈتی رہ جائے گی

اور جب آغا مرزا بیگ جیسا کوئی متجسس، تشنگی کا احساس اور جستجو کا جذبہ لئے تحقیق کے میدان میں سرگرداں رہتا ہے تو کئی گوہر نایاب اس کے ہاتھ لگتے ہیں۔ حیرت و استعجاب کا مقام ہے کہ آغا صاحب کوئی پیشہ ور محقق نہیں بلکہ زندگی میں ایک سرکاری آفیسر رہے ہیں۔ بہ ایں ہمہ ڈیمائی سائز کے (۲۰۶) صفحات پر مشتمل اس کتاب میں "دیوانِ ولی اورنگ آبادی" کے ایک قدیم نسخہ کو بنیاد بنا کر انھوں نے ایک طویل مقدمہ لکھ ڈالا۔ جس کے عنوانات پر نظر ڈالتے ہی یہ اندازہ ہو جاتا ہے کہ موصوف نے بعض ایسی غلط فہمیوں کا ازالہ کرنے کی کامیاب کوشش کی ہے جو امتدادِ زمانہ کے باعث عوام و خواص میں رواج پا گئی ہیں۔ جس میں سب سے بڑی تحقیق یہ ہے کہ ولی، اورنگ آبادی ہی ہیں گجراتی نہیں۔ ہر چند ولی کے خاندان کا تعلق علاقہ گجرات سے تھا لیکن مورخین کا اس امر پر اتفاق ہے کہ ولی کی پیدائش و موت دونوں اورنگ آباد میں ہوئی اور یہ کہ انھیں ان کے آبائی قبرستان میں حضرت شاہ گجراتی کے بائیں جانب مشرقی کونے میں دفن کیا گیا۔ علم کشفِ القبور کے ماہرین نے ان کی قبر کی شناخت بھی کی ہے۔

بقول ڈاکٹر مظہر محی الدین اس سلسلے میں جو دلیلیں آغا مرزا بیگ نے پیش کی ہیں ان میں

کافی وزن ہے۔ یہ صحیح ہے کہ ولی اورنگ آبادی کو اردو شاعری کا باوا آدم قرار دیا گیا، تاہم اس کے ساتھ المیہ یہ ہوا کہ کچھ حضرات نے ولی کے کلام میں قدیم الفاظ کو (جو اسی دور کی ترجمانی کرتے تھے) اپنی خود غرضانہ طینت کے سبب یکسر بدل کر دوسرے جدید الفاظ شامل کر لئے۔ دنیائے ادب میں ایسی افسوسناک مثال کم ملتی ہے کہ کسی شاعر کے کلام کو اس طرح مسخ کیا گیا ہو۔

آغا مرزا بیگ کی تحقیق کا کمال یہ ہے کہ انھوں نے انتہائی "غیر جذباتی انداز" میں (تحقیق کے باب میں غیر جذباتی انداز بہت ضروری ہے کیونکہ صداقت کی پیشکشی اس کے بغیر ممکن نہیں) مختلف عنوانات قائم کر کے ولی کے کلام کی خصوصیات کو اس کے عہد کی روشنی میں اجاگر کیا ہے۔ اس قدر عرق ریزی کے ساتھ تنقیدی استدراک کی مثال ملنی مشکل ہے اور بلاشبہ آغا صاحب اردو دنیا کی طرف سے مبارکباد کے مستحق ہیں۔

ولی کی تاریخ پیدائش ۱۰۷۹ھ برآمد کی گئی ہے۔ گویا ولی آج سے کوئی تین سو، سوا تین سو سال پہلے کا شاعر ہے اور ظاہر ہے کہ یہ زمانہ دکنی اردو کی ابتدائی ترویج و اشاعت کا زمانہ ہے۔ اس کے باوجود ولی کے بارے میں مصنف نے کسی کا یہ قول بالکل درست نقل کیا ہے کہ "ولی کا جو قائل نہیں اسے شیطان کہتے ہیں!" اور یہ کہ بقول حاتم۔

حاتمؔ یہ فنِ شعر میں کچھ تو بھی کم نہیں
لیکن ولیؔ، ولیؔ ہے جہانِ سخن کے بیچ

ولی کے سنِ وفات کے تعلق سے بھی کافی اختلاف پایا گیا ہے، اس ضمن میں "ولی کا سنِ وفات" کے تحت آغا صاحب نے نہایت ہی بے باکی سے لکھا ہے "یہ وقت کی بڑی ستم ظریفی رہی کہ بعض دانشورانِ اردو ادب نے اورنگ آباد کے مشاہیر کے حیات و ممات اور ان کے کلام کو بعض حالات کے تحت الجھا کر رکھ دیا ہے۔ جہاں ان پر اس قدر حاشیہ آرائی کی گئی ہے کہ حقیقت پردۂ اخفا میں گم ہو کر رہ گئی ہے"۔

بہر حال آغا صاحب نے بابائے اردو مولوی عبدالحق اور عبدالجبار ملکاپوری کی تحریریں درج کرتے ہوئے مولوی صاحب کی تحقیق کو رد کیا اور عبدالجبار ملکاپوری کی تحقیق پر صاد کرتے

ہوئے یہ نتیجہ اخذ کیا ہے کہ ولی اورنگ آبادی کا سنِ وفات ۱۱۵۵ھ بر آمد ہوتا ہے۔ گویا ولی نے اس لحاظ سے بموجب قمری سن (۷۶) سال کی طبعی عمر پائی۔ المختصر آغا مرزا بیگ کی یہ کتاب "ولی اورنگ آبادی" تحقیق کے باب میں نہایت ہی قابل قدر کتاب ہے۔ جسے نہ صرف ریسرچ اسکالرس استفادہ کرسکتے ہیں بلکہ اس میں مندرج اقتباسات بلا جھجک موضوعِ زیر بحث کے تحت دیئے جاسکتے ہیں۔ کتاب کی قیمت ۲۰۰ روپے اس کی ان گنت خوبیوں کو مد نظر رکھتے ہوئے قطعی زیادہ نہیں ہے۔ کتاب منصف (آغا مرزا بیگ) کے پتے: مکان نمبر ۸۰۔ ا۔ ۲ ملک عنبر چوک، قاضی واڑہ، اورنگ آباد سے قیمتاً حاصل کی جاسکتی ہے۔

(جون ۲۰۰۱ء)

☆☆☆

(۴۰)

'عکس محبوب نگر' ایک اجمالی نظر

اس سے قبل کہ راقم الحروف زیر نظر تصنیف "عکسِ محبوب نگر" پر کچھ خامہ فرسائی کرے جو کہ در حقیقت آندھرا پردیش کے ضلع محبوب نگر کی ایک سو سالہ تاریخ اردو ادب ہے، مناسب معلوم ہوتا ہے کہ کچھ جملے "وقائع نگاری" پر عرض کرے۔ یہ اصطلاح "عکسِ محبوب نگر" کے مطالعے کے دوران ذہن میں آئی۔ اردو ادب کی تاریخ پر بیسیوں کتابیں لکھی گئی ہیں لیکن وہ تمام کتابیں ہندوستان کے مختلف مراکز کا احاطہ کرتی ہیں۔ زیر نظر تصنیف صرف ایک خطۂ زمیں محبوب نگر کی ادبی تاریخ ہے۔ جو بہت ہی خوبصورت اور دلچسپ انداز میں باب واری شعبے قائم کرکے بالتفصیل بیان کی گئی ہے۔

"وقائع نگاری" کی اصطلاح کو لغوی معنوں میں واضح کیا جائے تو جنگی نامہ نگاری کے آتے ہیں لیکن اس مفہوم کو پھیلا دیا جائے تو ہر صنفِ ادب پر اس کا اطلاق ہو سکتا ہے۔ انفارمیشن ٹکنالوجی کے اس دور میں اس صنف کی اہمیت بہت بڑھ جاتی ہے۔ اس کتاب کے مرتب ہیں محمد بن علی المسدوسی نادر جو عرفِ عام میں "نادر المسدوسی" سے جانے پہچانے جاتے ہیں۔ موصوف کا کمال یہ ہے کہ انہوں نے (۳۸۴) ڈیمائی سائز کے صفحات پر "دیانت دارانہ تحقیق" کا حق ادا کر دیا ہے۔ "دیانت دارانہ" الفاظ پر چونکئے مت، میں نے انھیں جان بوجھ کر استعمال کیا ہے۔ وہ اس لئے کہ فی الواقعی صاحبِ کتاب نے ایک ریسرچ اسکالر کی طرح چھان پھٹک کر اس کتاب کو مدّون کیا ہے۔ ورنہ ہوتا یہ ہے کہ بالعموم دلچسپی اور زیب داستاں کی خاطر مرتب سنے سنائے واقعات کو شامل کر لیتا ہے۔ میں سمجھتا ہوں کہ اس کتاب میں ایسا کچھ نہیں ہے۔

آگے بڑھنے سے پہلے "فہرست مشمولات" پر طائرانہ نظر ڈالئے تو معلوم ہوگا کہ جملہ سات ابواب قائم کئے گئے ہیں جو یقیناً کسی بھی ادبی تاریخ کے لئے اتمام حجّت کا درجہ رکھتے ہیں۔ ملاحظہ ہوں:

باب اوّل : ضلع محبوب نگر کا مختصر تعارف (جغرافیائی، تاریخی وادبی پس منظر)

باب دوّم : ضلع محبوب نگر میں اردو شعر وادب

باب سوّم : محبوب نگر کی ادبی انجمنیں

باب چہارم: ضلع محبوب نگر میں اردو صحافت

باب پنجم : محبوب نگر کی ادب نواز شخصیتیں

باب ششم : ضلع محبوب نگر میں اردو نثر کا ارتقاؑ

باب ہفتم : ضلع محبوب نگر میں اردو نظم کا ارتقاؑ

"ہم سخن فہم ہیں غالب کے طرفدار نہیں" کے مصداق بلاشبہ ہم یہ کہنے کے موقف میں ہیں کہ مرتب کی ژرف نگاہی اور دقیقہ سنجی کتاب کے ہر صفحے پر اپنی جھلکیاں دکھا گئی ہے۔ نادر المسدوسی نے اس کتاب کی تیاری کے سلسلے میں اور مواد کی فراہمی میں یقیناً قابل ستائش خدمات انجام دی ہیں اور "نہ ستائش کی تمنانہ صلہ کی پروا" کے بقول انتہائی خود اعتمادی کے ساتھ اہل علم وفن کے سامنے اپنی کاوش کو پیش کردیا ہے۔

صاحبِ کتاب ہیں تو نسلاً عربوں کے ایک باوقار قبیلہ "بامسدوس" کے چشم وچراغ لیکن ان کا وطن مالوف بہ اعتبار پیدائش محبوب نگر ہے۔ اس لحاظ سے انھیں حق پہنچتا ہے کہ وہ محبوب نگر کی ادبی تاریخ کو اپنا موضوع سخن بنائیں۔ "کچھ اپنے بارے میں" کے عنوان سے نادرالمسدوسی نے گویا اپنا تفصیلی تعارف نامہ تحریر کردیا ہے۔ جس کے مطابق وہ ایک ریسرچ اسکالر ہیں۔ شاید انھیں ابھی پی۔ ایچ۔ ڈی کی سند عطا نہیں ہوئی ہے تاہم ان کی علمی، ادبی ودینی مصروفیت اس میں مانع نہیں بلکہ معاون ہیں۔

نادر المسدوسی کا وطن ثانی حیدرآباد فرخندہ بنیاد ہے اور انھوں نے ایک وضاحت یہ کی ہے

کہ محبوب نگر کے اردو شعرا کی فہرست میں دو ایسے شعرا کو بھی شامل کیا ہے جو رہنے والے تو حیدرآباد کے ہیں لیکن جنھوں نے اپنی زندگی کا بیشتر حصہ محبوب نگر میں گذارا۔ وہ شعرا ہیں علی احمد جلیلی اور جلال عارف۔

اس کتاب کی ترتیب و تدوین کے تعلق سے نادر صاحب نے "پیش گفتار" کے عنوان سے بعض باتیں کام کی تحریر کی ہیں۔ اقتباس ملاحظہ ہو:

"میرا یہ کام ایک طرح سے علاقائی تاریخ کے زمرے میں آتا ہے۔ ادبی تواریخ کے ضمن میں علاقائی ادب کے جائزوں کا ایک خاص تصور ہمارے محققوں کے ہاں کارفرما رہا ہے۔ ضرورت اس بات کی ہے کہ ہر علاقے کے محقیقین اپنے علاقے کی ادبی تاریخ مرتب کریں۔ پیش نظر کتاب اسی سلسلہ کی ایک کڑی ہے۔"

نادر صاحب اپنی اس کوشش میں جو ایک تذکرہ یا جائزے کی شکل میں ہے، حد درجہ کامیاب ہیں اور ہماری مبارکباد کے مستحق ہیں۔ کتاب کی قیمت (۲۵۰) روپے ہے اور بمکان مصنف ۳۱۸۔ ۲۔ ۲۳، مغلپورہ، حیدرآباد۔ ۲ دستیاب ہے۔ موصوف کا موبائل نمبر 9346918848: ہے۔

(فبروری ۲۰۰۶ء)

☆☆☆

(۴۱)

'اسی (۸۰) دن میں دنیا کا سفر' مصنف: صفدر حسین

زیر نظر کتاب فرانسی ناول (منصف: جولیس ورن) سے ماخوذ ہے جسے ممتاز ادیب صفدر حسین نے اردو کے قالب میں ڈھالا ہے۔ بنیادی طور پر یہ کتاب بچوں کے لئے لکھی گئی ہے۔ اردو میں بچوں کا ادب فی الوقت نہ ہونے کے برابر ہے کیونکہ نئی نسل اردو سے نابلد ہوتی جا رہی ہے۔ ایسے میں صفدر حسین کا یہ اقدام لائق صد تحسین ہے۔ دلّی سے نکلنے والا بچوں کا رسالہ "کھلونا" اس لئے بند کر دیا گیا کہ اس کے پڑھنے والے بچّے نہ رہے۔ یہ کتاب اس قابل ہے کہ اسے نصاب کی کتابوں میں سرسری مطالعہ کے طور پر حکومتی منظوری دی جائے۔ صفدر صاحب کو بچوں کے ادب کا خاصہ تجربہ ہے۔ اس سے قبل وہ بیشتر کتابیں اس ضمن میں تحریر کر چکے ہیں۔ بعض کتابوں کو اعزازات سے نوازا بھی گیا ہے۔ ایسے پر آشوب دور میں جب ک اردو ذریعہ تعلیم کا مسئلہ نازک موڑ اختیار کر گیا ہے ایسی کتابوں کی اشاعت ایک نیک فال ہے۔ ویسے موصوف کی کتاب "ہمارے نہرو" نویں جماعت کے نصاب میں شامل ہے اور "چاچا نہرو کی کہانی" بھی پڑھائی جاتی ہے۔

کتاب "اسّی دن میں دنیا کا سفر" ایک نہایت ہی دلچسپ اور معلوماتی سفر نامے کی تیکنک میں تحریر کی گئی ہے اور ورق بہ ورق پڑھنے والوں کے تجسس میں اضافہ کرتی جاتی ہے۔ کہانی کا مرکزی خیال، مرکزی کردار فلییس فاگ کے گرد گھومتا ہے جس کی زندگی عجیب و غریب عادتوں کی بناء پر معمہ بنی ہوئی ہے۔ وہ ایک شرط کے زیر اثر جس کی رقمی مقدار بیس ہزار پاؤنڈ ہے ایک صدی قبل کے ماحول میں دنیا کے سفر کا منصوبہ باندھتا ہے اور دعویٰ کرتا ہے کہ وہ اسّی دن میں لندن، ممبئی، کلکتہ، ہانگ کانگ، سان فرانسکو اور نیویارک ہوتا ہوا دوبارہ لندن پہنچ جائے گا۔ دریں اثنا لندن

کے بنک میں بیس ہزار پاؤنڈ کی چوری ہو جاتی ہے اور چور کا حلیہ مرکزی کردار فلیس فاگ سے مشابہ بتایا جاتا ہے۔ ایک شبہ کی بنا پر فلیس کے ساتھ ایک سراغرساں' فکس' بھی ہمراہ ہو جاتا ہے۔ کہانی بالکل مہماتی انداز میں آگے بڑھتی ہے، مختلف سواریوں میں مختلف ممالک کے رسم ورواج مسافروں کے مشاہدے میں آتے ہیں۔ سفر کے دوران ایک نسوانی کردار' اوڈا' بھی فلیس فاگ کا شریکِ سفر ہو جاتا ہے جو ممبئی کے ایک مالدار تاجر کی بیٹی ہے۔ فلیس فاگ اس لڑکی کو ستی کی رسم سے بچاتا ہے اور کہانی کے آخر میں اس سے شادی بھی رچالیتا ہے۔ کہانی کے واقعات فنطاسیہ انداز میں اس طرح پیش کئے گئے ہیں کہ قاری کی توجہ ایک لمحہ کے لئے بھی کتاب سے نہیں ہٹتی اور یہی تحریر کی خوبی کلائمکس میں آکر بہت خوبصورت موڑ لیتی ہے جب بنک کا چور پکڑ لیا جاتا ہے جو کوئی دوسرا شخص ہے اور مرکزی کردار فلیس فاگ اپنے وقت کی پابندی کی بناء پر لندن پہنچ کر بیس ہزار پاؤنڈ کی شرط جیت جاتا ہے۔ فلیس کے ملازم' جین' کو بھی نہایت پر لطف کردار میں پیش کیا گیا ہے جو پڑھنے سے تعلق رکھتا ہے۔ عمدہ کمپیوٹر کتابت، نفیس کاغذ، عمدہ طباعت کے باوجود کتاب کی قیمت (۲۱) روپے نہایت ہی ارزاں ہے۔ (۱۷۲) ڈیمائی صفحات کی اس کتاب کے ناشر قومی کونسل برائے فروغ اردو زباں، نئی دہلی ہیں۔

(جون ۱۹۹۹ء)

☆☆☆

(۴۲)

سہ ماہی 'شعر و حکمت' حیدرآباد، اشاعت: مارچ ۲۰۰۲ء

پطرس نے اپنے مضمون "لاہور کا جغرافیہ" میں لکھا ہے کہ لاہور میں ادبی رسالوں کے عام نمبروں سے زیادہ خاص نمبر بہت نکلتے ہیں اور پابندی سے نکلتے ہیں۔ "شعر و حکمت" کے تازہ شمارے کو دیکھ کر یقین نہیں آتا کہ اردو ادب کی "کساد بازاری" کے اس دور میں بھی ڈیمائی سائز کے (۱۱۹۲) صفحات پر مشتمل رسالہ اسی طمطراق اور دھڑلے سے نکل سکتا ہے جیسا کہ آج سے ۵۰،۶۰ سال پہلے نکلتا تھا۔ (پطرس کا مضمون بھی کم و بیش ۵۰، ۶۰ سال قبل ہی لکھا گیا ہے) شہریار و مغنی تبسم کا یہ "شوقِ جنوں" جرأت رندانہ سے بھی آگے بڑھ کر "چیلنج" بن گیا ہے۔

" دیکھو اس طرح چھپاتے ہیں سخنور پرچہ "

سوال یہ ہے کہ سامعین کے اس "انٹرنیٹ دور" میں جہاں وہ ویڈیو کیسیٹ اور کمپیوٹر ویب سائٹ پر مشاعرے دیکھتے اور سنتے ہیں، ضخیم رسالوں کے قارئین کہاں سے آئیں گے؟ قارئین فراہم بھی ہو جائیں تو وہ حوصلہ، وہ ضبط اور وہ اشتیاق کہاں سے آئے گا جو نصف صدی قبل تک کے قارئین میں ہوا کرتا تھا!! بہر حال "شعر و حکمت" کے ایڈیٹر و مرتبین و معاونین لائق صد مبارکباد ہیں کہ اردو شعر و ادب کے بچے کچے قارئین کے لئے ایک تاریخی نمبر عطا کر دیا۔ جمبو جیٹ رسالے کے مشمولات کی فہرست پر نظر ڈالی جائے تو ایک پیاسے قاری کو اپنی تشنگی بجھانے کا پورا پورا سامان مل جاتا ہے۔ مضامین، افسانے، نظمیں، غزلیں، ڈرامے تو خیر ہر رسالے کا معمول ہیں، لیکن آخر میں نرمل ورما کے ہندی ناول "ایک چیتھڑا سکھ" کا اردو ترجمہ جو حیدر جعفری نے کیا ہے پڑھنے کو ملتا ہے جو کم و بیش (۱۷۰) صفحوں پر پھیلا ہوا ہے۔ ادیبوں اور شاعروں کے خصوصی گوشوں میں ہندوستان کے ممتاز ادیب سید محمد اشرف کے انٹرویو، ان کی تخلیقات اور ان پر تبصرے پیش کئے گئے ہیں۔

پاکستان کے ممتاز شاعر پرتو روہیلہ کے تعارف اور ان کے فن کے بارے میں سر کردہ مشاہیر ادب: ممتاز مفتی، احمد ندیم قاسمی، جیلانی کامران و محسن احسان وغیرہ کے مضامین کے ساتھ ساتھ ان کے کلام کا انتخاب بھی دیا گیا ہے جو (۹۳) صفحات پر محیط ہے۔ یہ تو خیر ذکر ہوا اردو ادیب و شاعر کے گوشے کا، حیرت و استعجاب اس بات پر ہوتا ہے کہ غیر زبانوں کے ادب کے ضمن میں ہندوستان نژاد خاتون ثریا کملا داس پہ جو انگریزی و ملیالی زبان کی معروف ترین شاعرہ و ادیبہ ہیں ایک گوشہ مختص کیا گیا ہے۔ مزید براں کنڑی زبان کے راشٹر کَوی کووَمپو پر جو ۱۹۹۴ء میں انتقال کر گئے، رزاق فاروقی کا مختصر تعارف و انکی تخلیقات کا اردو ترجمہ دیا گیا ہے۔ جبکہ ثریا کملا داس کا تعارف اور انکی تخلیقات کا ترجمہ علی اصغر نے کیا ہے۔

ہم کو یہ کہنے میں ذرا بھی باک نہیں کہ ان دنوں جب "مقبول عام ادب" سے محظوظ ہونے والے ہی گنتی کے رہ گئے ہیں، "ادب عالیہ" کے نمائندہ اس ضخیم رسالے کی پذیرائی ادیب و شاعر کریں تو کریں، پڑھنے والے کہاں تک کر پائیں گے۔ مایوسی تو ہمیں ان اعداد و شمار کو دیکھ کر ہوتی ہے ہندوستان کی جامعات میں اردو ادب پڑھنے اور پڑھانے والے طالب علموں اور اساتذہ کے مطالعے کی بنیاد پر ترتیب دیئے گئے ہیں۔ جن سے پتہ چلتا ہے کہ آئے دن عصری ادب کے ریفریشر کورس اور ورک شاپ منعقد کرنے کے باوجود پڑھنے والوں کی بیشتر تعداد ایسے خالص ادبی رسائل کے ناموں سے تک ناواقف ہے!! تاہم اردو ادب کے چنندہ باذوق قاری جب تک باقی ہیں "شعر وحکمت" جیسے رسالے ان کے حق میں "نعمت غیر مترقبہ" سے کم نہیں۔ رسالے کی قیمت (۴۰۰) روپے اس کے معیار و مواد کے لحاظ سے تو خیر زیادہ نہیں لیکن اردو قاری کی عدم دلچسپی اور خرید کر نہ پڑھنے کے رجحان کے لحاظ سے بہت زیادہ ہے۔ ہاں اگر لائبریریوں کی زینت ایسے رسالے بنتے ہیں تو قارئین کم تر فیس ادا کر کے اس رسالے سے محظوظ ہوں گے۔ یہ حقائق نہایت تلخ و ناگوار ہیں لیکن موجودہ صورتحال کو بیان کرنے کے لئے ضروری ہیں۔

رسالہ اس پتہ پر دستیاب ہے: مکتبۂ شعر و حکمت، 6-3-659/2، کپاڈیہ لین، سوماجی گوڑہ، حیدرآباد - 500082

(اپریل ۲۰۰۲ء)

☆☆☆

(۴۳)

مجاہد سید کا 'حرفِ معتبر'

اس سے قبل کہ شمالی ہند کے اس اردو شاعر محمد مجاہد سیّد کے پہلے شعری مجموعہ "حرفِ معتبر" پر گفتگو کا آغاز کروں، یہ بتانا ضروری ہے کہ موصوف نے سعودی عرب کے شہر جدہ کو اپنا وطنِ ثانی بنا لیا ہے جہاں وہ تقریباً دو دہائیوں سے مقیم ہیں اور سعودی عرب کے پہلے انگریزی روزنامے "عرب نیوز" سے وابستہ ہیں۔ ۴ر جنوری ۲۰۰۵ء کو اپنی عمر کے (۵۰) ویں سال میں قدم رکھا ہے۔

اس تفصیل میں جانے کا مقصد صرف اتنا ہے کہ آپ کو یہ اندازہ ہو جائے کہ شاعری اپنے ماحول سے کس طرح غذا حاصل کرتی ہے اور دیار غیر میں اردو کی نئی بستیاں بسانے والے کس لب و لہجے میں شعر کہتے ہیں۔ ہندوستانی شاعر کا یہ پہلا مجموعہ جو مارچ ۲۰۰۲ء میں پاکستان سے شائع ہوا ہے۔ ڈیمائی سائز کے (۱۸۰) صفحوں پر مشتمل ہے۔ ویسے شاعر کسی مخصوص ملک کا نہیں ہوتا پوری اردو دنیا کا ہوتا ہے۔ تاہم صرف جغرافیائی سطح پر بلحاظ بود باش ہم ایسا کہتے ہیں۔ یوں بھی کبھی کبھی مقامی یا علاقائی خصوصیات بھی شاعر کے کلام پر اثر انداز ہو جاتی ہیں۔ خیر۔

میں نے کہیں لکھا ہے کہ شاعری، درد کی آنچ میں الفاظ کو پگھلانے کا عمل ہے اور یہ عمل تجربے، مشاہدے اور احساس کے آمیزے سے نمو پاتا ہے۔ کچھ لوگ مزاجاً شاعر ہوتے ہیں اور کچھ عادتاً۔ جو لوگ مزاجاً شاعر ہوتے ہیں ان کی 'شاعرانہ شاعری' (POETIC POETRY) اپنے اندر اچھی اور سچّی وارداتِ قلبی کے امکانات رکھتی ہے۔ مجاہد سیّد کا شمار اسی زمرے کے شاعروں میں کیا جا سکتا ہے۔

"جوگی کی بس یہی کتھا ہے" کے عنوان سے مجموعے کے آغاز میں شاعر نے اپنے شعری سفر کی روداد بیان کی ہے اور ان محرکات کا ذکر کیا ہے جو ان کی شعر گوئی کا سبب بنے۔ ان کی یہ دلیل کہ دیومالائی قصوں کے کرداروں نے شاید انھیں شاعر بنا دیا، اپنے اندر کافی وزن رکھتی ہے۔ بقول خود جدہ کے ادبی ماحول نے ان کی جہتِ سفر کا تعین کیا۔ لیکن یہ بات بھی اپنی جگہ درست ہے کہ جب تک شعر گوئی سے طبیعت کو مناسبت نہ ہو، ادبی ماحول کیا کر سکتا ہے؟ لہٰذا شاعرانہ مزاج اور تخلیقی اپج نے مجاہد سیّد کے فن کو جلا بخشی اور نتیجہ میں زیر نظر شعری مجموعہ وجود میں آیا۔ میرے جدہ کے (۱۵) سالہ قیام کے دوران (۱۹۸۱ء تا ۱۹۹۶ء) مجاہد سید سے میرے روابط محض دوستانہ نہیں رہے بلکہ ہم مسلک، ہم مزاج اور ہم سخن ہونے کے ناطے ہم نوالہ، ہم پیالہ ہونے کے بے تکلفانہ مراسم تک جا پہنچے۔

حیدرآباد کے جن احباب کا انھوں نے اپنی کتاب میں ذکر کیا ہے (جن سے ان کے دوستانہ تعلقات رہے) ان میں میرے علاوہ مصلح الدین سعدی، ضیاؑالدین نیر، اعتماد صدیقی، رشید انصاری، سید جمیل احمد، محمد شجاع الدین، شیخ ابراہیم، سید منیر، سید مسعود، سید یعقوب اور سعید حسین وغیرہ کے نام شامل ہیں۔

میں اپنے ان تاثرات کو جو تبصرے کی شکل میں ہیں، غیر جانب دارانہ انداز میں ان کے فکر و فن کے جائزے تک محدود رکھوں گا تاکہ "جانب داری" کا الزام مجھ پر عائد نہ ہو۔

مجاہد سیّد نے اپنا شعری مجموعہ سیدنا حضرت امام حسین کے نام منسوب کیا ہے اور اس طرح ایک عظیم شخصیت کی بے مثال قربانی کو خراج عقیدت پیش کر کے اپنے فنّی و شعری مزاج کو شناخت بخشی ہے۔ ان کا یہ شعر اس تناظر میں کتنا معنٰی خیز ہو گیا ہے۔

زمیں کی لوح پہ کچھ لوگ بن گئے تھے قلم
لہو سے اپنے وہ سب واقعات لکھتے تھے

مختلف اصنافِ سخن کے حساب سے دیکھا جائے تو زیر نظر مجموعے میں دو نعتیں، (۵۸) غزلیں، (۵۴) دوہے اور (۱۲) نظمیں شریک ہیں۔ لہٰذا صاف ظاہر ہے کہ شاعر کا شعری رجحان

غزل کی طرف زیادہ ہے۔ بلحاظ موضوعات اور بلحاظ لفظیات ان تمام تخلیقی کاوشوں میں ہمیں حد درجہ تنوع ملتا ہے۔ علامت سازی کم ہے لیکن استعارہ سازی زیادہ ہے۔ اگر یہ کہا جائے کہ محمد مجاہد سیّد نے اپنا لب ولہجہ متعین کرنے میں کامیابی حاصل کی ہے اور یہ کہ ان کے پورے کلام میں ان کے اپنے دستخط موجود ہیں تو بے جانہ ہو گا۔

اردو کے شعرا نے پوری ایک صدی میں روایت پسندی سے ترقی پسندی اور ترقی پسندی سے جدیدیت کا لمبا سفر طے کیا ہے اور کم و بیش پچھلی دو دہائیوں سے مابعد جدیدیت کا چرچا ہے۔ مابعد جدیدیت کیا ہے؟ اس بحث میں پڑے بغیر کہ اس کا فی الوقت کوئی موقعہ نہیں، صرف اتنا کہا جا سکتا ہے کہ مابعد جدیدیت مقامیت پر بھی زور دیتی ہے اور "گلوبل کلچر" میں سما جانے کی دعوت بھی دیتی ہے۔ خیر یہ بحث تو غیر مختتم ہے۔ بے لاگ تنقیدی استدراک کا تقاضہ ہے کہ مجاہد سیّد کی شاعری کا یا خود انہی کی زبان میں "بیاضِ جنوں" کا اسی انداز میں مطالعہ کیا جائے جس انداز کا یہ بیاضِ جنوں ہم سے مطالبہ کرتی ہے۔

منیر نیازی نے کتاب کی پشت پر اپنی رائے دیتے ہوئے بالکل بجا کہا ہے کہ اس مجموعے میں شریک غزل اور نظم دونوں میں تازگی اور نئے پن کا احساس ہوتا ہے اور یہ کہ شاید ایسا اس لئے ہو کہ شاعر کسی اور دیار میں مقیم ہے۔ اس رائے میں اتنا اضافہ ضرور کیا جا سکتا ہے کہ مجاہد سیّد تخلیقی سطح پر زندہ و توانا ہیں اور ماحولیاتی اثرات ان کے شعری ذہن کو مسلسل جھنجھوڑتے رہتے ہیں تبھی ایسے شعر نکل آتے ہیں:

روندی ہوئی زمین پر ، لکھ کر گئے تھے کچھ لوگ
ہم سے ہی بس پڑھا گیا ، اگلوں کا یہ لکھا ہوا

ہمارے واسطے یکساں ہیں دیس اور پردیس
یہاں بھی کوئی نہیں ہے ، وہاں بھی کوئی نہیں

ساحلوں پر شکست جب کھائی
وہ مجھے لے گیا سمندر میں

جو گہری نیند میں اب تک مگن ہیں ، کیا جانے
فصیلِ شہر پہ طوفاں کسے پکارتا ہے ؟
ہیں زیرِ آب چٹانوں کے کھردرے چہرے
گذشتہ رت میں یہ ندی اتر چکی لوگو !
ہجومِ لفظ ڈبوتا رہا کتابوں کو
بچا ہوا ہے فقط حرفِ معتبر تنہا !

"حرفِ معتبر" کو استعارہ بنا کر مجاہد سیّد نے اس شعر میں نہایت ہی بلیغ بات کہی ہے، اس موقع پر غلام ربانی تاباں کا یہ شعر یاد آتا ہے۔

الفاظ کے ہجوم میں جذبات کھو گئے
اظہار مدّعا کی اجازت اگر ملی

لیکن تاباں نے جہاں بات ختم کی ہے وہیں سیّد نے اپنی بات شروع کی ہے اور اس "حرفِ معتبر" کو مامون و محفوظ پایا ہے جو چھان پھٹک کے بعد بسیار گوئی کے ذخیرے سے بچ گیا ہے۔

(۱۲) نظموں میں تقریباً سبھی ہئیتوں کی نظمیں پڑھنے کو ملتی ہیں۔ پابند نظم، نظمِ غیر مقفٰی اور آزاد نظم وغیرہ۔ ایک نظم "نذر سالِ نو ۱۹۷۱ء" غزل کی ہئیت میں کہی گئی ہے۔ یہ سوال اتنا اہم نہیں کہ نظم کی ہئیت کیا ہے؟ بلکہ اہم سوال تو یہ ہے کہ شاعر اپنے موضوع کو برتتے ہوئے کتنا کامیاب ہے؟ اس ضمن میں (۳) نظموں کا خاص طور پر ذکر ضروری ہے۔ پہلی دو نظمیں بعنوان "زنگ" اور "آگہی" دو دو صفحوں پر اور تیسری نظم "صحرا کی بھی یہی کہانی" پانچ صفحوں پر پھیلی ہوئی ہے۔ تمام نظموں میں یہی ایک نظم طویل ترین ہے۔ تینوں نظمیں آزاد ہیں۔ پہلی نظم "زنگ" دنیا کی بے ثباتی اور انسانی عروج و زوال کی تلخ حقیقت اپنے اندر سموئے ہوئے ہے۔ دوسری نظم "آگہی" اپنے عنوان کے اعتبار سے آگہی کا کرب، کچھ تلمیحی دیومالائی اصطلاحوں (منتھن اور مندراچل) کے حوالے سے بیان کرتی ہے۔ تیسری نظم "صحرا کی بھی یہی کہانی" مشہور بحر متدارک میں ہے جسے

"بحر میر" کا بھی نام دیا جاتا ہے اور جس کے ارکان ہیں: فعلن فعلن فعلن فعلن۔ یہ نظم اپنے اندر بھرپور تخلیقی بہاؤ رکھتی ہے اور عظمتِ آدم سے لے کر تمام تمدنی مراحل کے انجام کا احاطہ کرتی ہوئی ان سطروں پر اختتام کو پہنچتی ہے۔

آنے والے قافلے والوں
دور فصیلِ شہر سے رہنا
ورنہ اس کے دروازوں میں قدم رکھا تو
ایسے طلسم میں پھنس جاؤ گے
بے حس پتھر ہو جاؤ گے

وحدت تاثر جیسا کہ نظم کی ترسیل کا خاصہ ہوتا ہے تینوں نظموں میں موجود ہے۔ اپنی ایمائیت، اشاریت اور استعاراتی اسلوب کے باوجود ترسیل کی ناکامی کا شکار نہیں ہو پاتیں اور یہی ان نظموں کی خوبی ہے۔

دوہے، اردو شاعری کے لئے نئے نہیں ہیں۔ دو مصرعوں میں بات مکمل ہو جاتی ہے۔ اگرچیکہ یہ بنیادی طور پر ہندی کویتا کی صنف ہے لیکن اردو نظم میں بھی مقبول ہے۔ جمیل الدین عالی نے اس صنف کو کافی اعتبار بخشا ہے۔ ہندی کویتا میں صنفِ نازک کو خود کلامی بھی کرتے ہوئے ظاہر کیا گیا ہے اور اپنے پریتم کی یاد اور اس سے شکوہ شکایت بھی کرتے ہوئے دکھایا گیا ہے اور پھر دوہے کی خاص اصطلاحیں اور لفظیات مخصوص ہو گئی ہیں۔ مجاہد سیّد نے نہایت کامیابی سے اس صنف کو برتتے ہوئے بہت ہی کامیاب دوہے کہے ہیں۔ اس کی بحر ہندی چھند سے ماخوذ ہے جو بحر متدارک کی زحافی شکل ہے۔ کچھ مثالیں پیش ہیں۔

سر پر گدھ منڈلا رہے ہیں آنکھوں میں پران
سامنے ہے پھیلا ہوا ، جلتا ریگستان !!
منموہن من میں بسا ، تن میں رمتے رام
تن من جب مندر بھئے ، پوجا سے کیا کام

راتوں کو بیاکل پھروں ، برہا بہت ستائے
چاند بڑھے تو آکاش پر ، من کیوں ڈوبا جائے

پربت سے ندی گری ، میدانوں میں شور
پھر بھی پیاسا اڑ رہا ، چاروں اور چکور

زور گھٹا جب جسم کا ، اجلے ہو گئے کیس
تب ایسا لگنے لگا ، آنگن ہوا بدیس !!

پیروں میں چھالے پڑے ، تن پر لاکھوں گھاؤ
ان کا یہ آدیش ہے ، کچھ کھوؤ کچھ پاؤ

ہندی سے مستعار صنف دوہوں کا متبادل غالباً اردو میں فردیات یا بیت کی شکل میں ملتا ہے لیکن دوہوں میں صرف ہندی بھاشا کی چاشنی ہی اپنا جادو جگاتی ہے۔ شاید اسی لئے اس صنف میں شعرا نے زبان کی حد تک تجربے نہیں کئے اور مجاہد سیّد نے بھی اس چیز کو برقرار رکھا ہے۔ البتہ موضوعات میں کوئی قید نہیں برتی اور اچھا کیا ہے۔

قصہ مختصر ۔۔۔۔ مجاہد سیّد کا یہ شعری مجموعہ ان کی اپنی محسوسات کا ایسا منظر نامہ ہے جو اہلِ دل اور اہلِ دنیا کے تصادم کی داستاں رقم کرتا ہے اور شاعر کے ذہن و دل کی کھلی تصویر پیش کرتا ہے۔ کتاب کے ملنے کا پتہ تو کتاب میں درج نہیں البتہ صاحبِ کتاب سے راست خط و کتابت اس پتہ پر کی جا سکتی ہے:

روزنامہ "عرب نیوز"۔ پوسٹ بکس نمبر 10452، جدہ (سعودی عرب)

فون:6391888 فیکس:6393223 ای۔ میل:mmsyed_mm@hotmail.com

(نومبر ۲۰۰۴ء)

☆☆☆

(۴۴)

'سکوں پر اشعار': نور محمد نور کی معرکتہ الآرا تصنیف

سکے جمع کرنا جس طرح ایک نادر اور خرچیلا مشغلہ ہے، اسی طرح 'فن تسکیک' کے بارے میں معلومات فراہم کرکے کتاب تصنیف کرنا اس سے زیادہ دقّت طلب اور جنونی مشغلہ ہے اور اس ہفت خواں کو طے کرنے میں اچھے اچھوں کا ہیاؤ چھوٹ جاتا ہے۔ بقول غالب اس معرکہ کو سر کرنے کے لئے "شوقِ فضول اور جرأت رندانہ" چاہیئے۔ حیرت اور خوشی کی بات ہے کہ جناب سید نور محمد اکیلوی اس معرکہ آرائی میں نہ صرف کامیاب و کامراں ثابت ہوئے ہیں بلکہ ان کی کتاب "سکوں پر اشعار" اپنے ندرتِ موضوع اور ژرف نگاہی کے باعث اپنی مثال آپ ہے۔

کتاب ڈیمائی سائز کے (۳۳۰) صفحات پر پھیلی ہے۔ مختلف عنوانات کے تحت (مثلاً سکے پڑھنا، سکوں پر سنسکرت، عربی و فارسی کے اشعار، ان کا پس منظر، غیر معمولی سائز اور وزن کے عظیم الشان سکے وغیرہ) اپنی تحقیق کو ضبطِ تحریر میں لاتے ہوئے جہاں نور محمد صاحب نے ماہرین مسکوکات کی بعض اٹکل پچو آرا ٔ سے صرف نظر کیا ہے وہیں انھوں نے اپنی غیر معمولی سوجھ بوجھ اور تنقیدی استدراک سے بھی کام لیا ہے۔ اس موضوع پر غالباً اردو میں یہ پہلی کتاب ہے جس میں مستند کٹیلاگ کے مندرجات کو حقائق کی روشنی میں نقد و نظر کی چکّی میں پیسا گیا ہے۔ نور محمد صاحب کا اس ضمن میں یہ بیان "قولِ فیصل" کی حیثیت رکھتا ہے: "فروگذاشتوں کی نشاندہی کا مقصد یہ بتلانا ہے کہ وہ لوگ جو کیٹیلاگ مرتب کرنے کی صلاحیت رکھتے ہیں، ذراسی بے احتیاطی یا بعض خاص پہلوؤں سے عدم واقفیت کی وجہ سے کیسی شدید غلط فہمیوں کا شکار ہو جاتے ہیں۔ ایسی صورت میں عام شائقین کے لئے غیر معمولی احتیاط از بس ضروری ہو جاتی ہے۔"

بر سبیل تذکرہ یہاں اس بات کا انکشاف بیجانہ ہوگا کہ نور محمد صاحب ایک منفرد شاعر بھی

ہیں، یہی وجہ ہے کہ سکوں پر اشعار کے ضمن میں ان کی تحقیق اور خواندگی انھیں کسی ماہر عتقیات یا تاریخ داں کا ہی نہیں اچھے شعر فہم اور شاعری کے نقاد کا بھی درجہ عطا کرتی ہے۔ ایک اچھے اور اصولی محقق کی طرح نور محمد صاحب نے ماہرین کی آرا کو متفرق کتابوں سے اخذ کر کے حوالوں اور حواشی کے ساتھ پیش کیا ہے جو ان کی نکتہ رس اور مدلل مبحث کے لئے کافی ہے۔ یہ بات بڑی اہم ہے کہ انھوں نے محض ہَوا میں تیر نہیں چلائے ہیں لیکن ساتھ ہی ساتھ بعض یوروپین مستشرقین کی تجزیاتی اقوال کو درجہ استناد بھی بخشا ہے۔ مثال کے طور پر رچرڈسن کا یہ اعتراف واقعی قابل قدر ہے: "مشرق کے بعض سکوں میں ندرت اور نفاست جس اعلیٰ درجہ پر پائی جاتی ہے، اس کی مثال یوروپ والے پیش نہیں کر سکتے۔"

فنِ تحقیق کے باب میں بھی یہ کتاب انفرادی نوعیت کا حامل ہے۔ نور محمد صاحب کی یہ اطلاع کہ حال ہی میں سوئزر لینڈ میں نوادرات کی ایک فرم نے شہنشاہ جہانگیر کی ایک ہزار تولے کی تصویر شائع کر کے اس کے حراج کا اعلان کیا ہے، نہ صرف ہماری معلومات میں اضافہ کرتی ہے بلکہ "سکوں پر فارسی اشعار" میں دلچسپی رکھنے والوں کے لئے ایک اہم دریافت ہے۔ نور محمد صاحب نے فارسی اور عربی اشعار جو سکوں پر درج کئے گئے ہیں، اس حقیقت کی طرف بھی اشارہ کیا ہے کہ طلوع اسلام کے بعد عرب کے مقابل عجم میں جو تحریک ادبی نشاۃ ثانیہ کی زور پکڑ رہی تھی اور جس کا ظہور فارسی اور ترکی زبان و ادب کی نثر و اشاعت کی کوششوں سے ہوا، اس کے نتیجہ میں عربوں سے عناد و نفرت کے اظہار کی کوششیں بھی عروج پر رہیں۔ اس کے باوجود سکوں پر عربی اشعار کے اندراج کی روایت چل پڑی اور کسی حکمراں کو اس بات کا خیال نہ آیا کہ سکوں پر فارسی اشعار درج کروائے۔

پندرھویں صدی عیسویں میں حسن شاہ حکمرانِ کشمیر کی اشرفیوں پر ایک فارسی شعر کی غیر صحیح خواندگی کی طرف نور محمد صاحب نے گرفت کی ہے۔ لکھتے ہیں کہ مذکورہ شعر کو آر۔ پی۔ وائٹ ہیڈ نے صحیح نہیں پڑھا اور علی حماد عباسی نے اس شعر کا پہلا مصرعہ غیر صحیح طور پر درج کیا اور دوسرے مصرعہ کا ذکر ہی نہیں کیا۔ اس کی وجہ نور محمد صاحب یہ بتلاتے ہیں کہ سکوں کی ڈائی بناتے وقت مہر کن الفاظ کے شوشوں اور مراکز کا خاص اہتمام ملحوظ نہیں رکھتے۔ الفاظ کو حسن کارانہ انداز میں جہاں چاہتے تھے ڈائی پر کندہ کر دیتے تھے۔ اس لئے نور محمد صاحب کا کہنا یہ ہے کہ

سیاق و سباق کی موزونیت کے پیش نظر الفاظ کی صحیح نشست تک پہنچنے کی کوشش ضروری ہے۔ بصورت دیگر غلط خواندگی سے نہ صرف یہ کہ مصرعہ ناموزوں ہو جاتا ہے بلکہ اس کے کوئی معنیٰ بھی بر آمد نہیں ہوتے۔

زیر بحث دونوں اشعار اس طرح ہیں جنھیں اشرفی پر صحیح طریقہ سے اس طرح پڑھا جا سکتا ہے۔

نگیں خاتم ملک سلیماں

حسن شاہ ابن حیدر شاہ سلطان

مہر دولت کہ مملکت گیر است

سکہ فتح شاہ کشمیر است

لفظ کی باقیات کو ملحوظ رکھ کر جب شعر کو پڑھنے کی کوشش کی جائے تو جو غلطیاں صادر ہوتی ہیں اس کا محاکمہ دلیلوں کے ساتھ نہایت دلچسپ انداز میں کیا گیا ہے۔ مغل بادشاہ شہنشاہ جہانگیر کی بعض اشرفیوں پر محققین نے جو غلطیاں کی ہیں وہ مضحکہ خیزیوں اور بوالعجبیوں کی سطح تک چلی گئی ہیں جس کی بعض مثالیں تفصیل کے ساتھ نور محمد صاحب نے درج کی ہیں جو پڑھنے سے تعلق رکھتی ہیں اور استہزا کا سامان فراہم کرتی ہیں۔ نتیجہ میں شعر کا مفہوم ہی خبط ہو کر رہ جاتا ہے۔

کتابیات کے طور پر کتاب کے آخر میں سکوں پر اشعار کی فہرست کے علاوہ اشعار کے مآخذات، متن کے مآخذات اور (۱۱) لوحات پر سکوں کی تصاویر دی گئی ہیں۔ "پس نوشت" کے عنوان سے نور محمد صاحب نے اپنے برادر عم زاد سید علی مسعود عابد اکیلوی کے مفید مشوروں اور سنخنے و قدمے جو اعانت کی، اس کا شکریہ ادا کیا ہے۔ کتاب کے ناشر خدا بخش اورینٹل پبلک لائبریری، پٹنہ اور تقسیم کار مکتبہ جامعہ لمیٹیڈ، جامعہ نگر، نئی دہلی ہیں۔ کتاب کی قیمت (۱۷۵) روپے ہے اور مناسب ہے۔ سن اشاعت ۱۹۹۳ء ہے۔

(جنوری ۱۹۹۴ء)

☆☆☆

(۴۵)

مسعود عابد کی چار غزلیں: تجزیاتی مطالعہ

مسعود عابد کی زیر نظر (۴) غزلیں بلحاظ لفظیات و استعاراتی اسلوب، ایک تازہ کاری و پرکاری کا احساس دلاتی ہیں۔ جن کے مطلعے اس طرح ہیں:

(۱) چاند ڈوبا ، شب ڈھلی ، تیار صبح
روز و شب کے درمیاں اقرار صبح

(۲) ہوتا ہے بدن اب مرا تحلیل ہوا میں
پڑھ لو مرے کردار کی تفصیل ہوا میں

(۳) تازگی میں سوکھ جانے کا عمل محفوظ ہے
زندگی کے لمحے لمحے میں اجل محفوظ ہے

(۴) کون کمرے میں بو گیا ہے چاند
سارا کمرہ ہی ہو گیا ہے چاند

مسعود عابد کا تعلق سن ۶۰ء کی دہائی میں ابھرنے والی ادبی نسل سے ہے۔ اس طرح ان کی مشق سخن (۴۰) سال سے زائد عرصے پر محیط ہے۔ ان کا پہلا شعری مجموعہ "سورج پگھلے لفظوں میں" آج سے کوئی (۲۰) سال قبل سن ۱۹۸۳ء میں شائع ہوا تھا۔ دوسرا مجموعہ شاعر کی بے نیازی کے سبب اپنی اشاعت کا عرصے سے منتظر ہے۔ ترقی پسندی کی باقیات اور بدلتے ہوئے شعری رجحانات کے جھٹپٹے میں ان کی شاعری پروان چڑھی اور خاص بات یہ ہے کہ اردو شعر کے گرتے ہوئے معیار اور زود گو شعرا کی بھیڑ بھاڑ میں مسعود عابد نے اپنی پہچان برقرار رکھی۔

اس مختصر تمہید کے بعد ہم ان کی زیر نظر غزلوں کی طرف رجوع ہوتے ہیں۔

چاروں غزلیں مختلف بحور میں کہی گئی ہیں۔ شاید انھوں نے مختلف بحروں کا انتخاب اپنے لب و لہجے کے تنوع کو ظاہر کرنے کے لئے کیا ہے۔ میرا یہ ماننا ہے کہ بحروں کا اپنا مزاج ہوتا ہے۔ لیکن اس کے باوجود شاعر جب ان میں شعر کہتا ہے تو شاعر کا اپنا مزاج اس میں داخل ہو جاتا ہے۔ جس کو "شعری آہنگ" سے تعبیر کیا جاسکتا ہے۔ آپ ان کی غزلوں کو یکے بعد دیگرے قرأت کی منزلوں سے گذاریں تو محسوس ہو گا کہ ان میں مشاہدے، تجربے اور جذبے کے وہ تمام رنگ موجود ہیں جو ایک اچھی اور سچی شاعری کا خاصّہ رہے ہیں۔ پہلی غزل کا یہ شعر۔

رات خوابوں کی کہانی کی کتاب
اک نئی دنیا ، نیا اخبار صبح

رات اور دن کے استعارے میں آج کے عہد کی بوالعجبی کو بیان کرتا ہے۔ اس غزل میں مسعود عابد نے نور محمد نورؔ کے دو تلمیحی مصرعوں پر گرہ لگائی ہے۔ دونوں شعر یوں ہیں۔

ظلمتوں پر ایک کاری وار صبح
ذوالفقارِ حیدر کرار صبح
حلقِ اصغر کے لہو کی دھار صبح
دودھ سے دھویا ہوا کردار صبح

دوسری غزل کا شعر۔

سانسوں میں اترے گا تو نس نس میں بسے گا
ہوتی ہے ابھی درد کی تشکیل ہَوا میں

دراصل اس سچائی کا اظہار ہے کہ انسانی ذات کے ساتھ باہر کی دنیا کا تصادم اس کرب کو جنم دیتا ہے جسے "دردِ آگہی" کہا جائے تو بے جا نہ ہو گا۔ یہ بات تسلیم شدہ ہے کہ موضوع کی تہہ داری آپ خود لفظوں کا انتخاب کرتی ہے۔ تیسری غزل کا یہ شعر۔

ڈوبتے سورج میں میرا "آج" گم ہونے لگا
آنکھ کی پتلی میں آنے والا "کل" محفوظ ہے

یہ شعر کئی لحاظ سے مرورِ ایّام کی رفتار کا مرثیہ ہے جس میں آدمی حال کی ناکامی کو مستقبل کی کامیابی کا پیش خیمہ سمجھتا ہے۔ چوتھی اور آخری غزل کینوس پر ایک پینٹنگ کا عمل معلوم ہوتی ہے جس میں چاند کی مختلف شکلوں میں ایک جہانِ معنیٰ کو سمونے کی کوشش کی گئی ہے اور اس کوشش میں شاعر خاصا کامیاب بھی ہے۔ مثال کے طور پر یہ دو شعر۔

چاندنی دودھ کی ندی جس میں
میری تنہائی دھو گیا چاند
میری پلکوں پہ یہ دیئے عابدؔ
جیسے تارے پرو گیا ہے چاند

دیکھا جائے تو موضوع کو جوں کا توں استعمال کرنے کے بجائے موضوع کو اس کے سیاق و سباق میں ایمائیت کے ساتھ برتنے کی اہمیت زیادہ ہے۔ یعنی شعر میں "کیا کہا گیا ہے؟" کے بجائے "شعر کس طرح کہا گیا ہے؟" کو فوقیت حاصل ہے۔ اس گفتگو کو ختم کرتے ہوئے یہ کہا جاسکتا ہے کہ مسعود عابد کی یہ غزلیں جدید طرز اظہار کا ایک اچھا نمونہ ہیں اور شاعر کی اپنی فکر، سوچ اور شاعرانہ صلابت کی غماز ہیں۔ چاروں غزلیں ملاحظہ ہوں۔

غزل (۱)

چاند ڈوبا، شب ڈھلی، تیار صبح
روز و شب کے درمیاں اقرار صبح
ظلمتوں پر ایک کاری وار صبح
"ذوالفقارِ حیدر کرار صبح"
"حلقِ اصغر کے لہو کی دھار صبح"

دودھ سے دھویا ہوا کردار صبح
رات خوابوں کی کہانی کی کتاب
اک نئی دنیا ، نیا اخبار صبح
بیچتا تھا ہر کوئی خود اپنی ذات
میں نے یہ دیکھا سرِ بازار صبح
پالیا ہے میں نے راتوں کا نچوڑ
ہے زمانے کو ابھی درکار صبح
رات کی کالک چھٹی ، نہ دن ہوا
یوں تو ہوتی ہی رہی ہر بار صبح

غزل(۲)

ہوتا ہے بدن اب مرا تحلیل ہوا میں
پڑھ لو مرے کردار کی تفصیل ہوا میں
ہے عشق تو پھر دودھ کی نہریں بھی نکالو
ہوتی نہیں جذبات کی تکمیل ہوا میں
ہے آٹھ پہر ذہن میں دنیا کا تصور
جس طرح سے منڈ لاتی ہے ایک چیل ہوا میں
سچ بند کتابوں سے ابھی جھانک رہا ہے
روشن ہے یہ ٹوٹی ہوئی قندیل ہوا میں
سانسوں میں جو اترے گا تو نس نس میں بسے گا
ہوتی ہے ابھی درد کی تشکیل ہَوا میں

غزل (۳)

تازگی میں سوکھ جانے کا عمل محفوظ ہے
زندگی کے لمحے لمحے میں اجل محفوظ ہے

ڈوبتے سورج میں میرا "آج" گم ہونے لگا
آنکھ کی پتلی میں آنے والا "کل" محفوظ ہے

کھڑکیاں کھل جائیں تو شاید نگاہیں پڑھ سکیں
بند دروازوں کے پیچھے اک غزل محفوظ ہے

درمیانِ شہر ٹھہرے ہیں کھنڈر کہتے ہوئے
جل گئی رسّی مگر رسّی کا بل محفوظ ہے

پھول بن کر جب گلے میں پڑ گئی ان کی ہنسی
میرے البم میں سجا وہ ایک پل محفوظ ہے

غزل (۴)

کون کمرے میں بو گیا ہے چاند
سارا کمرہ ہی ہو گیا ہے چاند

زندگی سب میں بانٹتا سورج
ڈوبتے وقت ہو گیا ہے چاند

زندگانی کا سوچ کر مفہوم
ہنستے پھولوں پہ رو گیا ہے چاند

چاندنی دودھ کی ندی جس میں
میری تنہائی دھو گیا ہے چاند

پھر اماوس ہے ذہن میں مرے
پیچھے کھڑکی کے کھو گیا ہے چاند
میری پلکوں پہ یہ دیئے عابدؔ
جیسے تارے پرو گیا ہے چاند

(اگست ۲۰۰۳ء)
☆☆☆

(۴۶)

'سراجاً منیراً' نعتیہ مجموعہ: صوفی سلطان شطاری

کسی کی تعریف و توصیف کے لئے متعدد الفاظ رائج ہیں۔ مثلاً: ثنا، مدح، ستائش وغیرہ لیکن باری تعالےٰ کے لئے "حمد"، حضور صلعم کے لئے "نعت" اور اولیائے کرام اور بزرگان دین کے لئے "منقبت" کی اصطلاح مستعمل ہے۔ زیر نظر شعری مجموعہ جو ایک نعتیہ مجموعہ ہے، صوفی سلطان شطاری کی تصنیف ہے اور رسولِ اکرمؐ کی ایک صفاتی ترکیب "سراجاً منیراً" پر اس مجموعے کا نام رکھا گیا ہے۔

صوفی سلطان شطاری کو، جن کا تعلق آندھرا پردیش کے ضلع عادل آباد سے ہے لیکن جنھوں نے حیدرآباد دکن کو اپنا وطن ثانی بنالیا ہے، شاعری ورثے میں ملی ہے۔ ان کے والد بزرگوار صوفی محمد عبدالمنان کشور نرملی کا شمار اپنے دور کے اچھے شاعروں میں رہا ہے۔ مسلک، طریقت، شریعت اور معرفت کی اصطلاحوں میں گئے بغیر یہ طے ہے کہ نعت گوئی ادب کی وہ صنف سخن ہے جو حضور صلی اللہ وعلیہ وسلم کی شانِ اقدس اور اوصاف حمیدہ کا احاطہ کرتی ہے۔

زیر نظر نعتیہ کلام جو ڈیمائی سائز کے (۱۵۲) صفحات پر مشتمل ہے۔ اس میں نعتوں کی تعداد زیادہ ملتی ہے۔ ویسے حمد، سلام اور منقبت بھی موجود ہیں۔ اس کے علاوہ سلطان شطاری صاحب نے کتاب کے آخر میں اپنے والد بزرگوار صوفی کشور نرملی کا ایک خمسہ اور ایک نظم جو احادیث کے مفہوم پر مبنی ہے، شامل اشاعت کی ہے۔

نعتوں کے باب میں شاعر نے نہایت عقیدت و احترام کے ساتھ حبِ نبیؐ کا بے ساختہ اظہار کیا ہے۔ وارفتگی کا احساس ہر نعت میں نمایاں ہے جیسا کہ محترم خواجہ شوق نے کتاب کے

آغاز میں جو مضمون تحریر فرمایا ہے اس میں بے شک صحیح نتیجہ اخذ کیا ہے کہ صوفی سلطان شطاری کے عجز وانکسار، جذباتِ مودّت جاںنثاری کا ثبوت ان کی نعتوں کے طرزِ ادا سے مترشح ہے۔

اس کے علاوہ یوسف روش نے اپنے مضمون اور شیخ اسمٰعیل صابر نے علی الترتیب شاعر کے کلام اور شخصیت کے بارے میں بھرپور تاثرات پیش کئے ہیں۔

واقعہ یہ ہے کہ سرورِ کونینؐ کی مدحت وہی کر سکتا ہے جو دیوانہ وار عشقِ نبیؐ سے متصّف بھی ہو اور لفظیات کو برتنے کا سلیقہ بھی رکھتا ہو۔ اس کے علی الرغم حمد کی صفت میں بھی وہی شاعر خدائے واحد کی صفات الوہیت کا اقرار کر سکتا ہے جس میں رسول اکرمؐ کی صفاتِ بیکرانی کا بھی اندازہ ہو۔ یہی دو باتیں کلمۂ طیبہ کا لبّ لباب ہیں۔

صوفی سلطان شطاری کے نعتیہ مجموعے "سراجاً منیراً" میں اوپر بیان کردہ باتوں کا ثبوت بہ آسانی فراہم ہو سکتا ہے۔ کتاب کے مطالعے کو قارئین پر چھوڑتے ہوئے صرف چند اشعار مختلف اصناف کے درج کئے جاتے ہیں۔ 'حمد' کے اشعار:

تو ہے کرم نواز ترے بس میں کیا نہیں
تیرے سوا کریم کوئی دوسرا نہیں

بہت ممکن ہے تو مل جائے مجھ کو
فقط اک جستجو ہے اور میں ہوں

رحم فرما ہم پہ ربّ ذوالجلال
جز ترے کس سے کہیں ہم اپنا حال

'نعت' کے اشعار:

وابستگی ہوئی جو خدا کے حبیبؐ سے
آئی ہے اپنے ہاتھ یہ دولت نصیب سے

دل میں یہ بہارِ عقیدت نبیؐ کی ہے
بستی مرے وجود کی جنّت نبیؐ کی ہے

سایہ کرم کا مجھ پہ بفضل خدا ہے یہ
دل میرا دل نہیں ہے ، محمدؐ کدہ ہے یہ

'منقبت' کے اشعار:

کوئی فرات کی لہروں سے پوچھ کر دیکھو
غمِ حسینؓ میں دریا کا دل بھی پانی ہے

لرزے میں تھی زمین ، متزلزل تھا آسماں
جس دم شہید فاطمہؓ کا لاڈلا ہوا

حسینؓ ابن علیؓ نے جس کی خاطر سر کٹا ڈالا
ہمیں وہ دین لینا ہے ، وہی اسلام لینا ہے

صوفی سلطان شطاری اپنے مزاج کے اعتبار سے واقعی صوفیانہ صفات رکھتے ہیں۔ یہ روّیہ ان کی نعتیہ شاعری میں بھی موجود ہے۔ ان کے کلام میں تنوع پایا جاتا ہے جو ایک اچھی شاعری کی علامت ہے۔ سیرت النبیؐ کے مضامین ہوں یا تلمیحی واقعات، وہ محض منظر نگاری نہیں کرتے بلکہ اپنے جذبات، احساسات اور عقیدت کو شعر میں شامل کرتے ہیں جو ان کے نعتیہ کلام کو خوب سے خوب تر کی منزل کی طرف لے جاتی ہے۔ قارئین کتاب کو بغور پڑھیں تو صاحبِ کتاب کی عقیدت کی گرمی ان پر بخوبی واضح ہو جائے گی۔ کتاب کی قیمت ۲۰۰ روپے ہے۔ ملنے کا پتہ: بمکان مصنف، 16-8-617، "فردوس منزل"، روبرو اکبر ٹاورس، جدید ملک پیٹ، حیدرآباد۔

المختصر صوفی سلطان شطاری کا یہ نعتیہ مجموعہ عاشقان رسولؐ کے لئے ایک نایاب ہدیہ ہے اور یقین ہے کہ وابستگانِ دین محمدیؐ کے نزدیک قبولیت کا درجہ پائے گا۔ اللہ کرے زور قلم اور زیادہ۔

(مارچ ۲۰۰۸ء)

☆☆☆

(۴۷)

ڈاکٹر مسعود جعفری کا شعری مجموعہ 'میں تجھے سوچتا رہا': ایک مطالعہ

زیر نظر شعری مجموعہ "میں تجھے سوچتا رہا" ڈاکٹر مسعود جعفری کا تیسرا شعری مجموعہ ہے۔ صوری اور معنوی دونوں اعتبار سے مجموعہ بہت ہی خوبصورت ہے۔ ہر چند کہ ان دنوں اردو کتابیں جو منظر عام پر آرہی ہیں ان میں شعری مجموعوں کی بہتات ہے اور بیشتر شعری مجموعے معیار پر بھی پورے نہیں اترتے۔ لیکن اس مجموعے میں ایسی کوئی بات نہیں۔ ڈاکٹر مسعود جعفری کی پیدائش، ہندوستان کی آزادی کے دن ہوئی یعنی ۱۵؍ اگسٹ ۱۹۴۷ء، گویا انھوں نے آزاد ہندوستان کی فضاؤں میں آنکھ کھولی۔ وہ ہیں تو پیشہ کے اعتبار سے تاریخ پڑھانے والے (موظف ریڈر، شعبۂ تاریخ جامعہ عثمانیہ) لیکن فنِ شعر میں بھی درک رکھتے ہیں اور اچھا خاصا درک رکھتے ہیں۔ تاریخ دانی، عہد بہ عہد رونما ہونے والے واقعات کی تصویر ہوتی ہے لیکن مسعود جعفری کا احساس اپنے دور کی تصویر کا نقشہ یوں کھینچتا ہے۔ کہتے ہیں۔

شکستہ پاؤں میں زنجیر ہی تو ایسی ہے
ہمارے دور کی تصویر ہی تو ایسی ہے

دوسری جگہ رقم طراز ہیں۔

یہ صدی گریہ و ماتم کی صدی ہو جیسے
چار کندھوں پہ کوئی لاش اٹھی ہو جیسے

اس سے یہ نہ سمجھ لیا جائے کہ ڈاکٹر صاحب "قنوطیت" میں ڈوبے ہوئے ہیں۔ ان کا نظریہ شعر "رجائیت" کا حامی ہے۔ بس یہ کہ مشاہدے کی باریک بینی انھیں ماحول کے سچے اظہار

سے نہیں روکتی۔ چنانچہ آج ترقی کی بنا پر جو نقشہ گاؤں کا بدلتا نظر آتا ہے اس پر ان کا یہ خوبصورت شعر ملاحظہ ہو۔

نقشہ ہی مرے گاؤں کا تبدیل ہوا ہے
اب کچی کویلو کے وہاں گھر تو نہیں ہیں

موضوعات کی فروانی اور تنوع مسعود جعفری کے ہاں بھر پور انداز میں ملتا ہے۔ ورنہ ہوتا یہ ہے کہ ہمارے بہت سے شاعر "لب ورخسار" اور "معاملاتِ عشق" کی بھول بھلیوں سے آگے نہیں بڑھتے۔ اس حقیقت کو انھوں نے اپنے ایک مطلع میں واضح کر دیا ہے۔

نئے اظہار میں ڈھلتا رہا ہوں
سمے کے ساتھ ہی چلتا رہا ہوں

خاص بات ان کی غزل میں (نظموں کے بارے میں ذکر آگے آئے گا) یہ ہے کہ اس میں دو لفظی یا سہ لفظی ترکیبوں کا استعمال بالکل نہیں ہے۔ ورنہ ہوتا یہ ہے کہ بعض شعراؑ دھونس جمانے کی خاطر ایسی ترکیبوں کا استعمال کثرت سے اپنی تخلیقات میں کرتے ہیں۔ ویسے زبان کے بارے میں ان کا یہ شعر خاصا ہے۔

میں نے بھی مسعودؔ مل کر جانا اس کے بارے میں
ساری بھاشاؤں میں بھاشا ہندوستانی اچھی تھی

مہاتما گاندھی یہی چاہتے تھے کہ اردو اور ہندی کی ملی جلی ایسی آسان زبان ہندوستان کی ہو جسے انھوں نے "ہندوستانی" کا نام دیا تھا لیکن وقت کی کرنی ایسی ہوئی کہ دستور ہند میں "ہندی" دیوناگری رسم الخط میں قومی زبان قرار پائی۔ ورنہ ہندوستانی وہ زبان ہوتی جس کا رسم الخط فارسی اور دیوناگری دونوں میں ہوتا۔ خیر یہ تو ایک جملۂ معترضہ تھا۔ ایک جگہ مصرعے میں املا کی غلطی ملتی ہے، پتہ نہیں وہ کمپیوٹر کی غلطی ہے یا کیا ہے؟ وہ مصرعہ ہے۔

وہ انجمن تو پیار کی "برخواست" ہو گئی

"برخواست" کا صحیح املا "برخاست" ہے۔ ایک اور جگہ مقامی زبان کا لفظ "دستی" استعمال

ہوا ہے جسے عرفِ عام میں "رومال" کہتے ہیں۔ مصرعہ ہے ۔

بھینی بھینی خوشبو بھی ہے اس کی پیاری "دستی" میں

ویسے مقامی اردو کے مستعملہ الفاظ کے استعمال میں کوئی قباحت نہیں۔ مخدوم محی الدین اس پر مصر تھے۔ ان کا استدلال یہ تھا کہ جب لکھنؤ یا دلی والے اپنی زبان پر فخر کرسکتے ہیں، اس کا روزمرہ یا محاورہ ادب میں لانے سے نہیں جھجکتے تو دکن والے کیوں اس سے پیچھے رہیں۔ مثال کے طور پر مخدوم کے ہاں "محبس"، "سنچل" یا "مسان" جیسے مقامی الفاظ ملتے ہیں۔ اسی طرح انگریزی کے ایسے الفاظ جو اردو میں عام فہم اور مستعمل ہیں مسعود جعفری کے ہاں ملتے ہیں۔ جیسے یہ شعر۔

اس کی تحریر ایسے پڑھتا ہوں
جیسے سنڈے کا ایک کالم ہے
شاعری میری کچھ نہیں لیکن
اس کی انگڑائیوں کا البم ہے

اب کچھ باتیں ان کی نظموں کے بارے میں ہو جائیں۔ ڈیمائی سائز کے (۱۴۴) صفحات پر مشتمل اس شعری مجموعے میں (۱۳) صفحات مجید بیدار، طالب خوندمیری اور خود شاعر کے اپنے تاثرات پر مشتمل ہیں ۔ ایک حمد اور ایک نعت کے بعد (۳۸) غزلیں ، (۲۹) نظمیں، (۸) رباعیات اور (۲۴) قطعات باقی صفحوں پر پھیلی ہوئی ہیں۔ اردو نظم کی تاریخ خاصی پرانی ہے۔ یہ صنف پہلے تو مسلسل غزل کے فارم میں کہی جاتی رہی ہے لیکن جدید نظم کا سانچہ اس سے مختلف ہے۔ اس میں موضوع اور تسلسل کا التزام ۱۹۳۶ء کے بعد پیدا ہوا جب ترقی پسند ادبی تحریک کا آغاز ہوا۔ آزاد نظا-04-08 نظم جس میں کسی بھی بحر کے ارکان کو کم یا زیادہ استعمال کیا جانے لگا اسی تحریک کی دین ہے۔ نظم کا اکائی کا تصور دینے اور علامت و اشارے سے مالا مال کرنے کا آغاز تو ترقی پسند شاعروں نے دیا تھا لیکن جدیدیت کے رجحان نے اسے اور بھی فروغ دیا۔

نہ جانے کیوں مسعود جعفری کی نظم میں پابند نظم کا اہتمام ملتا ہے۔ انھوں نے آزاد نظم اگر کہی بھی ہے تو شعری مجموعے میں شامل نہیں کی۔ اس کے علاوہ لفظیات کی تازہ کاری جو ان کے ہاں بھرپور انداز میں غزل کے اشعار میں ملتی ہے، نظموں میں نہیں ملتی۔ موضوعات میں بھی

شخصیات پر نظمیں کافی ملتی ہیں جیسے گاندھی جی، شنکر اچاریہ، سونیا گاندھی، نام نہاد رہنما کے نام (جو نریندر مودی کے علاوہ کون ہو سکتا ہے ؟) بعض نظموں کے عنوانات سے ظاہر ہوتا ہے کہ وہ کس موضوع پر ہیں۔ جیسے مالیگاؤں کے فرزندوں کے نام، لبنان، ہائے نجف کربلا، معرکۂ عراق، تلنگانہ، عرضِ فلسطین اور صدائے کشمیر وغیری یہ سارے موضوعات خارجی حیثیت رکھتے ہیں۔ داخلی حیثیت کی نظمیں بہت ہی کم تعداد میں ان کے ہاں ملتی ہیں۔ جب کہ غزل میں داخلیت ان کے ہاں شدت کے ساتھ در آئی ہیں۔ مسعود جعفری کو اس طرف توجہ دینے کی ضرورت ہے۔ غزل کے چند شعر میرے بیان کی تائید میں ملاحظہ ہوں۔

آنسو کی اک بوند بھی باقی نہیں تو کیا
رونے کا یہ کمال تو نوحہ گروں میں ہے

تھکن سے چور تھے ظّلِ الٰہی
کنیزوں کا بدن دہکا ہوا تھا

ابھی ابھی تو منور تھا یاد سے اس کی !
ہمارے خواب کے آنگن میں ہے دھواں کیسا

ہم تجھ سے جدا ہوگئے سندباد جہازی
بھولیں گے نہیں ہم تری مہمان نوازی

کس عدلیہ کے سامنے فریاد ہم کریں
قاتل ہی عدل کرنے پہ مامور ہو گیا !

الغرض ڈاکٹر مسعود جعفری کا یہ شعری مجموعہ "میں تجھے سوچتا رہا" اپنے نام کی طرح قاری کو تخئیل کی وادیوں میں سوچنے اور لطف اندوز ہونے کی دعوت دیتا ہے۔ طالب خوندمیری کا بنایا ہوا ٹائٹل بہت حسین ہے۔ گٹ اپ عمدہ اور قیمت (۳۵۰) روپے ہے۔ ڈاکٹر مسعود جعفری کی رہائش A/5/1/43-1-8، شیخ پیٹ، حیدرآباد۔500008 (اے۔پی) سے دستیاب ہے۔

☆☆☆

(۴۸)

'نگینہ سخن' شعری مجموعہ: اسحٰق ملک

اسحٰق ملک ، اردو کے کہنہ مشق شاعر ہیں۔ ان کے اب تک تین شعری مجموعے شائع ہو چکے ہیں۔ پہلا مجموعہ "نو شگفتہ" ۱۹۸۲ء میں، دوسرا مجموعہ "تابدار"۱۹۹۳ء میں اور تیسرا مجموعہ "نگینۂ سخن" ۲۰۰۲ء میں زیور طبع سے آراستہ ہو چکا ہے۔ زیر نظر مجموعہ "نگینۂ سخن" ایک نعت، (۵۹) غزلوں اور (۶۲) ماہیوں پر مشتمل ہے۔ ڈیمائی سائز کے (۱۱۲) صفحات میں شاعری کا مواد (۸۲) صفحات پر پھیلا ہوا ہے۔ (۲۵) صفحات جو شاعری کی مقدار کا تقریباً ایک تہائی ہیں، مشاہیر ادب کی آرأ کے علاوہ محلے کے دوست احباب کے اظہار خیال کے لئے مختص کئے گئے ہیں۔ شاعر کو اس قدر آرأ جمع کر کے شائع کرنے کی چنداں ضرورت نہ تھی۔ یہ تو نثری آرأ ہیں، منظوم آرأ کی خاطر کتاب کے آخر میں (۱۱) اشعار پر مشتمل محمد مختار علی ہوش کا "گلدستۂ تہنیت" بھی شامل کیا گیا ہے۔

بات یہ ہے کہ جس کو شاعری ورثے میں ملی ہو، جس کے پچھلے دونوں مجموعوں میں شاعر اور اس کی شاعری کے بارے میں بہت کچھ لکھا جا چکا ہو اور جس کی شاعرانہ عمر چالیس سال سے زیادہ ہو، اسے چاہئیے تھا کہ اپنے کلام کی تحسین کو دو چار آرأ تک محدود رکھتا۔ حقیقت تو یہ ہے کہ شاعر کے مقام کا تعین ان آرأ سے نہیں، خود اس کی شاعری سے ہوتا ہے۔ اس بحث کو ختم کرنے سے پہلے ایک رائے کا اقتباس پیش کرنا مناسب ہوگا۔ یہ رائے جو بظاہر توصیف معلوم ہوتی ہے لیکن درحقیقت تنقیص ہے۔ اقتباس ملاحظہ ہو:

"اسحٰق ملک کی غزل میں کئی رنگ ملے جلے ہیں۔ روزمرہ اور مکالماتی ڈھنگ والے اشعار

صفی اورنگ آبادی کی یاد دلاتے ہیں، تو مختصر بحر والی غزلیں معظم جاہ شجیع، شاذ تمکنت، شکیل بدایونی، خمار بارہ بنکوی اور سعید شہیدی کے اثرات میں غلطاں نظر آتی ہیں!"

اس رائے کو پڑھنے کے بعد عام قاری یہ رائے قائم کر سکتا ہے کہ ان سارے رنگوں میں شاعر کا اپنا رنگ کہاں غائب ہو گیا؟ واقعہ یہ ہے کہ خود شاعر کو اس کا خوب اندازہ ہے۔ تب ہی وہ کہتا ہے کہ:

ہمارے شعر کی وقعت ہی کیا ہے
جگر کے خون کی قیمت ہی کیا ہے

شاعر کے مزاج اور کردار کے بارے میں ایک "صاحب الرائے" یوں رقم طراز ہیں:

"ہر بڑے آدمی سے ملتے ہوئے اسحٰق ملک کی آنکھیں چمکنے لگتی ہیں۔۔۔۔ بظاہر نہایت ہی بھولا بھالا نظر آنے والا یہ فن کار اپنی دھن کا پکا ہے۔ کس سے کب ملنا ہے اور کیا فائدہ اٹھانا ہے، اسحٰق ملک کو خوب آتا ہے!"

اب کوئی بتلائے کہ ایسی رائے کو شاعر کی خوبی سمجھا جائے یا خامی؟ ان تمام "نکتہ آرائیوں" کے باوجود "نگینۂ سخن" کی ورق گردانی کرتے ہوئے، ان کی غزلوں اور ماہیوں کو پڑھتے ہوئے ہمیں مایوسی نہیں ہوتی۔ نگینۂ سخن چمکدار بھی ہے، خوش رنگ بھی۔ اس میں آب و تاب بھی ہے، دل آویزی بھی۔ ایک اور نقاد کی رائے سے ہمیں اتفاق ہے کہ اسحٰق ملک ایک سادگی پسند، سادہ مزاج اور سادہ گو شاعر ہیں۔ ان کے اظہار میں کوئی پیچیدگی نہیں۔ ابہام سے ان کی شاعری کو کوئی علاقہ نہیں۔

کتاب کی قیمت (۶۰) روپے واجبی ہے اور منصف کے مکان ۳-۸۷۔ا۔ ۲۲ سلطان پورہ، حیدرآباد کے علاوہ حیدرآباد ہی کے ان مزید مقامات: حسامی بک ڈپو، مچھلی کمان۔ یوسف بک اسٹال، چادر گھاٹ اور رہنمائے ادب، رسالہ بازار، گولکنڈہ پر دستیاب ہے۔

(جولائی ۲۰۰۳ء)

☆☆☆

(۴۹)

حکایت ایک نووارِدِ ادب کی: ن۔ب۔ ساجد

غالب نے کہا تھا۔

اے تازہ واردانِ بساطِ ہوائے دل !
زنہار ! اگر تمھیں ہوسِ ناؤ نوش ہے
دیکھو مجھے جو دیدۂ عبرت نگاہ ہو
میری سنو جو گوشِ حقیقت نیوش ہے
داغِ فراقِ صحبتِ شب کی جلی ہوئی
اِک شمع رہ گئی ہے سو وہ بھی خموش ہے

غالب کو ناقدریٔ زمانہ کا شدت سے احساس تھا اور وہ چاہتے تھے کہ دنیا میں دیکھنے والی آنکھیں اور سننے والے کان ہوں، علی الحساب ان کی اس قدر شناسی کا حقیقت پسندانہ تجزیہ بھی کریں اور سماعت بھی۔ ویسے سو، سوا سو سال کے بعد بھی صورتحال میں کوئی تبدیلی نہیں آئی ہے۔ وہ صورتحال جو غالب کے عہد میں تھی اور بھی ناگفتہ بہ ہوگئی ہے۔ سائینس اور تکنالوجی کے اس ترقی یافتہ دور میں جہاں ادب کو کوئی پوچھتا نہیں ایسے میں اگر کوئی نئی آواز سنائی دیتی ہے تو غنیمت سمجھنا چاہیئے۔ انہی نووارِدانِ بساط ادب میں ن۔ب۔ ساجد کا شمار ہوتا ہے۔

پروفیسر مغنی تبسم نے حالیہ کسی محفل میں بڑے پتے کی بات کہی تھی کہ تخلیقی ذہانت رکھنے والی نئی نسل کی تربیت بہت ضروری ہے۔ ہم اس بیان میں اتنا اضافہ کریں گے کہ اس مقصد کے لئے سب سے اہم کوشش یہ ہونی چاہیئے کہ اردو شعر و ادب کا رشتہ قاری اور سامع سے جڑا

رہے۔ ہر چند کہ شعری صلاحیت ایک ذہنی عمل ہے تاہم جب تک اس صلاحیت کو اکتسابی عمل سے جلا نہ دی جائے وہ خوب سے خوب تر کی منزل تک پہنچ نہیں پاتی۔

برہان الدین ساجد ۳۵، ۳۶ سال کے جواں سال شاعر ہیں۔ ان کی باقاعدہ شعر گوئی کا آغاز ۱۹۸۰ء سے ہوا۔ ابتدأ میں مزاحیہ پھر سنجیدہ شاعری کی طرف راغب ہوئے۔ انھوں نے ابتداء میں افسانے بھی لکھے، ان کا فنِ خطابت سے بھی لگاؤ رہا ہے۔ پچھلے ۷، ۸ برسوں سے صلالہ (سلطنتِ عمان) میں اپنی ملازمت کے سلسلے میں مقیم ہیں اور وہاں کی ادبی سرگرمیوں میں بڑھ چڑھ کر حصّہ لیتے رہے ہیں۔ مفتاح العلوم، جلال آباد، (یو۔پی۔) سے پوسٹ گریجویٹ کی سطح پر فارغ التحصیل ہیں۔ حافظ بھی ہیں اور قاری بھی، اس لحاظ سے ہمہ پہلو شخصیت ہیں کہ موصوف ادبی، علمی اور دینی مصروفیت کے علاوہ جوڈو، کراٹے میں بلاک بیلٹ کے حامل ہیں۔ ان کی اپنی امامت و خطابت کا اٹھارواں سال ہے۔

ن۔ب۔ساجد کا مجموعہ کلام "سوکھی ندی" کے عنوان سے زیر ترتیب ہے اور بقول خود ان کے پاکستان کے ایک شاعر ارشد ایوب رانا ان کی کتاب کی طباعت کا اہتمام دعا پبلیکیشنز، لاہور سے کر رہے ہیں۔

جو کچھ ان کا کلام دستیاب ہوا، اس کے مطالعہ سے یہ بات واضح ہے کہ مستقبل میں مشق و مزاولت اور اساتذہ کا بالا استعاب مطالعہ انھیں شعر و سخن کے ہفت خواں طے کرانے میں حد درجہ مددگار ثابت ہوگا۔

ساجد نے بالعموم صنف غزل میں طبع آزمائی کی ہے۔ صنف غزل جہاں نومشقوں کیلئے فکر و فن کا سامان فراہم کرتی ہے وہیں روایتی شاعری میں بھٹک جانے کے مواقع بھی دیتی ہے۔ یہ بات باعثِ طمانیت ہے کہ ساجد کے ہاں بھٹک جانے کے امکانات نہ ہونے کے برابر ہیں۔ مختلف غزلوں کے چیدہ چیدہ شعر ملاحظہ ہوں جس میں جدت طرازی کی طرف رجحان بھی ملتا ہے اور بہ اعتبار موضوع ان کے اشعار تنوع کا احساس بھی دلاتے ہیں۔

مرے دوست، میرے سخنورو تمھیں اس زبان پہ ناز ہے

جو خیال میں بھی نہ آسکے کوئی بات ایسی لکھا کرو !
اے جناب ساجد خوش گلو ! اسے کھیل تم نے سمجھ لیا
نئ طرز کی بھی غزل کہو ، نئ فکر ہم کو عطا کرو !

اب سمندر کے سفر سے لوٹ کر جاؤں کہاں
جس کنارے پہ مکاں تھا وہ کنارہ لٹ گیا

اداسیاں وہاں آکر قیام کرتی ہیں
جہاں سے تم کو منانا عجیب لگتا ہے

بھلا یہ شہر صداقت کے لوگ کیسے ہیں
انھیں تو سچ بھی بتانا عجیب لگتا ہے

ہیں روانی کے منتظر ہم بھی
ایک سوکھی ہوئی ندی کی طرح

جو زمیں پر سنبھل کے چل نہ سکا
سوچتا ہے خلأ کے بارے میں

ہمیشہ کڑوی حقیقت بھلی نہیں لگتی
سخنوری میں غموں کی مٹھاس رہنے دے

تو خط میں صرف قلم ہی کی جنبشیں مت رکھ
تبسموں کا بھی اک اقتباس رہنے دے

ساجد نے نسبتاً نظمیں کم کہی ہیں لیکن اس کی کمی کو انھوں نے اپنے احتجاجی لب ولہجہ سے نہ صرف پر اثر بنادیا ہے بلکہ یہ لہجہ، سننے والوں کو دعوت فکر بھی دیتا ہے۔ مثال کے طور پر ان کی نظم کی یہ سطریں ملاحظہ ہوں۔

بھوکے آزاد ہیں ہم جب کہ نئی نصف صدی
ماں کا سینہ تو ہے بچے کے لئے سوکھی ندی
اور کتابیں ہیں قوانین کی شلفوں میں لدی
اک نئی راہ نکالو کوئی ہمدرد نہیں
درد سینے میں چھپالو کوئی ہمدرد نہیں

"سوکھی ندی" ساجد کے ہاں ایک استعارہ ہے تنگئ قلب و نظر کا، اقدار کی محرومی کا، چشمہِ خلوص کے خشک ہو جانے کا۔ شاید اسی احساس کے تحت انھوں نے اپنے مجموعہ کلام کا نام "سوکھی ندی" رکھا ہے۔ شاعر کا یہ انداز نہایت معنی خیز بھی ہے اور طنز آمیز بھی، اردو کی بزم میں ب۔ن۔ ساجد کی آمد کا ہم خیر مقدم کرتے ہیں اگر چیکہ فیض نے شمع اردو کے بارے میں کہا تھا۔

حلقہ کئے بیٹھے رہو اس شمع کو یارو !
کچھ روشنی باقی تو ہے ہر چند کہ کم ہے

(جولائی ۱۹۹۷ء)
☆ ☆ ☆

(۵۰)

'آبلۂ دل' شعری مجموعہ: محمد مظہر علی صدیقی صبا

زیر نظر شعری مجموعہ "آبلۂ دل" محمد مظہر علی صدیقی صبا مرحوم کا انتخابِ کلام ہے جسے صبا مرحوم کے پوتے ضامن علی حسرت نے ترتیب دیا ہے۔ ڈیمائی سائز کے (۱۱۴) صفحات پر مشتمل اس کتاب میں جو ڈسمبر ۲۰۰۷ء میں شائع کی گئی ہے، تعارف کے طور پر تین مضامین ڈاکٹر نسیم الدین فریس، ڈاکٹر عبد القدیر مقدر اور خود مرتب ضامن علی حسرت کے تحریر کردہ ہیں۔ موصوف مولانا آزاد نیشنل اردو یونیورسٹی، حیدرآباد کے ریسرچ اسکالر ہیں اور اپنے مضمون میں ان دشواریوں کا ذکر کیا ہے جو انھیں کتاب کے ترتیب دینے میں پیش آئیں۔ انھوں نے لکھا ہے کہ (۷۰) سال قبل تحریر کردہ کاغذات سے جو بوسیدہ ہو چلے تھے، تنویر واحدی کی اعانت سے انھوں نے یہ مجموعہ ترتیب دیا۔

اپنے دادا صبا مرحوم کے بارے میں رقم طراز ہیں کہ موصوف ۱۸۹۹ء میں لکھنؤ کے ایک تعلقہ سکندرہ میں پیدا ہوئے۔ الہ آباد یونیورسٹی سے عالم و فاضل کی تعلیم حاصل کی۔ چند ناگزیر وجوہات کی بنا پر اپنے پورے خاندان کے ساتھ لکھنؤ چھوڑ کر حیدرآباد دکن کو اپنا وطن ثانی بنالیا۔ بحیثیت مدرس تعلقہ سدی پیٹ میں کارگزار رہے۔ ان کے اہم شاگردوں میں سابق چیف منسٹر ڈاکٹر ایم۔ چناّ ریڈی، ڈاکٹر ولی الدین (دواخانہ عثمانیہ)، کامریڈ مخدوم محی الدین وغیرہ شامل ہیں۔

یہ کتاب ایک حمد باریٔ تعالیٰ، ایک نعتیہ مسدس اور (۳۰) غزلوں پر مشتمل ہے۔ ان غزلوں میں (۲) غزلیں فارسی میں اور باقی اردو میں ہیں۔ ظاہر ہے کہ جس زمانے کا یہ کلام ہے، ان دنوں فارسی زبان کا چلن بہت زیادہ تھا۔ آج کل تو یہ صورتحال ہے کہ فارسی تو کجا خود اردو شاعری دورِ ابتلاً سے گذر رہی ہے۔ خیر یہ تو ایک جملۂ معترضہ تھا۔ صبا کی دو غزلیں غالب کی زمین میں ہیں۔ جن کے مطلعے ہیں:

قصۂ غم ہے کچھ ایسا کہ سنائے نہ بنے
ٹیس اٹھتی ہے وہ دل میں جو دکھائے نہ بنے
کس کو دکھلاؤ گے یہ ناز و ادا میرے بعد
کون پوچھے گا تمھیں ماہ لقا میرے بعد

رنگ کلام سے ظاہر ہے کہ صبا کا کلام قدیم طرز کا ہے جو کہ اس دور کا تقاضہ تھا۔ لہذا اس کلام کو اسی سیاق و سباق میں دیکھنا پڑے گا۔ ایک غزل دراصل حضرت معین الدین چشتیؒ کی منقبت پر مشتمل ہے۔ پتہ نہیں کیوں اسے غزل کا عنوان دیا گیا ہے۔ ان غزلوں سے کلّی طور پر اتفاق کیا جا سکتا ہے کہ مظہر علی صدیقی کی شاعری میں کوئی عمیق فلسفہ نہیں ہے۔ روایتی غزل کے مضامین مثلاً تصورِ جاناں، حسن و جمال، ناز و ادا، ہجر کے صدمات وغیرہ ان غزلوں کی زینت ہیں۔ البتہ بقول ڈاکٹر مقدر، لہجے کی صداقت اور اظہار کا کھرا پن قاری کو متاثر کرتا ہے۔

اردو غزل کی دنیا بہت وسیع و عریض دنیا ہے۔ اس دنیا میں صبا مرحوم کا کلام ایک کلاسیکل طرزِ ادا کے شاعر کی حیثیت سے اپنی پہچان بنائے گا، اس کا ہمیں یقین ہے۔ کتاب کی اشاعت کے سلسلے میں ان کے پوتے ضامن علی حسرت فی الواقعی شکریئے کے مستحق ہیں۔ نمونۂ کلام ملاحظہ ہو۔

کس کو معلوم مآلِ غمِ پنہاں اے دل
کیا خبر اشکِ رواں کتنا سفر باقی ہے
ہے ہجومِ غمِ ایّام مِرے سینے میں
زینتِ بزم ہوئے داغِ چراغاں ہو کر
دیکھئے خشک نہ ہو جائے کہیں نخلِ امید
بیکسی کھینچ کے در پر مجھے لے آئی ہے

کتاب کی قیمت (۱۵۰) روپے کچھ زیادہ نہیں۔ کتاب ضامن علی حسرت، 9-16-60، احمد پورہ کالونی، نظام آباد پر دستیاب ہے۔

(مارچ ۲۰۱۰ء)

☆☆☆

(۵۱)

آزادی کے بعد پہلا غیر منقوط طرحی نعتیہ مشاعرہ

غیر منقسم ہندوستان میں بالعموم دبستانِ ادب کے دو ہی مراکز مانے جاتے ہیں۔ ایک دلّی، دوسرا لکھنؤ۔ لیکن لوگ یہ بھول جاتے ہیں کہ دو اور مراکز بھی ہیں۔ حیدرآباد اور لاہور۔ تقسیم ہند کے بعد لاہور پاکستان میں چلا گیا۔ دلّی پر پنجابیوں کا اور لکھنؤ پر ہندی والوں کا قبضہ ہو گیا اور بلا مبالغہ حیدرآباد ہی وہ واحد شہر رہ گیا ہے جہاں آسمانِ ادب کے نجومانِ ضیأبار کا غلبہ نظر آتا ہے۔ بقول شخصے ایک زمانہ تھا کہ حیدرآباد میں گھر گھر شاعری کا چرچا تھا اور گلی گلی مشاعرے ہوتے تھے۔ اب صورتحال بدل گئی ہے اور تو اور بیت بازی کا رواج بھی کم ہو گیا ہے۔ البتہ طرحی مشاعروں کا چلن باقی ہے۔ غالب کی زبان میں "شوقِ فضول و جرأت رندانہ" کا فقدان سخن سنجی اور سخن فہمی کو لے ڈوبا ہے۔ حیدرآباد جو کبھی "عروس البلاد" کہلاتا تھا اس کو مادّہ پرستوں کی نظر لگ گئی ہے۔ تاہم اردو شعر و ادب کی شمع اب بھی جھلملا رہی ہے۔ بقول شاعر ؎

حلقہ کئے بیٹھے رہو اس شمع کو یارو !
کچھ روشنی باقی تو ہے ، ہر چند کہ کم ہے

کسی نکتہ رس نے شاعروں کی چار قسمیں گنوائی ہیں اور بہت خوب گنوائی ہیں۔ شاعر، متشاعر، مشاعر (جو صرف مشاعروں میں کلام سناتا ہے) اور ناشاعر۔ خدا کے "فضل و کرم" سے صرف شاعر کو چھوڑ کر باقی تینوں قسموں کی بہتات ہے کیونکہ "شاعر" خال خال ہی دکھائی پڑتے ہیں۔ کسی شاعر نے خوب کہا ہے ؎

دل والوں کی بستی میں تو دلدار بہت ہیں
اس شہر کے ماحول میں دو چار بہت ہیں

آمدم بر سرِ مطلب۔۔۔ابھی حال ہی میں (۷ اگسٹ ۲۰۰۵ء) کو زاوٗیہ ٹرسٹ قادریہ، حیدرآباد نے مولانا سید شاہ جمیل الدین شرفی کی نگرانی میں انہی کے دولت کدے پر ایک طرحی غیر منقوط نعتیہ محفل آراستہ کی تھی۔ اس محفل کی خاص بات یہ تھی کہ کل (۲۱) شعراء نے بطرح "اللہ کے کرم سے ملا ہے درِ رسول" غیر منقوط نعت پیش کی۔

ڈاکٹر راہی فدائی نے کڑپہ سے تشریف لاکر اس محفل میں بطور مہمان خصوصی شرکت فرمائی۔ انھوں نے طرحی نعت تو پیش نہیں کی لیکن محفل کی خصوصی نوعیت کے بارے میں اظہار خیال فرمایا۔ انھوں نے کہا کہ وہ رؤف خلش (راقم الحروف) کی اس بات سے پوری طرح متفق ہیں کہ غالباً آزادیٔ ہند کے بعد سے اس طرح کا غیر منقوط مشاعرہ پہلی بار منعقد ہو رہا ہے، ہو سکتا ہے قبل آزادیٔ اس نوعیت کی محفلوں کا رواج رہا ہو۔ اس سلسلے میں مولانا جمیل الدین شرفی سے بھی گفتگو ہوئی۔ اغلب ہے کہ کوئی پون صدی قبل مہاراجہ سر کشن پرساد نے ایسے مشاعرے منعقد کروائے ہوں گے۔

غیر منقوط صنف سخن، نثر یا نظم کی وہ صنف ہے (جیسا کہ نام سے ظاہر ہے) جس میں کوئی لفظ نقطہ والا استعمال نہ کیا جائے۔ غیر منقوط نثر میں قرآن کی تفسیر اور سیرتِ نبویؐ بھی لکھی گئی ہے۔ یقیناً اس میں تالیفی یا تخلیقی طور پر وہ بے ساختگی نہیں آپاتی بلکہ صناعی کا عمل جاری رہتا ہے۔ تاہم زبان وادب کی بہر حال یہ بھی ایک صنف ہے اور اس کی اہمیت اپنی جگہ مسلّم ہے۔

دیکھا جائے تو مولّف یا تخلیق کار کو ایک امتحان سے گذرنا پڑتا ہے اور یہ امتحان اس کے لئے ایک چیلنج بن جاتا ہے۔ کیونکہ شعوری یا غیر شعوری طور پر وہ منقوط یا غیر منقوط تحریر کا عادی نہیں ہوتا اور بار بار منقوط الفاظ سے وہ متصادم ہوتا رہتا ہے۔ یہ "میکانیکل قسم کا عمل" بقول غالب یارانِ نکتہ داں کے لئے ایک صلائے عام بن جاتا ہے۔

اب کچھ باتیں مذکور بالا مشاعرے کے بارے میں عرض ہیں۔ بموجب اسد ثنائی، جنھوں نے اس محفل کی نظامت کامیاب طریقے سے انجام دی، اس مشاعرے کی تحریک دراصل حیدرآباد کے ایک نوجوان شاعر اکبر خاں اکبرؔ کی تھی اور مصرع طرح بھی انہی کا دیا ہوا تھا۔ اس تحریک کو عملی جامہ پہنایا زاوٗیہ ٹرسٹ قادریہ نے اور ڈھائی گھنٹے کی ایک کامیاب محفل کا سہرا اپنے سر باندھا جس کو

ایک تاریخی حیثیت بھی حاصل ہوگئی۔

خاص بات اس محفل میں جو محسوس کی گئی، وہ تھا اس کا روح پرور ماحول، باذوق سامعین نے مشاعرے کو اونچا اٹھایا اور کامیابی سے ہمکنار کیا۔ تقریباً ہر شاعر کے کم از کم دو تین شعروں کی نو طرازیوں نے ایک جادو جگا دیا۔

نگرانِ محفل مولانا جمیل الدین شرفی نے بڑے پتے کی بات یہ کہی کہ جن شاعروں نے ایک نامانوس صنفِ سخن میں طبع آزمائی کی ہے وہ بجائے خود اس بات کا ثبوت ہے کہ سب عاشقِ رسولؐ ہیں۔ آخر میں بطور انتخاب ہر شاعر کا ایک ایک شعر پیش خدمت ہے۔

جمیل الدین شرفی:

اسرارِ وحدہٗ کا سرا ہے درِ رسولؐ :: کلمے سے اک ملا ہوا لا ہے درِ رسولؐ

رؤف خلش:

اکمل کہاں رہا کَلِمَہ لا الہٰ کا ! :: اِلاّ کی سرحدوں سے ملا ہے درِ رسولؐ

انور سلیم:

گل اک مٹھاس والا وہاں ہے کھِلا ہوا :: محسوس کرکے آؤ کہ وا ہے درِ رسولؐ

عزیز حسین عزیز:

اک اک کڑی ہے اس کی کڑی سے ملی ہوئی :: ہر در کے سلسلے کا صلہ ہے درِ رسولؐ

فاروق شکیل:

حاصل ہوئی رسائی، دو عالم ملے اسے :: حاصل اگر کسی کو ہوا ہے درِ رسولؐ

اکبر خاں اکبر:

اک عام آدمی ہو کہ حور و ملائکہ ! :: کس کس کے دردِ دل کی دوا ہے درِ رسولؐ

سردار سلیم:

آئے وہ کوہِ طور کا ہر موڑ کاٹ کر :: موسیٰ کے حوصلوں کا عصا ہے درِ رسولؐ

زاہد قادری:

آگے کو آؤ اور اٹھا لو گلِ مراد! :: کاہے کو رک رہے ہو، کھلا ہے درِ رسولؐ

اسد ثنائی:

اس در سے ہم کو کوئی اٹھائے گا کس طرح :: "اللہ کے کرم سے ملا ہے درِ رسول"

سکندر حسین شرفی:

اللہ کی عمرؓ کو عطا ہے درِ رسولؐ :: کس کی دعا سے کس کو ملا ہے درِ رسولؐ

حامد حسین شرفی:

اس کی طرح سے ہو کے دکھائے وہ دو کماں :: اللہ کے ہی گھر سے ملا ہے درِ رسولؐ

خواجہ فرید الدین صادق:

دل سے ہمارے دور کہاں ہے درِ ھدا :: دل کی ہمارے دل کی دعا ہے درِ رسولؐ

مزمل قدیری:

مدح اس کے حور و ملک اور کردگار :: ادراک کی حدوں سے علا ہے درِ رسولؐ

احمد علی تاجی:

اس در کی گرد اڑ کے کہے ہر مسام سے :: محوِادائے رسمِ دعا ہے درِ رسولؐ

صابر اَچل پوری:

کس کی سعی، کہاں کا مسلسل عمل اے دل! :: اللہ کے کرم کا صلہ ہے درِ رسولؐ

قاسم شرفی:

وہ دودھ مائی! اس کو ہمارا سلام ہے :: گودی سے اس کی ہم کو ملا ہے درِ رسولؐ

اختر ضیاؔ:

سرکار کی مہک سے معطّر ہے ہر گلی :: دراصل اک "درود سَرا" ہے درِ رسولؐ

وسیم الہامی:

دل دور ہی کہاں ہے محمد کے اسم سے :: ہر لحہ ہاؤ ہو کی صدا ہے درِ رسولؐ

عثمان رضوی:

ہر ہر گھڑی کھلا ہی کھلا ہے درِ رسولؐ :: ٹوٹے ہوئے دلوں کی صدا ہے درِ رسولؐ

(اگست ۲۰۰۵ء)

☆☆☆

(۵۲)

حکایت نقدِ جاں کی: دوروزہ رودادِ 'تقریب پیکر' ۱۳/ اور ۱۴/ اکٹوبر ۲۰۰۵ء

شاعر کا نام تو یاد نہیں لیکن کہنے والے نے خوب کہا ہے۔

کھلی چھتوں کے دیئے کب کے بجھ گئے ہوتے
کوئی تو ہے جو ہواؤں کے پر کترتا ہے

یہ شعر ماہنامہ پیکر، اعظم راہی اور اس کے رفقائے کار پر استعارتاً اس طرح منطبق ہوتا ہے کہ پچھلے چالیس برسوں سے جو جھلملاتے اور ٹمٹماتے دیئے ادب کی بلند بالا عمارت پر جگنوؤں کی طرح اپنی بساط بھر روشنی بکھیرتے رہے وہ اب بھی مخالف ہواؤں کے جھونکوں میں ضیأباری جاری رکھے ہوئے ہیں۔ ان کا حوصلہ، ان کا ایقان اور ان کی مسلسل دھن قینچی بن کر ہواؤں کے پَر کترتی رہی ورنہ کھلی چھتوں کے یہ دیئے کب کے بجھ گئے ہوتے۔

ادیبوں اور شاعروں کا یہ گروہ ۱۹۷۱ء کے اوائل میں "جشنِ پیکر" کی دوروزہ سرگرمیاں سر کرکے اپنی شناخت کو اعتبار عطا کر چکا تھا۔ اس گروہ میں اعظم راہی، ساجد اعظم، ہادیہ شبنم، تاج مہجور، مجتبیٰ حسین، انور رشید، اکمل حیدرآبادی، رؤف خلش، رفعت صدیقی، حسن فرخ، غیاث متین، خان معین، ملک محمد علی خاں، یوسف ندیم، رفیق جعفر، شاہد عظیم، علی ظہیر، مسعود عابد، اسلم عمادی، باذل عباسی، اور رؤف خیر وغیرہ شامل تھے۔ اس وقت "پیکر" کی اشاعت کا دوسرا دور چل رہا تھا۔

تین دہائیاں گذر جانے کے بعد جب کہ اسٹابلشمنٹ کا خطرہ سروں پر باقی نہ رہا تھا اور ہمارے اپنے وجود استحکام کی تگ و دو سے گذر کر اپنی پہچان کو منوا چکے تھے۔ اعظم راہی نے سوچا کہ پیکر کی ادبی و علمی خدمات کو پھر ایک بار خراجِ تحسین پیش کیا جائے۔ اس سے قبل احباب نے سوچا

کیوں نہ مدیر پیکر اعظم راہی کے ساتھ ایک شام منائی جائے، کیونکہ اعظم راہی اگر ظرف ہے تو پیکر مظروف۔ چنانچہ بزمِ احبابِ دکن نے ۲۶؍ فبروری ۲۰۰۵ء کو منصف آڈیٹوریم حیدرآباد میں یہ شام منا ہی ڈالی اور اس طرح بھولی ہوئی یادوں کو تازہ کیا۔ قاری صدیق حسین نے کامیابی کے ساتھ نظامت کے فرائض انجام دیئے۔ پروفیسر سید سراج الدین نے صدارت کی۔ سابق ڈایرکٹر جنرل دوردرشن جناب منظور الامین صاحب نے مہمان خصوصی کی حیثیت سے شرکت کی اور اس بات کا انکشاف کیا کہ نامور نقاد جناب شمس الرحمٰن فاروقی کو جدید رجحانات کے حامل رسالہ "شبِ خون" کے اجرا کی تحریک حیدرآباد کے ماہ نامہ "پیکر" سے حاصل ہوئی۔ وہ ۱۹۶۵ء کا زمانہ تھا۔ جناب فاروقی نے یہ بھی کہا تھا کہ حیدرآباد کے کچھ برہم نوجوان ادب کے اسٹابلشمنٹ کو بھرپور انداز میں چیلنج کررہے ہیں۔ ان کی مراد پیکر کے مدیر اعظم راہی اور ان کے رفقاٗ سے تھی۔ اس دلنواز شام میں اظہار خیال کرنے والے تھے: حسن فرخ، رؤف خلش، ساجد اعظم اور یوسف اعظمی۔ جن کا مجموعی تاثر یہ تھا کہ راہی اور پیکر ایک دوسرے کے لئے لازم وملزوم ہیں اور دونوں کو ایک دوسرے سے جدا نہیں کیا جاسکتا۔ اس محفل کا سب سے دلچسپ مضمون راہی کی اہلیہ محترمہ ہادیہ شبنم کا تھا۔ جنھوں نے اپنے مضمون بعنوان "اعظم راہی بحیثیت رفیق حیات" میں راہی کے ساتھ اپنی چالیس سالہ رفاقت کا بڑے بھرپور انداز سے ماجرا بیان کیا اور اپنی و راہی کی مشترکہ زندگی کے بیشتر گوشوں پر روشنی ڈالی۔ اعظم راہی نے اپنے شعری مجموعے "ملبے میں دبا موسم" سے چند منتخب نظمیں سنائیں جن پر انھیں بے پناہ داد ملی۔ صدارتی خطاب میں پروفیسر سراج الدین نے راہی کی مختصر نظموں اور افسانوں دونوں کے کلائمکس کے انوکھے پن کی تعریف کی۔ راہی کی ایک نظم جو گجرات فسادات کے پس منظر میں کہی گئی ہے اور جو اس طرح ہے: "اک شعلے کی عیاشی نے پورے شہر کو خاکستر کر دیا"۔ انھوں نے کہا کہ اس اظہار کو راہی کے نام رجسٹر کر دینا چاہئے کیونکہ اس سے قبل یہ اظہار کسی اور کے پاس نہیں دیکھا۔ الغرض "اعظم راہی کے ساتھ ایک شام" کے حوالے سے یہ کہا گیا کہ جدیدیت اور مابعد جدیدیت کے بعد جو توازن کی فضا پیدا ہوئی ہے پیکر میں اسی اعتدال و رویّے کی وکالت کی گئی تھی اور جہاں ترقی پسندوں کی انتہا پسندی پر تنقید کی گئی وہیں جدیدیت کی شدّت پسندی

کو بھی تسلیم نہیں کیا گیا۔ اس محفل میں مجتبیٰ حسین، حمایت اللہ، رؤف خیر، مصطفےٰ علی بیگ، مضطر مجاز، مجتبیٰ فہیم، محسن جلگانوی، غیاث متین، طالب خوندمیری، مصحف اقبال توصیفی، کبیر احمد، نسیم عارفی وغیرہ نے شرکت کی۔

اب ہم آتے ہیں "تقاریب پیکر" کی تیاریوں کی طرف جس کا سلسلہ پچھلے چار، پانچ ماہ سے جاری رہا۔ تیاری کمیٹی کی پہلی نشست جو اعظم راہی کی رہائش گاہ ٹولی چوکی پر ہوئی تھی جس میں راہی کے علاوہ ساجد اعظم، رؤف خلش، حسن فرخ، شجاعت علی شجیع اور ہادی قریشی شریک تھے۔ تقاریب کا ابتدائی خاکہ تیار کیا گیا۔ اس نشست سے لے کر ۳ر اور ۴ر اکتوبر ۲۰۰۵ء تک جب کہ دو روزہ تقاریب پیکر کا انعقاد عمل میں آیا، اعظم راہی "ایک چکّر ہے میرے پاؤں میں زنجیر نہیں" کے مصداق جوشِ جنوں کا مظاہرہ کرتا رہا۔ ہر بڑے پروجکٹ میں دو چار ہی لوگ ہوتے ہیں جو اصل میں کام کرنے والے ہوتے ہیں یہاں بھی ایسا ہی ہوا۔ بہر حال، "انتخابِ پیکر" کی اشاعت کا پہلا مرحلہ، یعنی پیکر کے بیس سالہ ریکارڈ (۱۹۶۰ء تا ۱۹۸۰ء) میں سے اہم اور معیاری تخلیقات کو منتخب کرنا، گویا جوئے شیر لانے سے کم نہ تھا اور پھر کمپیوٹر کمپوزنگ، پروف ریڈنگ، چھپوائی، جلد بندی وغیرہ یہ تمام طویل سفر کے وہ سنگ میل تھے جن کے پیچ و خم سے گذرنا جنگ جیتنے کے برابر تھا۔ ان تمام مرحلہ وار امور میں جنھوں نے اعظم راہی کے ساتھ تعاون دراز کیا ان میں مسعود عابد، ان کی ۱۲ سالہ لڑکی فوزیہ شہوار اکیلوی، قاری صدیق حسین، محمد مختار منو، محمد منہاج الدین فیصل، اور سید ریاض الدین کے علاوہ معاونین میں ساجد اعظم، رؤف خلش، حسن فرخ، ہادیہ شبنم شامل ہیں۔

کسی بھی کانفرنس، سیمینار یا تقریب میں مالیہ، ریڑھ کی ہڈی کی حیثیت رکھتا ہے۔ کیونکہ جوشِ جنوں کی صورت گری، کسی بھی خواب کی تعبیر سے کم نہیں ہوتی مزید بر آں خواب دیکھنا ایک علٰحدہ بات ہے، اس کو تعبیر کی شکل دینا دوسری بات ہے۔ اعظم راہی اور ساجد اعظم نے اس معاملے کو اپنے ہاتھوں میں لے لیا اور جن اصحابِ استطاعت نے پیکر کے ساتھ دامے، درمے، قدمے، سخنے تعاون کیا ان میں بطور خاص عزتِ مآب محمد علی شبیر، ریاستی وزیر اطلات و تعلقات عامہ۔ جناب سید وقار الدین چیف ایڈیٹر روزنامہ رہنمائے دکن۔ جناب زاہد علی خان چیف ایڈیٹر روزنامہ

سیاست۔ جناب فرید الدین وزیر اقلیتی بہبود و اردو اکیڈمی۔ جناب ابراہیم بن عبد اللہ مسقطی سابق صدر نشین اردو اکیڈمی۔ جناب سید نور الحق قادری سابق صدر نشین اردو اکیڈمی۔ جناب شجاعت علی شجیع، انفارمیشن آفیسر، پی۔ آئی۔ بی۔ جواں سال کانگریس قائد جناب طاہر حسین۔ جناب عابد رسول خاں، صدر نشین منان انسٹی ٹیوٹ آف سائینس اینڈ ٹکنالوجی۔ جناب ڈاکٹر وزارت رسول خاں، صدر نشین شاداں ایجوکیشن سوسائٹی شامل ہیں۔ جن اداروں نے "انتخابِ پیکر" کی اشاعت میں مالی اعانت کی ان میں آندھرا پردیش اردو اکیڈمی، ادبی ٹرسٹ، ہاشم فاؤنڈیشن قابل ذکر ہیں۔

جن ادیبوں و شاعروں سے "تقاریبِ پیکر" کے سلسلے میں خط و کتابت ہوتی رہی، ان کی فہرست خاصی طویل ہے لیکن اہم احباب میں ندا فاضلی، صادق، عتیق اللہ، حسن کمال، شمس الرحمٰن فاروقی، شان بھارتی، نسیم اختر کے نام شامل ہیں۔ ان احباب کے حوصلہ افزأ مشورے ظاہر ہے ہمارا حوصلہ بڑھاتے رہے اور پروگرام کو قطعیت دینے میں ممد و معاون ثابت ہوئے۔ بہت سے احباب بعض دیگر مصروفیات کے باعث شریک نہ ہو پائے لیکن سلیم شہزاد (مالیگاؤں)، رفیق جعفر (پونے)، حمید سہروردی (گلبرگہ) اور خالد سعید (بیدر) نے اپنی شرکت سے پیکر دوستی اور پیکر نوازی کا ثبوت فراہم کیا۔

طے کیا گیا کہ "تقاریب پیکر" کا پروگرام دو روزہ ہوگا۔ پہلے دن سیمینار ہوگا۔ جس میں دو مقالے پڑھے جائیں گے۔ پہلا مقالہ "اردو افسانہ ۱۹۶۰ء کے بعد" اور دوسرا مقالہ "اردو شاعری ۱۹۶۰ء کے بعد"۔ اس کے بعد محفل شعر ہوگی جس میں پیکر سے وابستہ شعرأ اپنا کلام پیش کریں گے۔ دوسرے دن "انتخابِ پیکر" کی رسمِ اجرأ انجام دی جائے گی۔ انتخاب کی ضخامت بڑھتے بڑھتے (۸۰۰) صفحات تک پہنچ گئی، جس میں وہ تمام نثری و شعری تخلیقات شامل ہیں جو پیکر میں پہلے شائع ہو چکی ہیں۔ اس ضخیم شمارے کی قیمت ۵۰۰ روپے رکھی گئی۔ رسمِ اجرأ کے بعد شامِ غزل ہوگی جس میں گلوکار آرکسٹرا پر جدید شعرأ کا کلام پیش کریں گے۔

یہ تمام تیاریاں دھوم دھڑاکے کے بغیر خاموشی سے ہوتی رہیں۔ "انتخابِ پیکر" ابھی پریس میں تھا کہ "تقاریب پیکر" کی تواریخ کا مسئلہ آکھڑا ہوا جو شرکأ کی مصروفیت کے باعث آگے

بڑھتا رہا۔ طوفان سے پہلے کی خاموشی کا منظر تو بہت سوں نے دیکھا ہو گا لیکن بعض اوقات سنّاٹے بھی چیخنے لگتے ہین اور ایسے میں سماعت میں خلل پڑنے لگتا ہے۔ بقول شاعر؎

خموشیوں نے سماعت کو کر دیا بیکار
سکوت چیخ رہا ہو تو کیا سنائی دے

ہماری بھرپور کوشش رہی کہ کسی طرح یہ پروگرام رمضان کے آتے آتے منعقد ہو جانا چاہیئے۔ اردو والوں کی مصروفیت رمضان میں بدل جاتی ہیں۔ قدرت مہربان ہوئی۔ شرکائنے تاریخیں رمضان سے پہلے دے دیں۔ اسی حساب سے پریہ درشنی آڈیٹوریم، باغِ عامہ ناپملی بک کیا گیا۔ حیدرآباد میں ایک طویل عرصے کے بعد جدید ادیبوں کا ایک اہم اجتماع وقوع پذیر ہونے جارہا تھا۔

پہلا دن: سیمینار و محفلِ شعر: ۳؍ اکٹوبر ۲۰۰۵ء بروز پیر:

۳؍ اکٹوبر کی شام ہوتے ہوتے ادیبوں وشاعروں اور ادب دوستوں کی تعداد دھیرے دھیرے آڈیٹوریم کی نشستیں سنبھالنے لگی۔ ٹھیک سوا سات بجے آڈیٹوریم میں بیٹھے سامعین سے گذارش کی گئی کہ وہ پہلے اگلی نشستیں پر کریں۔ اردو والوں کی مشکل یہ ہے کہ وہ بکھرے بکھرے انداز میں بیٹھتے ہیں۔ یکجائی کا رجحان ان میں ابھی تک مفقود ہے۔ بقول شاعر؎

حلقہ کئے بیٹھے رہو اس شمع کو یارو !
کچھ روشنی باقی تو ہے ، ہر چند کہ کم ہے

افتتاحی اجلاس شروع ہو رہا ہے، حسن فرخ نے مائک سنبھال کر نظامت کا آغاز کر دیا۔ شہ نشین پر اردو دنیا کے معروف افسانہ نگار و شاعر اقبال متین کو بلایا گیا۔ پھر صدارت کے لئے جناب منظور الامین کا نام پکارا گیا۔ دونوں شہ نشین پر موجود ہیں۔ ہم شہ نشین کی سامنے والی دیوار پر ایک بہت ہی خوبصورت بیانر دیکھ رہے ہیں جس میں سب سے اوپر پیکر کا مونوگرام اور نیچے پروگرام کی تفصیل۔ ملک کے نامور مزاح نگار مجتبیٰ حسین اور افسانہ نگار و شاعر حمید سہروردی مہمان خصوصی کی

حیثیت سے براجمان ہیں۔ اقبال متین نے تقاریب کا افتتاح کرتے ہوئے خاص بات یہ کہی کہ انھوں نے اپنی کسی بھی کتاب کی رسم اجرا منعقد نہیں کروائی لیکن آج پیکر کی تقاریب کا افتتاح کرتے ہوئے وہ بہت ہی خوشی محسوس کررہے ہیں۔ کیونکہ انھیں پیکر بھی عزیز ہے، اعظم راہی بھی اور راہی کے دوست بھی۔ مجتبیٰ حسین نے پیکر کے زمانے کی یادوں کو تازہ کرتے ہوئے ناسٹلجیا کا ذکر کیا کہ ناسٹلجیا انھیں بہت بے چین کردیتا ہے۔ وہ اس لئے کہ آج سے چالیس سال پہلے جو ادبی واخلاقی قدریں تھیں وہ آج یکسر بدل گئی ہیں۔ حمید سہروردی گلبرگہ سے تشریف لائے تھے، ان کی پیکر سے وابستگی بھی تین چار دہاہیوں پر محیط ہے۔ انھوں نے "جشنِ پیکر ۱۹۷۱ء" کو یاد کرتے ہوئے کہا کہ اورنگ آباد سے قاضی سلیم، بشر نواز، جوگیندر پال، صادق، عتیق اللہ اور خود انھوں نے شرکت کی تھی۔ انھوں نے پیکر کی ادبی خدمات کی ستائش کی جو بلا کسی مالی منفعت ادا کی گئیں۔

ای۔ٹی۔ وی اردو سے پروگرام کی ویڈیو گرافی کا اہتمام کیا گیا ہے۔ کیمرہ اور کیمرہ مین اپنے سامان کو اسٹیج پر لے آئے ہیں۔ یہ پروگرام بعد میں ای۔ٹی۔ وی اردو کے چیانل پر ٹیلی کاسٹ ہوگا۔ ہم سامعین پر نظر ڈالتے ہیں تو نشستوں پر کنونیر ساجد اعظم کے علاوہ گلوکار خالد اقبال، حمایت اللہ، تراب الحسن، فوٹوگرافر شاہ علی، قاری صدیق حسین، مجتبیٰ فہیم، ہادیہ شبنم، رفیعہ منظور الامین، حمید الظفر، سید جمیل احمد، عبدالغفار خداداد، پروفیسر سید سراج الدین، اسلم فرشوری اور بیسویں شائقین ادب نظر آتے ہیں۔ آج کی محفل شعر میں جو شعرا کلام سنانے والے ہیں ان کے نام آگے آئیں گے۔

سیمینار میں دو مقالے پڑھے گئے۔ مالیگاؤں سے آئے ہوئے ادیب وشاعر اور تنقید نگار سلیم شہزاد نے سب سے پہلے اپنا مقالہ بعنوان "اردو افسانے ۱۹۶۰ء کے بعد" پیش کیا۔ جس میں جدیدیت، مابعد جدیدیت، ساختیات، پسِ ساختیات، کہانی پن جو بعد میں 'ناکہانی' (غیر کہانی) بن گیا تھا، افسانے میں پلاٹ کا عدم وجود اور ان میں ہونے والی بیشمار تبدیلیوں کا استدلالی تجزیہ بہت تفصیل سے کیا گیا تھا۔ انھوں نے اس بات پر بہت تفصیل سے زور دیا کہ پیکر ہی وہ رسالہ تھا جس نے اردو ادب میں عصریت، عصری حسیّت اور عصری آگہی کے تصورات رائج کئے جن کے تناظر میں ادبی

اظہار میں فطری پن پر زور دیا جانے لگا۔ جب کہ جدید افسانہ نہ صرف سماجی حقیقت نگاری کے ترقی پسند افسانے کا ردِّ عمل ہے بلکہ یہ پریم چند کے مقصدی افسانے کی روایت سے بھی انحراف کرتا ہے۔ جدید افسانہ نگار نے سب سے پہلے افسانے کی ہئیت کا بت توڑا۔ پلاٹ، کردار اور خود کہانی سے جو افسانے کا جوہر ہوتی ہے۔ لا تعلقی ظاہر کی، حقیقی سے ماورائے حقیقی ہو گیا اور اپنے باطن کا رخ کیا۔ اس کے علاوہ افسانوی اظہار کے لئے ذہنی پراگندگی، خواب نویسی اور مجذوب کی بڑ کا اسلوب کام میں لایا گیا۔

دوسرا مقالہ علی ظہیر کا تحریر کردہ "اردو شاعری ۱۹۶۰ء کے بعد" تھا لیکن علی ظہیر کی غیر موجودگی میں یہ مقالہ مظہر مہدی نے پڑھ کر سنایا۔ علی ظہیر نے مقالہ کا آغاز اس بات سے کیا کہ جس زبان کی ابتدا ٔسات سو برس سے کی جا سکتی ہو، اس سلسلے میں متقدمیں، متوسطیں اور متاخریں کی اصطلاحیں پہلے سے رائج ہیں۔ البتہ بیسویں، اکیسویں صدی کے نئے تنقید نگاروں نے نیچرل شاعری، ترقی پسندی، جدیدیت اور اب مابعد جدیدیت کی بات کی ہے۔ ۱۹۶۰ء کا زمانہ ترقی پسندی زوال اور جدیدیت کی ابتدا ٔکا دور ہے۔ لیکن اگر تجزیاتی طور پر دیکھیں تو ترقی پسندی اور جدیدیت دونوں کی نشو نما ساتھ ساتھ ہوئی۔ علی ظہیر نے ترقی پسندی اور جدیدیت کے نمایاں شاعر علی الترتیب فیض احمد فیض اور ن۔م۔راشد کو گردانا ہے اور اس کے علاوہ ۱۹۶۰ء کے بعد جو تبدیلیاں عالمی سطح پر نمایاں ہوئیں ان میں ویت نام کی جنگ اور عرب اسرائیل جنگ کے علاوہ برصغیر ہند پاک اور ہند چین کی جنگوں کو جدیدیت کے رجحان کا سبب بتلایا ہے۔ مزید براں صنعتی زندگی کی بھاگ دوڑ، سرمایہ دارانہ نظام کی مادّی چمک دمک کو فرد و ذات کی تلاش کا جواز قرار دیا ہے۔ اقبال نے مردِ مومن کو اپنا "آرکی ٹائپ" بنایا تھا جو ایک جذبہ کو تو جنم دے سکتا ہے لیکن خود نمونہ نہیں بن سکتا کیونکہ وہ گذشتہ زمانے کا کردار ہے۔ چنانچہ ن۔م۔راشد کا "اجنبی انسان" ایک ایسا انسان ہے جو علامتوں میں جیتا ہے۔ اس طرح اردو شاعری میں علامتوں کا کھل کر استعمال شروع ہوا۔ اسی طرح میراجی کا آدمی ایک جیتا جاگتا آدمی ہے جو جوگی ہے، سنت ہے اور گنہ گار بھی اور ہندوستان کی مٹّی سے جڑا ہے۔

صدر محفل منظور الامین نے اپنے حافظہ سے رجب علی بیگ سرور کی مسجع و مرصّع عبارتوں اور جدید نثر کا تقابل کرتے ہوئے نہایت دلچسپ انداز میں پیکر کے کردار کو جو اس نے رسالوں کو دنیا میں پیش کیا تھا، سراہا۔

چائے کے مختصر وقفے کے بعد ۹ بجے شب سے رؤف خلش کی صدارت میں محفل شعر منعقد ہوئی۔ جس کی نظامت رؤف خیر نے دلچسپ انداز میں کی۔ پورے ڈیڑھ گھنٹے کی اس شعری نشست میں جملہ (۲۱) شاعروں نے اپنا کلام پیش کیا۔

سب سے پہلے عبد الرزاق حسینی نے ترنم سے رؤف خیر کی نعت پیش کی۔ پھر جن شعرأ نے شعر سنائے ان میں صدر مشاعرہ رؤف خلش اور ناظم مشاعرہ رؤف خیر کے علاوہ اقبال متین، سلیم شہزاد، غیاث متین، حسن فرخ، روشن رومانی، اعظم راہی، مظہر مہدی (نثری نظم سنائی)، تقیہ عابد، محسن جلگانوی، مسعود عابد، یوسف اعظمی، حامد اکمل، رفیق جعفر، جمیل شیدائی، تسنیم جوہر، حفیظ انجم، اسحٰق ملک، تجمل حسین اظہر اور سردار اثر شامل ہیں۔

ناظم مشاعرہ نے اس مقولے کو دہراتے ہوئے ہادیہ شبنم کو شکریہ ادا کرنے کے لئے بلایا کہ "ہر مرد کی کامیابی کے پیچھے خاتون کا ہاتھ ہوتا ہے"۔ الغرض، ہادیہ شبنم کے شکریہ پر پہلے دن کی تقریب اختتام کو پہنچی۔

دوسرا دن: رسم اجرأ "انتخابِ پیکر" اور شامِ غزل: ۴؍ اکتوبر ۲۰۰۵ء بروز منگل:

۴؍ اکتوبر ۲۰۰۵ء کی شام پتہ نہیں، دیر سے آئی یا ہمیں اس کا احساس نہیں ہوا۔ پر یہ درشنی ہال باغِ عامہ کے دروازے پر یہ بیانر دعوتِ عام دے رہا تھا کہ "انتخابِ پیکر" کی رسم اجرأ کے بعد صابر حبیب اور عبد الرؤف، علی الترتیب ساز اور طبلے پر جدید شعرأ کا کلام پیش کریں گے۔ تاخیر شاید ہمارے اردو پراگراموں کی روایت بنتی جا رہی ہے۔ اسٹیج پر اعظم راہی اور ساجد اعظم "انتخابِ پیکر" کی کی جلدیں رنگین کاغذ میں لپیٹے جو ربن سے بندھی ہوئیں تھیں، لمبی دراز میز پر لا کر سجادیں۔

رمضان کے چاند کی امکانی رویت کے باعث پچھلی شام کے مقابل آج سامعین کی حاضری کچھ کم لگ رہی تھی۔ لیکن ہوا یوں کہ اس شام ملک بھر میں کہیں سے بھی رویتِ ہلال کی اطلاع نہیں آئی۔ اجلاس کا آغاز "ترانہ اردو" سے ہوا جو سردار جعفری کا تحریر کردہ ہے۔ لیکن اس ترانے کا وہ حصّہ جس میں دکن کے ادیب وشعرا کا ذکر ہے، مسعود عابد نے لکھا ہے۔ مائیک کے سامنے مسعود عابد کی دو کمسن صاحبزادیاں ترنم سے ترانے کے بول پڑھ رہی ہیں۔

ہماری پیاری زبان اردو

ہمارے نغموں کی جان اردو

حسین دلکش جوان اردو

اردو، اردو، اردو۔۔۔۔۔

ترانے کے اختتام پر مسعود عابد کا تحریر کردہ مضمون بعنوان "پیکر، اعظم راہی اور ہم" عنوان کی رعایت سے ان تینوں سمتوں کا احاطہ نہایت دلچسپ پیرائے میں کرتا ہے۔ اس مضمون کو مسعود عابد کی ۱۲ سالہ صاحبزادی فوزیہ شہوار نے خوداعتمادی کے ساتھ پڑھکر سنایا۔ مسعود عابد نے نہایت ہی شگفتہ انداز میں اعظم راہی اور اس کے ساتھیوں سے اپنی (۴۵) سالہ دوستی، پیکر کا اتار چڑھاؤ، حیدرآباد کے فعال اور حرکیاتی گروپ کی سرگرمیاں جسے یار لوگوں نے "پیکریئے" کا نام دیا تھا، "پیغمبرانہ دور" سے گذرتے رہنے کے باوجود انکی ایک دھن، ایک لگن اور جنوں آمیز کارکردگی کا بھرپور جائزہ لیا تھا۔ مضمون کی خواندگی کے دوران عزت مآب وزیرِ اطلاعات وتعلقات عامہ جناب محمد علی شبیر کی آڈیٹوریم میں تشریف آوری ہوئی۔

پروگرام کا اگلا مرحلہ "انتخابِ پیکر" کی رسم اجرا کا تھا جسے وزیر موصوف نے انجام دیا۔ اسٹیج پر اس وقت صدر محفل پروفیسر سلیمان اطہر جاوید، اقبال متین، پروفیسر یوسف سرمست، طاہر حسین اور اعظم راہی اپنے ہاتھوں میں "انتخابِ پیکر" کی ایک ایک جلد لئے کھڑے تھے جسے ویڈیو کیمرے کی آنکھ نے دیکھا اور کیمرے میں بند کرلیا۔ اپنے خطاب میں وزیر موصوف نے اعلان کیا کہ وہ ریاست کی تمام جامعات، کالجس اور سرکاری لائبریریوں میں "انتخابِ پیکر" خریدنے سرکاری

احکامات جاری کروائیں گے۔ انھوں نے اس انتخاب کی خوبصورت ترین انداز میں طباعت کی ستائش کی اور کہا کہ ۲۰ سال تک اس طرح کا ادبی رسالہ شائع ہونا بجائے خود ایک کارنامہ ہے۔ جس کی جتنی بھی تعریف کی جائے کم ہے۔ انھوں نے کہا کہ ان دنوں اردو زبان کا زبردست فروغ ہو رہا ہے۔ اس کے لکھنے پڑھنے والوں کی تعداد سے زیادہ تعداد اس زبان کے سمجھنے والوں کی ہے۔ وزیر اطلاعات نے کہا کہ جب وہ حال ہی میں امریکہ گئے تھے تو وہاں انھوں نے دیکھا کہ حیدرآباد کے تلگو والے بھی اردو غزل کے ریکارڈ بڑے شوق سے سنتے اور اردو مشاعروں کے شائقین اور مداحوں میں شامل ہیں۔

آج کے اجلاس کی صدارت پروفیسر سلیمان اطہر جاوید نے کی۔ پروفیسر یوسف سرمست، جناب طاہر حسین (صنعت کار) اور مخدوم ایوارڈ یافتہ اقبال متین مہمانانِ خصوصی تھے۔ جناب شجاعت علی شجیع نے نظامت کے فرائض انجام دیئے۔ شہ نشین پر تشریف فرما تمام مہمانوں کی گلپوشی اور شال پوشی کی گئی۔ جناب طاہر حسین نے اس قدر خوبصورت اور معیاری "انتخابِ پیکر" کی اشاعت پر مرتب اور ادارۂ پیکر کو مبارکباد دی۔ پروفیسر یوسف سرمست نے کہا کہ پیکر وہ رسالہ ہے جس نے نئے افسانے اور فکشن میں نئے رجحان کو فروغ و استحکام بخشا۔ جس کے سبب کئی بہت اچھے لکھنے والے سامنے آئے۔ پروفیسر سلیمان اطہر جاوید نے توجہ مبذول کروائی کہ اردو رسائل و جرائد کی نکاسی بڑی مشکل ہے۔ اس کے مدیران ہی جانتے ہیں کہ انھیں کتنی دشواریوں کا سامنا کرنا پڑتا ہے۔ انھوں نے زور دیا کہ کوئی بھی صنفِ ادب ہو اس میں معروضیت ضروری ہے۔

چائے کے وقفے کے بعد شہ نشین کی نشست تبدیل کر دی گئی۔ کرسیوں اور میزوں کو ہٹا کر تخت بچھایا گیا۔ "محفلِ غزل" آراستہ ہوئی۔ خالد اقبال نے پہلی غزل قیصر الجعفری کی پیش کرنے سے قبل یہ اعلان کیا کہ ممبئی میں اسوقت قیصر الجعفری ایک حادثہ کے باعث کوما میں ہیں ان کے لئے دعا کریں۔ بعد کی خبروں سے پتہ چلا کہ جس وقت خالد اقبال یہ اعلان کر رہے تھے، قیصر الجعفری کی روح قفس عنصری سے پرواز کر رہی تھی۔ قدرت کے کھیل نرالے۔ بالآخر کہکشانِ ادب کا ایک اور ستارہ ٹوٹ گیا۔ ہاں، تو گلوکار حبیب صابر نے ہارمونیم سنبھالا اور قیصر الجعفری کے علاوہ جدید شعرا اور دوسرے نامور شعرا کا کلام عبدالرب عارف کی طبلہ نوازی میں پیش کر کے داد تحسین حاصل کی۔

ادارۂ پیکر نے تو مہمانانِ محفل کی شال پوشی و گل پوشی کردی۔ اعظم راہی کے احباب نے خود اعظم راہی اور ان کی اہلیہ ہادیہ شبنم کی گلپوشی کی۔ حضرت مسعود عابد اکیلوی نے جو حلیہ سے جامع مسجد کے پیش امام لگتے تھے اعظم راہی کی گل پوشی کی جبکہ ہادیہ شبنم کی گلپوشی مسعود عابد کی صاحبزادی فوزیہ شہوار نے کی۔ اس موقع پر ناظم محفل نے ازراہِ تفّنن طبع یہ کہا کہ حضرت مسعود عابد اکیلوی کی عمر کا ہمیں کوئی اندازہ نہیں البتہ اتنا ضرور ہے کہ غالب کے خطوں میں حضرت کا ذکر ملتا ہے۔ ہم نے بھی اسی موڈ میں یہ فقرہ جڑ دیا کہ "حضرت ۱۸۵۷ء کے غدر میں کہاں تشریف فرما تھے ؟" غیاث متین نے ترکی بہ ترکی جواب دیا" بلیماراں میں !!!" (ایک قہقہہ)۔

بہر حال رات کے دس بجتے بجتے محفل کا اختتام قہقہہ بردوش ہوا۔ اس دوروزہ تقاریب کا سنجیدگی سے تجزیہ کیا جائے تو معلوم ہوا کہ حلیفوں نے رفاقتیں بخشیں اور اپنی تمام تر چاہتیں نچھاور کیں۔ حریفوں نے خامیوں اور کمزوریوں (اگر کچھ تھیں تو) کی نشان دہی کی۔ ہم بھی بڑے دل گردے والے ہیں۔ وقت بڑا شاطر ہے، سدھرنے اور سدھارنے کا تو موقع دے ہی دیتا ہے۔ البتہ صحافت کا سرد مہری کا روّیہ بہت کھل گیا۔ پتہ نہیں کیوں؟ آخر میں ہم اپنے ان دو شعروں پر بات ختم کرتے ہیں۔

جو ہم خوابوں کی ، غم کی ، نقدِ جاں کی بات کرتے ہیں
سجائے اپنے دل میں ، کہکشاں کی بات کرتے ہیں
اِدھر ہم ہیں کہ جلتی دھوپ کو بھی اوڑھ رکھا ہے
ادھر وہ چھاؤں میں بھی سائباں کی بات کرتے ہیں

(اکتوبر ۲۰۰۵ء)

☆☆☆

مکرم نیاز کی دو کتابیں

فلمی دنیا: قلمی جائزہ
(تبصرے، تجزیے)

راستے خاموش ہیں
(منتخب افسانے)

بین الاقوامی ایڈیشن درج ذیل معروف بک اسٹورس پر دستیاب ہیں

| Barnes & Noble | Walmart | Amazon.com |

رؤف خلش کو برتنا ہو تو ایک مرحوم تہذیب کے سرد ہوتے الاؤ میں شخصیت کے اجزائے ترکیبی کو کریدنا پڑے گا۔ رؤف خلش کو پڑھنا ہو تو بات مغرب سے شروع کرنی پڑے گی۔ وہ جدید ادب کے نمائندے ہیں۔ ان کے ہاں دینی مسلمات اور عقائد کو رفتہ رفتہ اساسی اہمیت حاصل ہوئی ہے۔ ان میں کچھ خوبیاں ایسی ہیں کہ وہ آہنگِ وقت سے ہم آہنگ ہو کر اپنی آواز کی الگ پہچان بنا سکتے ہیں۔ ان کی شاعری، وجدان اور مشاہدے کا نغمہ ہے۔ وہ کائناتی حقائق تک بھی پہنچنے کی صلاحیت رکھتے ہیں۔ سوال اس صلاحیت کے استعمال کا ہے اور یہی رؤف خلش کے بارے میں میری امید کا نقطۂ نور ہے۔

(طارق غازی):

رؤف خلش کے شعری مجموعے

(نئے ایڈیشن عنقریب ساری دنیا میں دستیاب ہوں گے)